本书获河南财经政法大学华贸金融研究院课题“河南自贸区新型金融业态发展及服务功能的拓展研究”资助

RCEP框架下 河南自贸区金融服务体系 ——创新发展研究——

Research on Innovative Development of the Financial Service System in China (He'nan) Pilot Free Trade Zone under RCEP

谷留锋◎著

中国经济出版社
CHINA ECONOMIC PUBLISHING HOUSE
·北 京·

图书在版编目（CIP）数据

RCEP 框架下河南自贸区金融服务体系创新发展研究 / 谷留锋著 . --北京：中国经济出版社，2023. 8

ISBN 978-7-5136-7422-5

Ⅰ. ①R… Ⅱ. ①谷… Ⅲ. ①自由贸易区-金融-商业服务-研究-河南 Ⅳ. ①F727. 61

中国国家版本馆 CIP 数据核字（2023）第 157051 号

策划编辑　姜　静
责任编辑　王西琨
责任印制　马小宾
封面设计　任燕飞设计工作室

出版发行　中国经济出版社
印 刷 者　河北宝昌佳彩印刷有限公司
经 销 者　各地新华书店
开　　本　710mm×1000mm　1/16
印　　张　15. 75
字　　数　255 千字
版　　次　2023 年 8 月第 1 版
印　　次　2023 年 8 月第 1 次
定　　价　78. 00 元
广告经营许可证　京西工商广字第 8179 号

中国经济出版社　**网址** www. economyph. com　**社址** 北京市东城区安定门外大街 58 号　**邮编** 100011
本版图书如存在印装质量问题，请与本社销售中心联系调换（联系电话：010-57512564）

自序 Preface

这是一本严肃的学术著作。自由贸易试验区（以下简称自贸区）金融服务生态系统建设涉及三大理论基础，它们分别是自由贸易理论、金融创新理论和服务生态系统理论。本书以中国（河南）自由贸易试验区（以下简称河南自贸区）金融服务体系建设为主线，把河南自贸区金融服务生态系统置于《区域全面经济伙伴关系协定》（Regional Comprehensive Economic Partnership，RCEP）更广泛的生态系统中，讨论河南自贸区在 RCEP 生态圈中的生态定位，分析 RCEP 系统演化给河南经济带来的机遇和挑战，对标国际高标准投资贸易和金融服务规则，充分借鉴国内其他自贸区的成功经验，高标准建设河南自贸区。本书采用生态系统理论视角搭建了河南自贸区新型金融服务体系框架，为内陆型自贸区金融服务创新提供示范，丰富了自贸区金融相关的研究内容和理论体系。

第一章和第二章首先对国内关于 RCEP 的研究、国内自贸区的相关研究、自贸区金融改革与创新研究以及关于河南自贸区的研究文献进行了梳理和评述，找到研究的逻辑起点。在初步厘清自贸区相关概念的基础上，对自贸区相关理论（区域经济一体化理论、比较优势理论、自由贸易理论等）和金融服务创新理论（金融结构理论、金融自由化理论、金融创新理论、国际资本流动理论等）的发展、演变、代表人物和主要观点进行了简要的梳理。第三章详细论述了 RCEP 的基本框架、河南自贸区发展的历程及现状、RCEP 框架下河南自贸区发展的机遇和挑战、RCEP 框架下区域价值链调整及河南自贸区的功能定位，把河南自贸区的分析角度嵌入 RCEP 的国际生态圈中。

本书最大的价值不是研究视角的创新，而是实践经验的总结。本着可复制可推广的目标，在第四章对国内先进自贸区如中国（上海）自由贸易试验区（以下简称上海自贸区）、中国（天津）自由贸易试验区（以下简称天津自贸区）和中国（广东）自由贸易试验区（以下简称广东自贸区）金融改革创新实践经验按照金融市场、金融制度、金融服务和金融工具四个方面进行了归纳和总结，充分借鉴其他自贸区金融创新经验并结合河南自贸区的功能定位，找出河南自贸区金融业态发展和服务功能拓展的路径和内容。第五章采用了实证的方法测度了河南自贸区金融支持政策的综合效应，包括贸易开放水平和资本账户开放水平测度、河南金融支持政策对开放水平的影响、金融支持政策干预效果检验，通过实证发现河南自贸区金融服务实体经济的问题和短板。第六章进一步结合 RCEP 新金融服务规则，就河南自贸区重点发展的跨境金融、科技金融、文化金融、数字金融、绿色金融、供应链金融等新型金融业态相关国家政策、行业实践和业界典型案例进行了深入的分析和解读，为河南自贸区进一步拓展政策创新空间，借鉴和复制成功的案例，创新河南自贸区金融业态并拓展其服务功能提供了一份有针对性的操作指南。

第七章以平台生态系统理论为基础，搭建了河南自贸区金融服务体系的生态框架，并据此进一步讨论了河南自贸区金融服务生态系统的价值共创过程和生态治理措施，目的是提高河南自贸区金融服务体系的集成性、协同性和系统性，进一步增强河南自贸区金融服务生态系统的网络效应，提高系统的效能，促进河南自贸区金融服务体系的健康发展和产品服务的持续创新。第八章论述了 RCEP 框架下河南自贸区金融风险的来源，提出了宏观与微观协同监管框架并争取沙盒（Sandbox）监管试点的建议。第九章，结合其他自贸区的政策经验和创新实践，提出了河南自贸区金融服务体系创新政策建议，包括但不限于加大政策支持和配套力度、加快政府职能转变、推动公共服务社会化、开展金融研究等。

本书的主题是创新，但创新实非吾力所能及，我所理解的创新其实是自贸区建设的目的：可复制可推广。一方面，河南自贸区金融创新没必要摸着石头过河，通过全面梳理和深入解读国家政策、其他自贸区制度建设经验、行业创新实践和业内典型案例，结合河南自贸区的功能定位和产业发展趋势，就可以得出河南自贸区新型金融业态发展的思路和方向，但在研究中发现这样的基础性工作非常稀缺；另一方面，我认为能够根本解决自贸区发展中所遇到的问题，能够真正为企业发展保驾护航的所有金融服务便利都是创新。本书通过实证分析发现问题，采用生态系统构建、价值共创和生态治理的方法来解决问题，努力实现理论、政策和实践的有效对接和有机融合，这也是本书的初衷和特色。

这是我的第二篇长篇论文，第一篇是博士论文。感谢当年母校、老师和同学的倾囊相授，让我有了今天的理论基础和信念坚持。感谢我的研究生黄婷婷和郑佳诚同学以及唐梓琦同学等挑战杯团队成员在资料收集、案例分析和数据处理等方面的辛苦付出，感谢谷行言同学和岳丽娟女士的鼓励、支持和帮助。在感谢之余，更希望本书能够对社会有意义，真正为政策制定者、相关企业、金融机构、研究人员和投资者提供一点参考价值，能够以己绵薄之力为河南自贸区高质量发展作出贡献。最后祝愿家乡越来越好，祖国越来越好！

谷留锋

2023 年 5 月 20 日

目录
Contents

第一章

引　言

第一节　研究背景与意义

世界贸易组织（World Trade Organization，WTO）奠定了自由贸易的规则基础，坚持非歧视、开放市场、公平竞争和高透明度原则，维护了多边主义，促进了自由贸易，但当前面临着上诉及争端机制陷入停滞、部分贸易规则不完善导致贸易扭曲、特殊与差别待遇条款的适用性被挑战以及多方分歧难以达成协商一致等问题。在 WTO 面临改革的背景下，国际贸易保护主义抬头，以美国、欧洲和日本为代表的发达国家和地区，带头削弱了 WTO 的作用，并启动了《跨太平洋伙伴关系协定》（Trans-Pacific Partnership Agreement，TPP）和《跨大西洋贸易与投资伙伴关系协定》（Transatlantic Trade and Investment Partnership，TTIP），即美欧双边自由贸易协定，期望在区域范围内重新制定贸易相关规则，并对绝大多数发展中国家设置了较高的进入门槛，这必然会对全球投资和贸易产生较大的影响，区域性贸易组织短期内将发挥更大作用。同时，中国又面临着高质量发展和高水平开放的重要任务，在这样的内外部环境下，2022 年 1 月 1 日，涵盖全球 47.4%的人口，32.2%的国内生产总值（Gross Domestic Product，GDP）的自由贸易协定 RCEP 正式生效，意味着 15 个成员国之间达成了自由贸易协议，是世界人口和经济总量的一个重要部分。这将加强亚太地区的经济一体化，促进贸易自由化、投资自由化和区域合作，为成员国家创造更多商业机会和就业机会。RCEP 还有望降低区域内的关税和非关税壁垒，并加速数字经济和服务贸易的发展。此外，RCEP 还将为区域内的企业提供更好的法律和投资保护，鼓励更多的跨境投资和技术转移。

作为中国内陆省份，河南一直在寻求通过开放合作改善与海外经济的联系，RCEP 覆盖的地区包括东亚、东南亚、澳大利亚和新西兰等 15 个国家和地区，RCEP 的实施将加强河南与东南亚国家的贸易往来，并促进各地之间的产业分工与合作，为河南企业提供更加便利的贸易和投资环境，提高进出口贸易的效率，将有助于河南的制造业走向高端化、智能化和创新化，推动河南跨境电商走向更广阔的市场，同时也将面临更加激烈的竞争，从而促进河南跨境电商行业的规范化和集中化发展。为进一步对接高标准的国际投资贸易协定，高标准地建设自贸区，河南 2023 年 1 月印发了《建设河南省 RCEP 示范区工作方案》（以下简称方案），把河南自贸区郑州片区按照 RCEP 的标准打造成 RCEP 示范区，根据方案，2022—2025 年，河南自贸区郑州片区通过高质量实施 RCEP，基本完成河南 RCEP 示范区建设，各项重点任务取得积极成果，积累一批可复制可推广的先进经验，引领全省制度型开放体系建设。

河南自贸区是我国中西部自贸区的典型代表，同时，由于河南在全国处于连接南北、贯通东西的重要战略地位，河南自贸区的发展不仅可以为内陆自贸区的发展提供可复制、可推广的发展路径及制度创新经验，而且对于推动中西部地区对外开放的高质量发展具有重要的战略意义。自贸区自身建设以及随之而来的商品货物和资金的跨国流动，需要金融领域改革创新，搭建与国际通行规则相衔接的金融制度框架、构建多元融资、服务高效、一体联控的创新金融服务体系，大力丰富金融业态，促进投资自由化、贸易便利化，建立服务保障自贸区发展的金融改革、发展、稳定体系。同时，河南自贸区发展过程中还存在各片区金融协同度不够、金融创新基础薄弱、创新机制不够完善、金融投入不足、部分金融政策趋同和可复制性差、金融供需缺乏有效衔接、新自贸协定对自贸区金融业务的风险控制形成较大冲击等问题。本书在借鉴国内先进自贸区金融服务创新发展经验的基础上，基于 RCEP 框架下河南自贸区的功能定位，探讨了河南自贸区金融服务体系创新发展问题，通过回顾河南自贸区创新金融服务体系建设的历程和措施，实证分析其作用实体经济的综合效果，提出在 RCEP 框架下河南自贸区新型金融业态发展及服务功能拓展的措施，并基于平台生态系统理论，构建 RCEP 框架下河南自贸区金融创新服务生态系统，同时对 RCEP 冲击下可能存在的金融系统性风险进行深入探讨，提出相应的风险防范和监管措施，找出适合内陆自贸区的金融新型业态发展的路径。本书不但丰富了自贸区金融相关的研究内容和理论体系，也对传统农业大省经济结构调整和产业结构升级产生巨大的推动作用，为河南经济高质量发展注入新的动力，通过打造内陆金融改革创新的新高地，为内陆型自贸区金融服务创新提供示范。

第二节 国内相关研究综述

一、关于 RCEP 的相关研究

作为全球最大的自贸区协定，RCEP 的签署对中国经济具有重要意义。它将降低成员国间的贸易壁垒和关税，促进区域内货物、服务和投资自由流动，为中国企业拓展国际市场提供更广阔的机遇。此外，参与 RCEP 也可以加强中国与东亚其他国家的经济联系，推动区域内的合作与发展，提高中国在全球经济治理中的话语权和影响力。目前关于 RCEP 的研究主要围绕以下三个方面：

第一，RCEP 对中国的影响及应对。RCEP 有利于加速以中国为核心的亚太区域价值链融合发展，并推动 RCEP、北美和欧盟三大自贸区三足鼎立格局的形成。从产业结构角度看，中国诸多产业区域分布结构将得到协调和优化，进而结构性、高效性地提升资本配置效率。同时中国也会面临国际市场竞争加剧、RCEP 具体规则传导时滞以及协定有待进一步加强与完善等挑战。推动中国产业结构转型升级、主动为目标企业提供政策咨询服务、敦促中日韩自贸协定的形成并逐步适应《全面与进步跨太平洋伙伴关系协定》（Comprehensive and Progressive Agreement for Trans-Pacific Partnership，CPTPP，是美国退出 TPP 后该协定的新名字）的更高经贸标准等是中国应对挑战的可行对策（索维、张亮，2022）；张晓兰（2022）认为 RCEP 既有利于推动我国从供给层面提升全球价值链分工地位，又能够促使我国从需求层面成为东亚国家制造业的最大消费市场，还可以从制度层面为中国—东亚其他国家产业链重构提供良好的投资贸易环境。中国应通过推进产业链渐进式转移，建立与东亚其他国家的双向合作网络，提升制度型开放水平，推动形成以中国为主导的东亚价值链、产业链协同关系；

李世泽等（2022）分析了 RCEP 对广西自贸区建设的影响及其对策。广西自贸区与 RCEP 其他成员国经贸往来密切，RCEP 将进一步放大广西自贸区在新发展格局中的优势地位，同时也会逐步降低其试验价值，并对广西招商引资和产业发展形成较大的竞争压力。RCEP 有助于广西自贸区应对中美贸易摩擦带来的负面冲击，但也会加剧其面临的来自“远亲近邻”的双重挤压。RCEP 有利于广西自贸区在更广阔区域内优化资源配置要素，同时也对其国际化发展提出更高要求。在 RCEP 背景下加快广西自贸区建设，应深化制度创新，主动对接 RCEP 规则，促进制造业提质升级，完善跨境产业链，推动服务业开放发展，完善跨境服务链，打造投资贸易平台，深化投资贸易合作，加强资源要素供给，培育优化产业生态。

第二，比较 RCEP 与其他贸易协定。美国和日本主导的 TPP/CPTPP 体现了发达国家自由、公平且对等的价值取向与保护其竞争优势的利益诉求，而东盟主导的 RCEP 则体现了发展中国家寻求贸易投资自由化与保护发展利益的价值诉求。相对而言，CPTPP 更加重视以规制融合为主要内容的边境内政策协调，具有全面、高标准的特征，属于新一代贸易协定，而 RCEP 虽然也越来越重视国内规制协调，但更加关注货物贸易与投资便利化，属于传统的区域贸易协定（全毅，2022）。田云华等（2021）梳理了 RCEP 与 CPTPP 两大开放规则体系内容，分别对其特点进行了归纳。张娟等（2021）对 RCEP、自贸区下我国服务贸易开放与 CPTPP 进行了比较，从推进国内法律体系改革、加强自贸区服务贸易开放压力测试、做好开放风险防控三个方面提出了我国服务贸易开放升级的路径和建议。林创伟等（2022）认为对中国的挑战主要来自 CPTPP 与《美国—墨西哥—加拿大协定》（United States-Mexico-Canada Agreement，USMCA），领域集中在数字贸易、知识产权、国有企业、劳工等方面。中国应理性对标和自主创新两手抓，在有效应对挑战的同时，积极推动制度型开放。赵亮和陈淑梅（2015）基于中韩自贸区、中日韩自贸区与 RCEP 的比较分析发现，对我国经济增长的驱动作用最大的首推 RCEP，中日韩自贸区次之，中韩自贸区的驱动力最小。

第三，RCEP 效应的量化分析。魏景赋、阴艺轩（2023）以 RCEP 为基础，使用标准静态全球贸易分析（Global Trade Analysis Project，GTAP）

模型预测亚太经济一体化路径构建及经济效应，模拟结果显示：一体化范围扩大能为成员国带来更多的正面宏观经济效应，但出口价格削减过度可能导致个别成员国出口额下降和贸易条件恶化。彭水军、吴腊梅（2022）应用结构模型量化评估了 RCEP 对成员国参与全球价值链及福利水平的影响。贸易创造效应将使 RCEP 区域内增加值出口大幅提升，并且成员国增加值贸易呈现向区域内转移的特征。RCEP 将显著提升所有成员国的福利水平。陈耸和向洪金（2022）基于 Francoins 和 Hall（2003，2007）等构建的可计算局部均衡模型与 2015 年全球农产品生产与贸易等数据，从行业层面就 RCEP 对全球农产品生产、价格、贸易、生产者和消费者福利等方面的影响进行了实证分析。许玉洁等（2021）利用 2001—2019 年 RCEP 各成员国贸易数据对中国与伙伴国的制造业贸易规模、竞争性和互补性进行分析，通过 RCEP 关税承诺表，计算协定生效后各国农业、矿业、各类制造业的关税水平，进而采用 GATP 模型模拟 RCEP 对各国宏观经济和制造业发展的影响。韩剑和郑航（2021）选取长三角与 RCEP 成员国的贸易数据，使用回归系数法估计了 RCEP 生效给长三角带来的贸易增量和幅度。沈国兵和沈彬朝（2022）将 500 余种 HS-6 分位产品与 GTAP10 数据库产品进行匹配，从地理流向、产品种类与技术结构角度测算了中国出口多元化。黄宁和李娜丽沙（2022）在利用跨国静态面板模型和全球向量自回归模型分析了中国与 RCEP 其他成员国经济增长非对称冲击效应的基础上，进一步利用网络分析方法解释了这种非对称冲击效应的原因。

二、国内自贸区的相关研究

国内自贸区研究文献比较多，研究视角虽然不尽相同，但从大的方面讲，主要包括以下几个方面：

第一，自贸区建设发展研究。王轶南、韩爽（2017）分析了我国自贸区发展的战略布局，并通过借鉴美国、韩国和巴西等国自贸区建设的先进经验，提出了我国自贸区发展的升级路径选择；杜国臣等（2020）分析了我国 18 个自贸区各自的核心特色和优势、进一步发展面临的主要障碍，提出了未来在服务贸易、金融改革、数字贸易、投资安全等领域进一步改革和创新的方向和路径；黄建忠、吴瑕（2020）以上海自贸区临港新片区为例提出了差异化试验条件下自贸区产业升级的路径与对策；夏海霞（2022）提出以世界自由区组织繁荣指数框架建设中国自贸区的方案，包括知识基础、安全区域、技术准备、创业环境、中小企业发展、创新投入、环境友好、工作场所、社会责任等方面的指标；王冠凤（2014）基于平台经济视角提出了贸易便利化下上海自贸区跨境电子平台建设策略；马莉莉、王喆（2022）分析了数字化浪潮下自贸区数字化转型的必要性和障碍，并提出了建设数字自贸区的路径和政策建议。

第二，自贸区的影响研究。自贸区相关的大量文献是关于自贸区的设立对区域经济、经济结构、增长质量等方面影响的研究。自贸区推动经济高质量增长的机制包括资源配置、创新驱动、直接投资和技术溢出，并且自贸区通过贸易便利化可以对贸易结构、产业升级和可持续发展等方面起到推动作用，由于外部环境和内部结构的改善，自贸区可以从宏观、中观和微观层面推动经济的高质量发展（赵亮，2022）。胡艺等（2022）通过中国的地市级面板数据考察了内陆自贸区的经济效应。研究结果表明，内陆自贸区的设立既有辐射效应，也有虹吸效应，但整体辐射效应大于虹吸效应。辐射效应主要体现在工业增加值、固定资产投资和专利申请量方面，虹吸效应主要体现在外商直接投资方面。孙海波、陈健生（2021）运用合成控制法实证检验了四川自贸区的设立对经济的影响。研究结果表明，自贸区的设立明显带动了四川省经济的快速增长，并且自贸区的制度创新和改革促进了要素流动，激发了企业的经营活力，改善了营商环境，推动了对外开放的高质量发展。邱冬阳等（2022）基于准自然实验的实证研究发现自贸区的设立显著推动了所在地区的经济增长，但存在地区差异，沿海地区大于内陆地区，东部地区大于西部地区。王爱俭等（2020）实证检验了自贸区设立作用于经济增长的机制和路径，研究发现，自贸区的设立有力推动了区域的经济增长，但不同批次的自贸区影响效果存在显著差异，越晚效果越不明显，建议不同自贸区结合区位特色和资源禀赋走差异化、特色化发展路径。王军等（2023）基于资源配置的视角分析了自贸区设立作用于经济高质量发展的机制。自贸区的市场化制度创新有利于矫正资源配置的扭曲和市场分割，从而提高资源配置的效率并推动经济的高质量增长。

总体来说，自贸区主要通过投资效应、贸易效应和创新效应等作用于经济高质量增长（李子联、刘丹，2021）。具体来说，投资效应方面，司春晓等（2021）采用双重差分法实证分析了自贸区设立对外资的影响，回归结果显示，自贸区的设立促进了外资的流入，特别是内陆自贸区增长幅度更大，沿海地区珠三角地区比较显著。不同批次的自贸区对外资引入的影响也不尽相同，同时结果还显示，自贸区引资对相邻地区有虹吸作用。项后军、何康（2016）通过自然实验专门研究了上海自贸区设立对资本流动的影响，发现自贸区的设立有力地推动了对外投资。韩瑞栋、薄凡（2019）实证发现自贸区的设立有力地推动了资本的双向流动，特别是对外投资的发展。贸易效应方面，何勤、杨琼（2014）采用贸易引力模型对上海自贸区贸易便利化水平进行了实证研究，证实了贸易便利化水平是对进出口总额影响最大的因素。康继军、郑维伟（2021）对四川、重庆、湖北、河南和陕西五大内陆型自贸区的贸易创造效应进行了实证分析。实证结果表明，自贸区的设立有明显的贸易创造效应，出口创造效应大于进口创造效应。创新效应方面，刘秉镰、王钺（2018）通过准自然实验专门考察了自贸区的设立对区域创新能力的影响。结果显示，自贸区的设立显著提升了区域创新能力和创新水平。王亚飞、张毅（2021）采用双重差分法和广义距法证实了自贸区的设立提高了全要素生产率，且随时间的增长效应递增。更具体地说，自贸区的设立对技术进步的作用显著大于对技术效率改善的作用。

微观方面，敬莉、孙哲远（2023）采用上市公司的数据实证了自贸区设立对企业数字化转型的影响。许江波等（2022）以上市公司为例实证分析了自贸区的设立对公司价值提升的作用机制。自贸区政策可以显著提高企业的投融资规模、改善企业的经营方式，从而带来企业价值的提升。方云龙、刘佳鑫（2021）采用创业板上市公司的数据实证检验了自贸区政策实验对企业技术创新的影响。结果显示，自贸区的设立显著提升了企业的技术创新水平，创新机制包括自贸区的试错机制、投资和贸易便利化，创新途径包括内源创新和外源创新。

第三，自贸区制度创新研究。孙元欣（2014）和田云华等（2015）分别通过比较国内外外商投资的负面清单管理模式，结合上海自贸区外商投资的负面清单，提出了负面清单管理模式创新的方向；郑崇明、倪星（2022）提出了基于绩效—风险框架下上下级创新互动的四条路径和逻辑：请示授权—风险缓冲、扩大创新—高位推动、及时止损—行政干预、自主探索—默许观望；李蕊、沈坤荣（2022）分析了特惠需求与普惠视野下的自贸区知识产权制度创新的逻辑，并提出了自贸区知识产权保护的立法和执法建议；陈豪（2022）以浙江自贸区制度创新为视角分析了长三角港航一体化的央地关系制度悖论，应以“事权法治制度一体化”的方略，以“三大清单”为路径，提供有效制度供给，促进中央和地方的良性联动；郭高晶、孟溦（2018）讨论了上海自贸区成立以来相关政府部门的职能转变，需要对传统权力结构进行重组，重塑利益格局。

三、自贸区金融改革与创新研究

金融业是自贸区建设的重要组成部分，随着金融业对外开放政策的持续出台，自贸区金融业有望得到长足发展。自贸区金融改革与创新既是经济高质量发展的客观要求，也是提高服务实体经济的效率、经济结构调整、迎接国际挑战的现实需求，自贸区金融改革与创新要实现可复制、可推广、可服务和可辐射的目标（欧阳卫民，2016）。围绕自贸区金融业改革与创新发展，学术界主要从以下两个方面展开研究：

第一，自贸区金融产品与服务创新研究。目前各个自贸区金融创新案例主要集中在利率市场化、人民币跨境使用、自由贸易账户、外汇管理、跨境资金集中运营管理、跨境融资、供应链融资、市场准入、交易平台、债券产品、期货产品、产业基金、外汇交易、保险、资产证券化、融资租赁、绿色金融、金融科技、航运金融、离岸金融等方面。如邓伟伟（2015）分析了自贸区远期支付和贸易融资工具的属性、发展前景和难点；钟瑞栋、张斌（2017）对自贸区融资租赁业的发展前景、潜在风险、现实问题及风险防范进行了深入的论述；闫寒（2020）通过比较国际贸易协定负面清单制度和我国自贸区的差异，针对目前我国自贸区金融负面清单存在的不足提出了经验借鉴；周鑫、李慧俊（2015）以上海自贸区农业银行为例，分析了自贸区的金融创新给商业银行业务模式和产品创新带来的机遇和挑战，并提出了商业银行金融创新的可行方案；

苏静（2021）通过比较供应链金融的不同发展模式，鼓励自贸区多种模式的共生发展更有利于增加金融的有效供给，激发市场活力，降低融资成本，更好地服务企业；王勇等（2018）建立了自贸区离岸金融创新理论分析框架。

第二，上海自贸区金融改革与创新研究。上海作为国际金融中心，国内金融改革与开放的排头兵，在自贸区金融改革方面起着先行先试的示范作用，代表了自贸区金融改革与开放的最高水平，无论是金融产品与服务创新、贸易与投资的便利化、人民币国际化和科技金融，还是金融制度创新体系建设、宏观审慎的金融风险管理框架等，都为国内其他自贸区提供了成功的、可复制、可借鉴的宝贵经验。目前国内自贸区金融改革与创新的研究多以上海自贸区作为研究对象或样本，并得出了一些非常有价值的研究成果。韩钰等（2020）对上海自贸区金融改革与开放的进程做了阶段性的评估，剖析了这个过程中出现的重大问题，并提出了相应的解决方案；张伟、杨文硕（2014）以中国香港自由港金融演进路径为参照，分析了上海自贸区金融开放的定位与路径；洪联英、黄汝轩（2017）以平台经济理论为框架，分析了上海自贸区的功能定位，包括国际金融中心、服务贸易中心和科创中心等；汪川、刘佳骏（2014）提出借鉴国际银行设施（International Banking Facilities，IBFs）模式建设上海自贸区离岸金融中心的建议；闫海洲等（2014）通过分析中国香港、日本、新加坡和开曼群岛离岸金融市场的政策创新内容、管制措施、发展环境，提出了上海建立离岸金融市场可借鉴的经验；徐明棋（2016）对上海自贸区金融改革与开放的措施进行了回顾，并分析了它们与人民币国际化的关系，认为建立自贸区离岸金融市场是实现人民币国际化的重要步骤；殷林森等（2015）对上海自贸区交叉性金融业务对货币政策的冲击进行了模拟分析；殷林森、严可扬（2016）对上海自贸区跨境证券投资的发展模式和创新路径进行了分析；刘彬（2019）建议上海自贸区商业银行分支机构实行全新的评价标准；沈伟（2017）以上海自贸区金融创新立法实践为例，阐述了自贸区金融创新的障碍及有效化解的途径。

在上海自贸区金融改革与开放经验对国内其他自贸区金融改革可比较、可借鉴、可复制、可推广方面，裴长洪（2015）重点总结了上海自贸区设立以来金融改革与创新的经验，并与广东、福建和天津自贸区进行了比较分析；杨立卓（2018）对重庆自贸区和上海自贸区经济发展状况、自贸区运行基础、自贸区功能定位进行了比较分析，提出了在资源禀赋、功能定位相异的情况下重庆自贸区的发展策略；陈亮等（2017）比较了深圳前海蛇口自贸片区和上海自贸区在创新金融机构、人民币跨境使用、金融交易平台、金融科技、金融业务、创新政策等方面的异质性，并对两个自贸区下一步的金融创新给出了政策建议；程翔等（2019）系统比较了上海、天津、福建、广东四大自贸区的金融创新案例，发现目前自贸区金融创新面临的问题有创新可复制性有限、金融创新制度力度不强、激励有限等，并提出了从自贸区到自贸港金融创新演进的思路；沈伟（2017）以温州金融综合改革试验区、深圳前海特别金融试验区、上海自贸区金融改革实验为考察对象，提出需要去除制度扭曲，实现真正的金融自由化的自贸区改革目标。当然，学术界还有相当的文献是关于其他自贸区如广东自贸区、重庆自贸区、天津自贸区、福建自贸区等金融改革与创新的举措，在此就不再赘述。

四、关于河南自贸区的研究

河南自贸区自 2017 年 4 月成立以来，在外汇管理改革、人民币跨境使用、贸易与投融资便利化等方面虽然取得了长足的进步，但在金融机构、金融业务、金融制度方面与发达地区还存在着较大的差距，借鉴其他自贸区的经验走金融改革开放的道路是河南自贸区特色发展的必然选择（佘梦华，2022）；王珂、贺志强（2022）总结了金融支持河南自贸区发展的经验和成效、存在的问题，并就如何学习其他自贸区的先进经验提出了路径和对策；刘晔（2018）提出了河南自贸区行政体制、监管体制、金融机构、纠纷化解、物流监管等五个方面的制度创新路径；马凌远（2018）论述了河南自贸区如何对标 TPP 探索内陆自贸区开放创新的新模式；袁娜（2022）、以河南自贸区开封片区为例介绍了区块链技术在商业银行跨境融资中的应用前景；李靖（2018）探讨了河南自贸区洛阳片区金融创新问题；李静、杨楚（2022）以河南自贸区洛阳片区为例探讨了自贸区制造业知识产权保护问题；赵炜玮、季文强（2022）分析了境外机构境内外汇账户（Non-Resident Account，NRA）在河南自贸区的现状、遇到的问题，提出了 NRA 功能升级的方案及风险监管措施；郭守亭、刘际平（2019）提出了河南自贸区建设中商业保险创新发展构想；马思捷（2017）和郭锦立（2020）以上海自贸区为借鉴探讨了河南自贸区负面清单制度的优化和完善；周伟、李文姬（2022）认为物流便利化、法治化是自贸区贸易便利化的重要保障和国际通行做法，但河南自贸区存在种种与国际通行规则相抵触或不衔接的问题，应积极促成与国际条约之间的协同和协调，完善自贸区立法，建立物流便利化法治化保障。

五、相关研究评述

目前关于自贸区的研究文献比较多，研究视角也相对多元化。从研究内容看，以自贸区的建设发展和制度创新，不同自贸区的比较借鉴，贸易和投资便利化，自贸区对宏观经济、区域经济、行业和企业的影响等方面的文献为主。总的来说，自贸区作为我国全方位开放的试验田，已发挥出对外开放的排头兵效应。自贸区的设立促进了各地区现代服务业、高新技术产业、先进制造业的发展，推动了当地外向型产业和特色优势产业的集聚，自贸区发展已经进入产业相融、创新相促的新阶段，营商环境持续改善，与国际规则的衔接机制更加顺畅，有望开启制度建设与产业培育双向促进的新发展空间，推动中国企业提升全球产业链、供应链和价值链中的竞争力，并带动我国改革开放向更高水平、更高质量迈进。尽管自贸区现已成为我国深化改革、高水平扩大开放、对接国际贸易投资规则的战略新平台，但也存在改革较为同质化、浅层化，缺乏制度创新识别与设计，自贸区以优化营商环境为导向的制度创新重点围绕在通关便利、简化政府监管流程、互联网技术应用等方面，在释放自贸区辐射带动经济发展功能方面缺乏深层机制建构。营商环境综合提升优化缺乏精细化、定制化建设方案，部分自贸区存在政务服务系统集成与地方管理体制协调不畅的问题，部门数据共享问题较为突出，营商环境存在痛点、堵点与难点。对标前沿国际规则有待进一步提升，主要体现在应对开放的压力测试和风险测试能力不足，在知识产权、政府采购、数字贸易等方面对接高标准国际贸易规则具有滞后性，同时开放型配套政策协调性有限。此外，还有容错机制尚未在多数自贸区得到复制和推广等。

各自贸区金融改革创新以国家金融改革总体战略为引领，与国家整体金融改革相呼应，通过先行先试、积累经验，复制推广到全国，确保自贸区金融改革不走偏。目前研究文献主要以上海自贸区金融改革与创新为主，其他地方主要以借鉴和复制上海或其他自贸区的经验为主。各自贸区金融创新覆盖了银行、证券、保险等，以及资产证券化、债券发行、跨境投资、产业基金、保险等领域，金融业态进一步丰富。外资银行、民营银行、保险公司、融资租赁等金融机构进一步集聚自贸区，集聚效应凸显。虽然我国自贸区在金融创新方面取得了较好成效，但仍然存在一些不足，主要体现在以下方面：首先是部分金融开放创新仍未取得实质性突破，目前我国自贸区在汇率自由化和利率市场化方面没有实质性开放措施，离资本项目可兑换的目标还有不小的距离。其次是各地改革创新差异化探索不足，创新内容雷同。在政策性不强的具体业务和产品创新上，往往是常规业务，创新度不足。最后是金融改革创新系统集成不够，呈现碎片化特征。

中国自贸区金融改革创新，首先需要我们认真梳理从国家到地方鼓励自贸区金融发展的政策措施，做深做足政策研究，并对这些政策效果进行前瞻性的预测。其次是金融服务与实体经济的关系。自贸区金融制度和金融服务的创新离不开服务实体经济这个出发点和落脚点，很多自贸区金融服务方面的研究文献很少深入地分析当地的产业特点和区位特色，造成不同自贸区的金融制度同质化发展，至少从学术文献上讲是这样，这样的研究成果对不同自贸区的政府决策和企业实践的指导一定会大打折扣。从理论上讲，金融能够促进实体经济的发展和效率提升已经被大多数学者证实，但金融产品和服务通过什么途径和方式作用于实体经济，是不是金融越发达，实体经济发展就越快，仅仅靠几个宏观变量如 GDP、经济结构、高科技产业的增加值与金融增加值进行简单的线性回归是无法完全证实和证伪的。再次是系统性和差异性的关系。各个自贸区要准确把握国家金融改革的系统性和整体性，把握全球金融市场发展变化的特征和趋势，在这个前提下，结合当地金融市场现状，探索出差异性解决方案。最后是风险防控与先行先试的关系。继续探索金融创新的沙盒监管等新方式，进一步加强监管协调，提升跨境资金流动宏观审慎管理水平，确保“管得住”，不发生区域性金融风险。

总的来说，自贸区金融改革与创新是我国服务业开放的重要组成部分，也是自贸区建设的重要内容，金融体系本身是一个系统，它的作用发挥需要系统的良性运转，同时金融系统的效率取决于它与实体经济的融合度，它涉及方方面面的制度建设和系统模式的创新。同时金融系统内部又存在异质性，譬如在投资和贸易方面，不同金融工具的作用效果有没有实质性的差别，它们是竞争性的还是互补性的金融工具，相同的金融工具和金融服务在不同的自贸区对投资和贸易的影响是否相同，这些深入的讨论对金融服务体系的创新都非常必要。因此，无论是从理论还是实践上讲，构建制度型开放经济新体制，金融如何有效发挥源头活水的作用，都需要进一步的实践总结和理论开拓。

实施自贸区战略是我国新形势下深化改革、扩大开放的重大战略举措，是参与全球贸易投资重构、提升我国全球治理能力的重要平台。河南成功获批自贸区为河南全面深化改革、抢占新一轮开放先机、打造开放体系提供了含金量十足的战略平台。作为不沿海、不沿边、地处内陆的省份，面对长期在全国开放格局的落后地位，如何利用自贸区这一最高端的开放平台，在国内外高端资源配置、区域经济竞争中寻找一条发挥河南区位交通、市场潜力、人口资源等优势，突显人文、历史、科技、教育等中原特色，且能以开放为引领实现全方位弯道超车、中原更加出彩的创新之路，是当前河南自贸区建设面临的核心问题。但目前关于河南自贸区的研究更加薄弱、更加碎片化，即使是在总结和借鉴国内外其他自贸区的经验方面也不太深入和系统，研究层次和研究深度离理论和实践的创新要求还有很大的差距，很难为企业和政府提供系统化、有价值、有深度的政策评估和操作指南。在金融服务创新方面，河南自贸区自挂牌以来，“多元融资、服务高效、一体联控”的金融服务体系取得良好成效。但河南金融基础薄弱，传统金融业态仍占主导地位，业务模式单一，金融制度创新案例稀少，很难对接高标准自由贸易协定对贸易投资便利化和科技创新的国际化、多样化需求。如何根据河南贸易和投资的特点，结合河南的区位优势和产业发展趋势，探索出河南自贸区的金融名片，更好地服务好、打造好具有河南区位特色的自贸区金融服务模式，是一件更加紧迫和有价值的工作。

第三节　思路框架和特色

一、研究思路和框架

本书把河南自贸区制度创新置于 RCEP 更广泛的框架下，分析河南自贸区在 RCEP 框架下价值链调整对河南区域经济带来的机遇和挑战，准确找出河南自贸区合理功能定位，在系统比较国内自贸区金融服务创新实践的基础上，找到可借鉴、可复制的经验和做法。在对河南自贸区成立以来金融创新的实践效果进行全面评估的基础上，对标 RCEP 新金融服务规则，提出河南自贸区需要大力拓展的新型金融业态和服务功能，包括符合郑州片区枢纽地位的供应链金融、符合开封片区特色的文化金融、符合洛阳片区定位的科技金融等。目前河南自贸区在功能定位上还存在一定的偏差，还是沿袭过去的招商引资和开发区管理模式，制度创新方面仍比较薄弱，同时自贸区还存在协调成本较高（包括上下级、片区之间的协调），管理体制僵化、创新动力不足等问题，只靠过去细枝末节的修修补补远不能充分发挥自贸区的创新功能、先行先试功能。为从根本上解决这些问题，本书站在生态系统的角度，系统地论述了河南自贸区金融服务生态体系的构建，充分提升郑州商品交易所（以下简称郑商所）、科创金融中心、股权交易中心等作为综合金融平台的服务能力和辐射能力，并以此为中心衍生出更多样化的金融业态和新型金融服务，形成物种多样、有机协同的金融服务生态系统，并提出了基于价值共创的生态系统治理框架。最后，本书讨论了 RCEP 框架下河南自贸区金融创新的风险防范与监管，探讨了河南自贸区争取沙盒监管试点的可行性和努力的方向，并基于服务生态系统视角给出了政策建议。

总的来说，本书是一本系统、完整、深入的内陆自贸区高质量发展的金融解决方案，它丰富和发展了内陆自贸区金融服务体系的研究内容和理论体系，为内陆地区金融服务的创新发展提供了可复制可推广的先进经验。对河南自贸区而言，它更是一份对症下药的操作指南，不但对政策制定者、企业或者投资者有极大的参考价值，而且对扎实推进河南自贸区提升战略，建立与国际规则、规制、标准和管理更加紧密衔接的河南对外开放新高地，引领全省制度型开放体系建设，助力河南成为开放强省具有重要的意义。本书的框架结构和技术路线如图 1-1 所示。

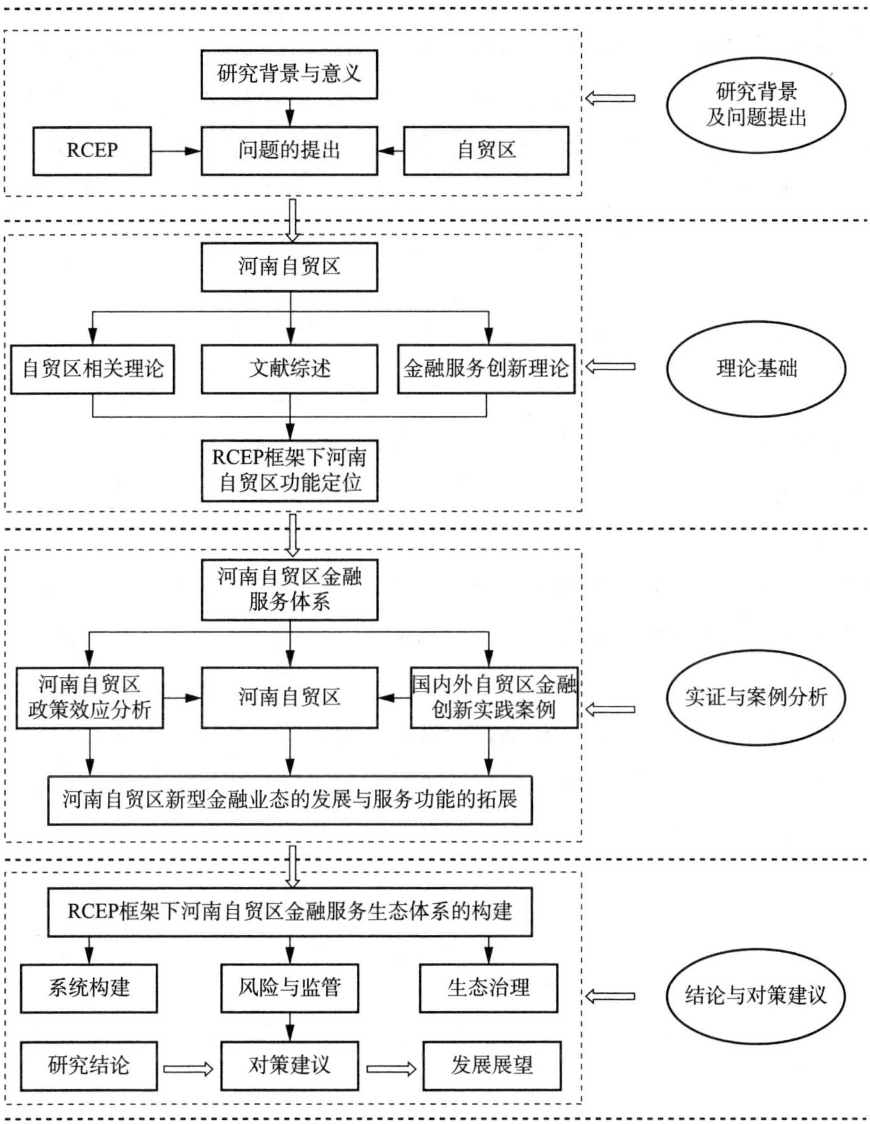

图 1-1 本书的框架结构和技术路线

二、研究特色

从理论上讲，目前关于自贸区金融创新发展几乎所有的政策、机构、产品、服务都有学者做了不同程度的研究，并得到很多非常有价值的结论，但在很多自贸区，特别是内陆自贸区，这些政策和措施并没有达到预期的效果。基于此，本书不是孤立地研究自贸区金融服务创新，自贸区金融的创新发展离不开实体经济的健康发展，离不开它所服务的贸易和投资便利化、离不开它所处的营商环境以及政府、企业和金融机构之间的协同，从本质上讲，自贸区是一个生态系统，自贸区金融的健康发育离不开这个生态系统的健康和可持续，本书把自贸区金融创新放在生态系统的理论框架下，探讨生态系统的构建、价值共创和治理，为提升自贸区生态系统的有机协同提供了一个新的视角和方案。

从实践上讲，本书全面系统比较分析和归纳了国内自贸区金融改革创新的政策措施和案例，并结合河南自贸区的功能定位，提出河南自贸区新型金融业态发展的方向，如跨境金融、科技金融、文化金融等。遵循可复制和可推广的原则，本书对国内主要自贸区的金融创新政策实践、金融创新产品实践、金融创新服务实践的政策规定、行业的具体操作以及业内可复制、可借鉴的案例，进行了系统的归纳、总结、分析和解读，这为河南自贸区金融创新提供了具体的政策操作指南和实践方法指导。目前无论是理论界还是实务界，对理论、政策、实践、案例进行全面梳理、归纳和深入分析的研究都比较稀缺，这就造成理论、政策和实践的相对脱节，它削弱了政策的指导作用和实施效果，本书尝试把三者有机结合起来，实现理论、政策、实践的有效对接和有机融合，这也是本书的初衷和特色。

第二章

自贸区的相关概念和理论基础

第一节　相关概念

保税区、自贸区、自由贸易港（以下简称自贸港）这些概念，都属于海关的特殊监管区域，即经国务院批准，设立在中华人民共和国关境内，赋予承接国际产业转移、连接国内国际两个市场的特殊功能和政策，以海关为主实施封闭管理的特定经济功能区域，如图 2-1 所示。

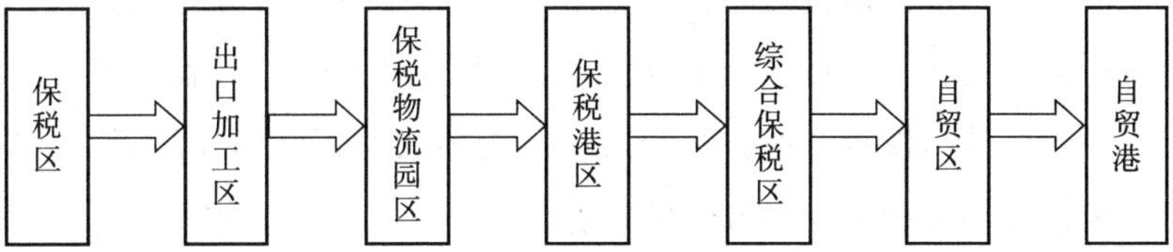

图 2-1　自贸区的发展历程

一、保税区

保税区是一个指定的地理区域，其内部的企业可以享受较为宽松的海关监管和税收政策，以促进贸易和经济发展。保税区的发展始于 20 世纪 60 年代，最早出现在东南亚地区。目前全球范围内已有多个国家建立了保税区，如中国、新加坡、韩国、阿联酋等。

保税区的发展促进了国际贸易和产业升级，吸引了大量外资和技术，也带动了当地经济的快速发展；保税港区是指政府为促进外贸和经济发展而设立的一种特殊地域，主要提供免税、减税、海关监管等优惠政策，以吸引外商投资和促进国际贸易。

与传统保税区不同，保税港区更强调对物流、金融、信息等要素的整合和服务，致力于成为国际贸易中心和现代产业园区。保税港区通常包括免税区、保税区、加工区和跨境电商综合试验区等功能区，并配备完善的基础设施和高效的物流系统，以提高贸易效率和减少成本。

综合保税区是指经国务院批准设立的一种特殊经济区域，它在境内实行与境外相分离的管理体制和货物监管制度，为企业提供便利的贸易和投资环境。其主要功能包括货物保税加工、物流仓储、展示销售、国际采购等，同时也具备产业集聚、技术创新、人才引进、金融服务等多方面的综合优势。

二、自贸区

自贸区是指一组国家间的贸易协定，旨在减少彼此之间的贸易壁垒和关税，促进贸易自由化和贸易便利化，以增加经济合作和互惠互利。参与自贸区的国家通常保留自己的贸易政策，但与其他成员国之间的贸易往来则享有更低或免除关税的优惠待遇。自贸区不同于关税同盟或单一市场，在前者中各成员国仅就贸易便利和关税问题达成共识，而在后者中还需要进行资本、劳动力和货物等方面的整合。

自贸区分为两种，一种是界定于对外贸易的自贸区（Free Trade Zone，FTZ），是指建立在某个国家或地区内的特殊经济区域，通常在该区域内实行更加开放的贸易和投资政策，包括减少关税、降低非关税壁垒、简化海关手续等，以促进商品和服务的自由流通，例如中国的上海自贸区。另一种是界定于国际协议的自贸区（Free Trade Area，FTA，RCEP 就属于 FTA），是指两个或多个国家之间达成的协议，在该协议框架下，各方承诺降低或取消彼此之间的关税和非关税壁垒，以促进贸易自由化和经济合作。

FTZ 和 FTA 都旨在减少贸易壁垒，促进贸易自由化。FTZ 常用于指特定地域内的自贸区，而 FTA 通常指两个或多个国家之间达成的协议。在 FTA 中，协议规定的减免贸易壁垒的范围、程度和时限等都需要依据协议内容来执行。而在 FTZ 中，则根据相关法律对特定区域内涉及的商品进行自由进出口。FTZ 的主要目的是促进本地区内企业的发展，而 FTA 则是促进不同国家之间的贸易自由化和经济合作。二者的比较如表 2-1 所示。

表 2-1 FTZ 与 FTA 比较

类别		FTZ	FTA
相异	设立主体	单个主权国家	多个主权国家
	区域范围	一个关税区内的小范围区域	两个或多个关税地区
	国际惯例依据	世界海关组织（World Customs Organization，WCO）	WTO
	核心政策	以海关保税、免税为主，辅以所得税优惠等投资政策	成员之间贸易开放、取消关税壁垒，同时保留各自的对外贸易政策
	法律依据	国内立法	双边或多边协议
相同		都是为了降低贸易成本，促进对外贸易和国际商务发展	

现如今自贸区发展逐渐呈现以下特点：①不断增加的数量和覆盖面。越来越多的国家和地区加入自贸区中，涵盖的领域也在不断扩大。②经济一体化程度逐步提高。自贸区成员国之间的贸易壁垒逐渐减少，相互间的经济联系日益紧密。③服务贸易逐渐成为重要领域，越来越多的自贸区开始重视服务贸易领域的合作和发展。④环境、劳工等非经济因素逐渐得到关注，自贸区成员国开始在环境、劳工等诸多领域加强合作和协调，提高整个地区的可持续发展水平。⑤数字经济和新技术产业逐渐崛起，自贸区成员国在数字经济和新技术产业领域的合作和创新不断增强。全国 21 个自贸区如表 2-2 所示。

表 2-2 全国 21 个自贸区

批次	设立时间	自贸区
第一批	2013 年 9 月 27 日	上海
第二批	2015 年 4 月 20 日	广东、天津、福建
第三批	2017 年 3 月 31 日	辽宁、浙江、河南、湖北、重庆、四川、陕西
第四批	2018 年 10 月 16 日	海南
第五批	2019 年 8 月 2 日	山东、江苏、广西、河北、云南、黑龙江
第六批	2020 年 9 月 21 日	北京、湖南、安徽

中国自贸区属于 FTZ，是指中国政府在一些特定的地区设立的运营自由化、便利化、国际化的贸易投资试验区，旨在推动贸易自由化、便利化和经济结构转型升级。这些试验区享有特殊的政策优惠和大量的自主权，可以采用更为灵活的市场开放和管理方式，以吸引外商投资和促进创新，

目前中国已经成立了21个自贸区，如上海自贸区、广东自贸区等。中国自贸区是政府全力打造中国经济升级版的重要举措，其核心是营造一个符合国际惯例的，对国内外投资都要具有国际竞争力的国际商业环境。自贸区与保税区的区别如图2-2所示。

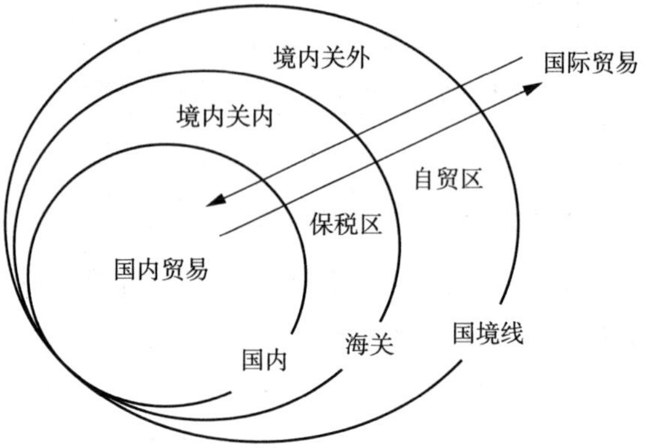

图2-2　自贸区与保税区的区别

三、自贸港

自贸港（Free Trade Port，FTP）是指政府在一定范围内实施特殊的税收政策、货币政策、投资管理等方面的开放政策，鼓励自由贸易和海外投资，在该区域内建设国际航运中心、国际物流中心、国际金融中心等，并加速推动经济结构的升级和转型。

与自贸区不同的是，自贸港通常是以一个城市或港口为中心建设，具有更大的自治权和市场活力，并将更多的资源注入国际金融、物流、科技、文化创意等领域。自贸区的功能定位主要是改革开放试验田，旨在形成可复制可推广的经验做法；自贸港的重点不在于可复制可推广，而是强调对标国际最高标准，与自贸区相比开放领域更广，开放程度也更高。以海南自贸港为例，作为唯一的中国特色自贸港，其试验最高水平开放政策、特殊税收制度、生产要素自由流动。

海南自贸港实行“全岛封关”运作，货物在港内不设存储期限，可以自由选择存放地点，在货物贸易方面，实行零关税，对在港内注册的鼓励类行业的企业，按照15%征收所得税，对海南的旅游、现代服务、高新技术产业的企业在2025年前新增的境外直接投资所得，免征企业所得税。

第二节 自贸区相关理论

一、区域经济一体化理论

区域经济一体化理论是指通过不同国家或地区之间的经济合作和整合，形成一个更广泛、更紧密的市场和生产网络。这样做可以实现资源配置的优化，加强贸易和投资自由化，促进技术创新和产业升级，提高劳动力和资本等要素的利用效率，从而推动参与国家或地区的整体发展。常见的区域经济一体化形式包括自贸区、关税同盟、共同市场和货币联盟等。区域经济一体化理论在全球化背景下得到广泛应用，被视为促进国际贸易和增进经济福祉的一种方式。

区域经济一体化理论的主要发展阶段和代表人物如下：第一阶段是在20世纪50年代，由美国的贸易学者齐格蒙特·鲍曼（Zygmunt Bauman）和斯蒂芬·海克斯（Stephen Hicks）等人提出。他们认为自贸区是实现区域经济一体化的最有效方式。第二阶段是在20世纪60年代，由欧洲的经济学家K.G.李普西（K.G. Lipsey）和卡尔·D.彼得森（Carl D. Peterson）等人提出。他们强调关税同盟的作用，并认为其可以加强成员国之间的经济联系和合作。第三阶段是从20世纪80年代开始的，由美国经济学家迈克尔·E.波特（Michael E. Porter）和其他学者提出。他们认为区域一体化应该以产业集群为核心，通过加强产业链中的合作，提高整个区域的竞争力和创新能力。

二、比较优势理论

比较优势理论是指每个国家均应当专注于生产其相对擅长的产品，并通过贸易与其他国家交换商品和服务。这可以增加整体经济福利，因为不同国家具有不同的资源和技术优势，可以在全球市场中加强合作，实现效率和生产力的提高。该理论最初由英国经济学家大卫·李嘉图提出。他在1817年发表的《政治经济学及赋税原理》一书中阐述了比较优势理论，他认为各国可以通过专门从事自己最擅长的产业，以及与其他国家进行贸易，实现更高效的资源利用和经济增长。

自大卫·李嘉图提出比较优势理论以来，这个理论已经演变了很多。以下是其中的几个方面：新贸易理论，该理论认为国际贸易不仅是基于比较优势原则的简单互补贸易，而且是包括了特定的产品和产业组合。代表人物包括保罗·克鲁格曼（Paul Krugman）、奥利弗·威廉姆森（Oliver Williamson）和查尔斯·琼斯（Charles Jones）。全球价值链理论，该理论认为现代产业生产过程是跨国界的，并且一个产品的生产通常涉及多个国家和企业进行不同的加工和制造活动。代表人物包括加里·格洛巴尔（Gary Globar）、弗朗索瓦·贝罗（Francois Berro）和斯特拉·恩格曼（Stella Engman）。技术变革理论，该理论认为随着技术的进步，新的生产方式和商业模式涌现出来，这些变化可能导致某些国家或产业的相对优势发生改变。如约瑟夫·斯蒂格利茨（Joseph Stiglitz）在其作品中强调了技术变革对发展中国家的挑战，并提出了政策建议来促进技术转移和知识共享。丹尼尔·贝拉克（Daniel Bell）的研究聚焦于技术进步如何影响社会、文化和政治制度，以及如何应对科技创新所带来的挑战。理查德·弗罗里达（Richard Florida）的研究探索了技术和创新如何塑造城市和地区的竞争力，以及城市如何吸引和培育创新人才和企业；一些学者开始考虑环境和社会责任对于国际贸易的影响，认为应该在贸易政策中考虑这些因素。许多学者认为国际贸易应该关注环境和社会责任对其的影响。其中一些著名的学者包括约翰·莫里斯（John Maurice）和凯文·吉尔伯特（Kevin Gilbert），他们主张应将环境、社会和劳工标准纳入国际贸易协议中，并呼吁在全球范围内实行这些标准。其他学者还包括约翰·弗莱彻（John Fletcher）、丹尼尔·埃斯特勒（Daniel Estler）和约翰·米尔纳（John Milner），他们也提出了类似的观点。

三、自由贸易理论

自由贸易理论主张通过消除国际贸易的障碍和限制，促进各国之间的商品、服务和资本自由流动，从而实现全球范围内的经济繁荣和福利提高。其主要观点包括：①比较优势原则。国家应专注于生产最擅长的商品或服务，并通过贸易来获取其他产品，从而实现资源配置和生产效率的最大化。②全球效益。自由贸易将促进全球市场的竞争，推动创新和生产效率的提高，从而提高全球产出和收入水平。③互惠主义。国际贸易应基于相互扶持和互惠原则，通过减少关税、非关税壁垒和其他限制性措施来增进贸易伙伴之间的互信和合作。④贸易自由化。国家应该自主决定是否参与贸易自由化，但一旦参与，则应坚定不移地推行开放、透明、非歧视性和公平的贸易政策。综上所述，自由贸易理论主张通过促进国际贸易自由化和营造开放的全球经济体系，实现经济繁荣和人民福祉的最大化。

自由贸易理论的主要发展阶段及代表人物如下：

第一，古典自由贸易阶段（18 世纪末—19 世纪中叶），亚当·斯密、大卫·李嘉图等人，提出了比较优势、绝对优势等自由贸易原理。古典自由贸易理论的主要观点包括：①自由贸易能够促进经济效益。自由贸易可以实现资源配置的最优化，提高生产效率和国际竞争力，从而促进经济增长和福利水平的提高。②比较优势是自由贸易的基础，不同国家在生产上存在比较优势，即某些国家在某些产品的生产上具有更高的效率和竞争力，自由贸易可以使各国利用比较优势进行专业化生产和合作交流，从而提高整体经济效益。③关税和其他贸易限制会带来负面影响。关税和其他贸易限制会导致商品价格上涨、生产效率下降等不良后果，并且容易引发贸易战争和政治紧张局势。④国际贸易是一种互惠互利的合作，自由贸易应该基于互惠互利的原则，通过互相开放市场和降低贸易壁垒来实现共赢的局面。

第二，新古典自由贸易阶段（19 世纪末—20 世纪初），约翰·贝茨·克拉克、亨利·乔治、约瑟夫·斯宾塞等人，提出了边际效用和边际成本等新古典经济学原理，并在此基础上发展了自由贸易理论。新古典自由贸易理论的主要观点包括：①贸易的自由化和开放可以带来经济增长和福利提高；②国际贸易的优势在于各国的生产资源不同，通过分工和专业化实现资源的最优配置；③市场机制是有效的，可以自动调节价格和资源配置，政府干预容易导致市场失灵；④自由贸易可以促进全球经济一体化和国际合作，减少战争和冲突；⑤关税和其他贸易壁垒会扭曲竞争，让消费者支付更高的价格；⑥自由贸易可以促进技术创新和生产力提高。

第三，现代自由贸易阶段（20 世纪中期至今），强调市场的自由运作和国际间的自由贸易可以提升经济效率，提高生产力和消费者福利，同时认为政府干预和保护主义措施可能对经济造成损害。主要代表人物有：米尔顿·弗里德曼（Milton Friedman），主张自由市场经济和自由贸易，并提出了货币量论等重要学说；保罗·萨缪尔森（Paul Samuelson），奠定了现代经济学的基础，并在自由贸易方面做出了很多贡献；道格拉斯·诺斯（Douglass North），他的研究涉及制度变迁和发展经济学，对自由贸易的理论阐述影响深远；格里高利·曼昆（Gregory Mankiw），美国哈佛大学经济学教授，曾任乔治·W. 布什总统的经济顾问委员会成员，主张自由市场经济和自由贸易；罗伯特·卡恩（Robert Kahn），美国加利福尼亚大学戴维斯分校经济学教授，是现代国际贸易理论和政策的领军人物之一。现代学派自由贸易理论的主要观点包括：①自由市场可以提升经济效率和促进创新，保护主义和政府干预则会导致资源配置不当、生产成本上升和效率下降；②各国之间的自由贸易有利于各国特色优势产业的发展，提高全球经济福利，并能缩短国家之间的经济差距；③贸易保护主义措施可能引发贸易战和对全球经济造成负面影响，而自由贸易才是促进经济增长和繁荣的有效途径；④自由贸易并不会导致所有人都从中受益，因此政府需要通过税收、转移支付等手段来改善弱势群体的福利。

第四，二战以后，自由贸易理论得到了进一步发展和完善，其中最具代表性的是国际贸易理论中的新贸易理论和关税及贸易总协定（General Agreement on Tariffs and Trade，GATT）/WTO 等国际贸易规则的建立和演化。新贸易理论强调商品差异和生产成本差异对于国际贸易的影响，提出了知识和技术等因素对于国际贸易的重要性。GATT/WTO 则通过降低关税和其他贸易壁垒，促进了全球自由贸易发展。其主要代表人物包括保罗·萨缪尔森、贝尔·奥尔森（Bell Olsen）、詹姆斯·托宾（James Tobin）、罗伯特·索洛（Robert Solow）等。他们分别提出了新贸易理论、赫克歇尔-俄林模型、托宾税和索洛增长模型等，推动了自由贸易理论的发展和完善。同时，也有其他学者如米尔顿·弗里德曼、F.A. 哈耶克（F.A. Hayek）等对自由贸易理论做出了重要贡献。其主要观点包括：①贸易自由化能够促进经济增长和发展，通过扩大市场规模、提高生产效率和降低成本等方式实现；②国际贸易应该遵循比较优势原则，即每个国家均应该专注于其相对擅长的产业，而不是试图在所有领域都自给自足；③去除贸易壁垒和限制可以创造更多的消费者选择，并鼓励竞争和创新，从而推动价格下降和产品品质提升；④自由贸易能够促进全球资源更加有效配置，使得生产和分配更加公平和高效；⑤通过国际贸易合作和协调，可以增进各国之间的互惠关系，加强国际社会的共同利益并促进各国发展。

第三节　金融服务创新理论

一、金融结构理论

金融结构理论是指研究金融市场和金融机构组成、运作及其对经济发展的影响的理论体系。其演变与发展可以分为以下几个阶段：

第一，传统金融结构理论（20 世纪 30—50 年代），该阶段主要关注商业银行和证券市场的角色，认为商业银行是金融市场的主导者，证券市场则是次要的辅助工具。传统金融结构理论代表人物和观点包括：①金融中介理论，代表人物为戴蒙德和戴维格（Diamond and Dybvig）与詹姆斯·托宾。该理论强调了金融机构在资金配置和风险管理中的作用，认为金融机构通过收集、整合和分散风险，提高了经济效率和稳定性。②金融创新理论，代表人物为弗兰克·卡曼和罗伯特·鲁宾（Robert Rubin）。该理论认为金融创新可以提高金融市场的有效性和效率，同时也能满足经济主体日益增长的需求。③信息不对称理论，代表人物为乔治·阿克洛夫（George Akerlof）和迈克尔·斯彭斯（Michael Spence）。该理论认为信息不对称是金融市场存在的一个普遍问题，导致了资源配置的失衡和效率降低。

第二，新古典主义金融结构理论（20 世纪 60—70 年代），该理论是对传统金融结构理论的批判和发展，其主要代表人物包括美国经济学家约瑟夫·斯蒂格利茨、詹森（Jensen）和梅克林（Meckling）等人。他们认为公司融资结构的选择会影响其价值，因为存在信息不对称和代理成本等问题，导致股东和债权人之间存在冲突，从而影响公司的投资和融资决策。这一观点被称为新古典主义金融结构理论，强调了公司治理和资本结构的重要性，并提出了市场信号、契约设计和信息披露等解决方案。

第三，制度经济学金融结构理论（20 世纪 80—90 年代），该理论主要关注金融制度对市场的影响，认为金融市场的有效性不仅取决于市场机制本身，也取决于法律、监管、信息披露等制度环境。该理论认为，金融市场中存在着各种制度安排，如法规、契约、监管机构、信用评级机构等，这些制度安排会影响金融市场的运作和行为者的决策。因此，研究和设计有效的金融制度是非常重要的。此外，该理论认为市场并不总是完全有效，存在信息不对称和交易成本等问题，需要通过制度安排来解决。其主要代表人物包括道格拉斯·诺斯、奥利弗·威廉姆森和罗纳德·科斯（Ronald Coase）等。其中道格拉斯·诺斯强调了制度演化的历史和路径依赖性，奥利弗·威廉姆森则突出了交易成本和权力关系对金融制度的影响，罗纳德·科斯则提出了交易成本理论和企业理论，阐述了企业与市场之间的选择问题。

第四，21 世纪以来，金融全球化和创新金融结构理论都是重要的趋势。金融全球化促进了跨境投资和贸易，并加快了各国之间金融市场的一体化。创新金融结构理论则涉及新型金融产品、市场和机构的出现，如数字货币、区块链技术、点对点（Peer-to-Peer，P2P）借贷平台等。这些新技术和产品正在不断推动着金融业的转型和变革。其主要代表人物及观点有：①金融全球化，代表人物有肯尼斯·罗格夫（Kenneth Rogoff）、劳伦斯·萨默斯（Lawrence Summers）等，他们认为金融全球化可以促进跨国资本流动、促进经济增长、提高福利水平和消除贫困，但也存在一些问题，如金融危机风险加大、贫富差距扩大等；②创新金融结构理论，代表人物有罗伯特·席勒（Robert Shiller）、尤金·法玛（Eugene Fama）、亚瑟·布鲁克斯（Arthur Bruxton）等，他们认为新型金融产品、市场和机构的出现可以为投资者提供更多选择、提高市场效率，并推动社会经济发展，但也存在一些问题，如信息不对称、市场异常波动等。

二、金融自由化理论

金融自由化理论是指通过开放市场、取消管制和促进竞争等手段，推动金融市场的自由化，以提高经济效率和促进经济增长的理论。该理论认为，金融自由化可以带来更多的资本流动和投资机会，增加金融产品的多样性和创新，提高资源配置效率和企业竞争力，从而促进经济发展。然而，该理论也面临一些批评，例如在某些情况下可能导致金融危机等问题。

20世纪70年代，罗纳德·麦金农（Ronald Mckinnon）和爱德华·肖（Edward Shaw）在他们的著作《经济发展中的金融深化》和《经济发展中的货币与资本》中提出了金融自由化理论，主要观点是发展中国家应该放宽对金融市场的控制和干预，以促进经济发展。他们认为，限制银行利率、货币储备比例和资本流动等政策将导致金融抑制现象，限制了投资和经济增长。因此，解除这些限制并鼓励外资和私人投资进入金融市场是必要的。他们还认为，发展中国家应该建立一个健全的金融体系，包括发展股票市场和证券市场，以便为企业提供更多的融资选择。金融自由化理论的主要代表人物有：①米尔顿·弗里德曼，自由市场经济学的先驱之一，提出了货币供应量决定经济增长的理论，并倡导金融自由化和货币自由化；②尤金·法玛，现代金融学的奠基人之一，认为金融市场是高效的，投资者可以在信息公开的情况下自由地进行交易，因此金融自由化是必要的；③罗伯特·卢卡斯（Robert Lucas），新古典经济学派的代表人物之一，他认为完全的市场竞争是实现最优分配和社会福利最大化的前提条件，因此金融自由化是必要的；④艾伦·格林斯潘（Alan Greenspan），曾担任美国联邦储备委员会主席多年，一直倡导金融自由化和市场自由化，认为只有市场机制的有效作用才能保证经济稳定和发展。

这些学者对金融自由化的观点不尽相同，但都认为金融自由化是实现经济增长和提高社会福利的必要条件之一。他们的观点对全球化背景下的金融市场改革和国际金融合作产生了深远影响。

三、金融创新理论

金融创新理论是指通过推出新的金融产品、服务或制度等方式来满足市场需求并提高金融市场效率的一种理论框架。该理论主要关注金融产品和服务的创新，以及它们对市场和经济的影响。其中包括金融工程学、行为金融学、信息经济学等多个领域的研究内容，以期能够为金融市场的发展和创新提供理论支持和指导。金融创新理论的主要代表人物有：①弗朗西斯·A. 鲍德温（Francis A. Baldwin），他是现代金融创新理论的先驱之一，提出了金融创新是资本市场的动力的观点，认为金融创新可以促进经济增长和财富创造；②米尔顿·弗里德曼，认为金融创新可以提高市场效率和降低交易成本，从而促进经济增长；③詹姆斯·托宾，提出了金融创新可能导致泡沫和风险的观点，认为金融创新必须受到监管和控制；④约瑟夫·斯蒂格利茨，认为金融创新可能导致市场失灵和不平等，需要加强监管和调节。

金融创新理论的发展和演变可以分为以下几个阶段：①20 世纪 60 年代—70 年代初，金融创新理论主要关注金融工具的创新，并认为这些创新能够提高资本市场的效率和流动性；②20 世纪 70 年代中期—80 年代末，金融创新理论开始重视金融机构和监管制度的创新，认为这些创新能够改善金融市场的运作和稳定性；③20 世纪 90 年代—2008 年全球金融危机前，金融创新理论进一步强调了金融衍生品和风险管理的作用，认为这些创新能够帮助企业和投资者更好地管理风险；④2008 年全球金融危机以后，金融创新理论受到了质疑，人们开始意识到金融创新可能导致系统性风险和不稳定性，因此需要加强金融监管和风险控制。同时，金融创新理论开始关注可持续发展和社会责任等问题。

四、国际资本流动理论

国际资本流动理论是研究不同国家之间资本流动的经济学理论，主要研究资本流动的原因、影响、机制、政策、稳定性等方面。国际资本流动理论主要代表人物和观点如下：①布雷顿森林体系下的资本流动理论，由哈里·德克斯特·怀特（Harry Dexter White）、哈里·约翰逊（Harry Johnson）等人提出，认为由于固定汇率制度的存在，资本流动会受到限制，并且国家可以通过货币政策和资本管制来控制资本流动。在这种情况下，资本流动对于国际贸易和金融稳定性的影响较小，但可能导致不同国家之间的经济失衡。随着布雷顿森林体系的瓦解，资本自由流动成了主流，因此资本流动理论也发生了改变。②资本输出理论是一种解释跨国公司为何在海外投资的经济理论，由罗伯特·巴罗（Robert Barro）和沃尔特·尼克尔森（Walter Nicholson）等人提出，根据这个理论，跨国公司将资本输出到海外的主要目的是追求更高的回报率和利润。这些公司通常会选择在低成本劳动力和资源丰富的国家进行投资，以获得更大的经济效益。此外，跨国公司还可以通过资本输出来避免国内市场的竞争和监管限制，以及获取新技术和知识产权。然而，资本输出也可能导致不平等和不稳定，因为它可能削弱发展中国家的经济和社会结构，并使其依赖外部影响。③内生增长理论，由保罗·罗默（Paul Romer）、罗伯特·卢卡斯等人提出，认为资本流动可以促进技术创新和经济增长，但需要完善的制度环境。④新古典主义国际金融理论，由里昂·瓦尔瓦斯（Leon Walras）、阿尔弗雷德·马歇尔（Alfred Marshall）等人提出，认为市场自由和自我调节机制能够实现国际资本流动的有效配置。

第三章

RCEP框架下河南自贸区功能定位分析

第一节　RCEP 的基本框架

一、RCEP 建设的历程和意义

自贸区是旨在实现内部贸易自由化的经济一体化组织，成员间相互取消关税和非关税壁垒、开放投资、取消大部分服务行业市场准入，商品、服务、资本、技术、人员等生产要素规范且自由流动。自贸区的开放程度从低到高可分为三个层次：货物自由贸易、服务自由贸易及资本开放、规则及标准统一制定。自贸区关税取消后，将更加充分发挥各自比较优势、调整区域分工、创造新的贸易、产生规模经济效应、强化竞争、提升效率、降低生产成本、提高域内整体福利水平。RCEP 由中国、日本、韩国、澳大利亚、新西兰、东盟十国等 15 个成员国签署。RCEP 旨在降低成员国之间的关税和非关税壁垒，并促进商品、服务、投资和知识产权的自由流通。该协定涵盖了全球近 1/3 的人口和 GDP，是亚太地区建立更加紧密经济联系的重要里程碑。

从 RCEP 的整个形成过程来看，其经历了初期酝酿、持续推进和加速发展三个阶段。在初期酝酿阶段，2009 年美国正式加入并开始主导 TPP 谈判，实际上在这段时间由于经济危机后世界经济增长放缓，各国进口需求萎缩，而东盟成员国又多以出口导向型经济为主，因此这一时期东盟经济发展下行压力较大，起初一些东盟成员对于加入 TPP 表示出浓厚的兴趣，然而随着 TPP 的迅速发展和扩容，东盟出于对 TPP 参加国和非参加国界限日渐鲜明以及自身在东亚区域一体化之中地位的担忧，便开始考虑组建以东盟为主导的自由贸易协定。在 2011 年 2 月的第十八次东盟经济部长级会议上，RCEP 的概念第一次被提出。2012 年 11 月，包括东盟十国、中国和印度等在内的 16 个国家共同发布了《启动〈区域全面经济伙伴关系协定〉

谈判的联合声明》，RCEP 谈判正式启动。2013 年 RCEP 首轮谈判正式开始，RCEP 也进入了持续推进阶段，在 2013 年 5 月—2015 年 8 月这段时间里，成员国共进行了 9 轮谈判，成员国各方之间在货物和服务贸易方面存在诸多分歧，因此谈判整体进展较为缓慢。2015 年第四季度，RCEP 第十轮谈判开始，RCEP 进入加速发展阶段，2017 年初美国宣布退出 TPP 使得各国对于 RCEP 的重视程度明显提高，各方在谈判内容上进展更快，同时谈判的时间也更加紧凑。2019 年 RCEP 谈判接近尾声，由于担心低关税使得国内产业受损，印度宣布退出谈判，RCEP 进程受到延误，至 2020 年 11 月，除印度以外的 15 国方才最终达成 RCEP，结束了长达 8 年的长跑。2022 年 1 月 1 日，RCEP 在文莱、柬埔寨、老挝、新加坡、泰国、越南等 6 个东盟成员国和中国、日本、澳大利亚、新西兰 4 个非东盟成员国正式生效实施；2 月 1 日在韩国生效实施，3 月 18 日在马来西亚生效实施；5 月 1 日在中国与缅甸之间生效实施。RCEP 建设进程如表 3-1 所示。

表 3-1 RCEP 建设进程

时间	主要进程
2011 年 11 月 13—19 日	东盟十国领导人通过了 RCEP 的东盟框架，一致同意建设 RCEP，并获得中国、日本、韩国、印度、澳大利亚和新西兰六国的支持
2012 年 11 月 20 日	东盟与六国领导人共同发表《启动〈区域全面经济伙伴关系协定〉谈判的联合声明》，通过了《RCEP 谈判的指导原则与目标》，RCEP 谈判正式启动
2013 年 5 月 9 日	RCEP 第一轮谈判举行，正式成立货物贸易、服务贸易和投资三个工作组，并就货物、服务和投资等议题展开磋商
2013—2020 年	举行 23 次部长会议、31 轮正式谈判
2017 年 11 月 15 日	召开首次领导人会议，发布 RCEP 谈判领导人联合声明
2018 年 11 月 14 日	第二次 RCEP 领导人会议举行
2019 年 11 月 4 日	第三次 RCEP 领导人会议举行，并发布第三次领导人会议联合声明，印度宣布退出 RCEP 谈判
2020 年 11 月 15 日	第四次 RCEP 领导人会议举行，15 国签署 RCEP
2022 年 1 月 1 日	RCEP 在文莱、柬埔寨、老挝、新加坡、泰国、越南等 6 个东盟成员国和中国、日本、新西兰、澳大利亚 4 个非东盟成员国正式生效实施
2022 年 2 月 1 日	RCEP 在韩国生效实施
2022 年 3 月 18 日	RCEP 在马来西亚生效实施
2022 年 5 月 1 日	RCEP 在中国与缅甸之间生效实施

资料来源：《RCEP：协定解读与政策对接》。

RCEP 是亚太地区最具影响力的自贸协定，也是全球人口最多、经贸规模最大、最具发展潜力的自贸协定，成为促进亚太地区和全球贸易自由化的重要示范，标志着我国自贸区战略实施进入新阶段。截至 2020 年 11 月 15 日协议正式签署，拥有 15 个成员国的 RCEP 涵盖 29.7%的全球人口，经济规模占全球经济比重高达 28.9%，吸引外国直接投资流入额占全球总额的 38.3%，面向全球市场的出口规模高达 25%，均超过 USMCA、CPTPP 或欧盟二十八国的比重。到 2030 年，RCEP 将带动成员国年出口净增加 5190 亿美元，年收入净增加 1860 亿美元。中国年出口额将预计增加 2480 亿美元，年收入预计增加 850 亿美元，这将有力地提振各方对经济增长的信心。从资源禀赋来看，RCEP 成员国中，澳大利亚和新西兰具有农产品和矿产品等资源优势，东盟十国具有丰富的劳动力禀赋，中国和日韩则在制造业领域具有相对优势。其中，中国和东盟在部分低附加值的制造业领域存在一定竞争关系。因此，RCEP 既有助于各成员国之间的优势互补，又能够在新的自贸区格局下，通过竞争促使我国部分产业的转型和升级。

通过促进经贸合作，RCEP 有助于增强区域内国家之间的互信和合作，推动全球贸易自由化，为建立更加开放和包容的全球经济奠定基础。RCEP 的签署对于我国经济发展的重要意义体现在三个方面：首先，通过 RCEP，我国在东亚区域内的贸易互动将更加频繁密切，区域间合作将明显加强，特别是与东盟之间的贸易合作将得到进一步强化。在全球经济下行加大，贸易单边主义、保护主义日趋明显的当下，RCEP 的签署将使得区域内合作明显加强，多边主义和自由贸易将带来共赢的局面。其次，RCEP 的签署或在一定程度上对冲中美贸易关系恶化给我国带来的不利影响，改善我国外贸方面的外部环境，同时在亚洲地区国际政治关系方面占据主动。最后，RCEP 的签署有利于我国进一步推进改革、扩大开放，为经济发展创造更加公平、开放、透明和可预测的投资环境，提高经济效益和竞争力，RCEP 的签署对于我国实现构建以国内大循环为主体、国内国际双循环相互促进的新发展格局也具有重要意义。

二、RCEP 的基本框架和内容

从 RCEP 的主要内容来看，总计二十章的协议文本涵盖货物贸易、服务贸易、投资等多个领域。以 CPTPP 作为对比，CPTPP 的内容既包含贸易相关议题，又具有国有企业和指定垄断、劳工、监管一致性、透明度与反腐败等涉及成员国深度一体化的规定，是一个更加综合性的自由贸易协定。相比之下，RCEP 协定文本内容更加集中在货物贸易、原产地规则、服务贸易等与贸易紧密相关的议题，同时附件中还包括关税承诺表、服务具体承诺表等，是一个更偏向于贸易本身的协定。其主要条款的主要内容如下：

第一，货物贸易。逐步取消或降低许多商品的关税和其他贸易限制，从而促进贸易自由化。致力于减少非关税壁垒，例如技术标准、认证程序和规则等。加强海关合作，优化边境管理程序，为贸易提供更便利和高效的通关服务。通过加强知识产权保护，促进创新和技术转移，鼓励投资和贸易。RCEP 各国对协定成员国的承诺最终自由化率（%）如表 3-2 所示。

表 3-2　RCEP 各国对协定成员国的承诺最终自由化率（%）

国家	东盟	中国	日本	韩国	澳大利亚	新西兰
中国	90.5	—	86.0	86.0	90.0	90.0
日本	88.0	88.0	—	81.0	88.0	88.0
韩国	90.7	86.0	83.0	—	90.5	90.6
澳大利亚	98.3	98.3	98.3	98.3	—	98.3
新西兰	91.8	91.8	91.8	91.8	91.8	—
新加坡	—	100.0	100.0	100.0	100.0	100.0
文莱	—	98.2	98.2	98.2	98.2	98.2
菲律宾	—	91.3	91.1	90.0	91.1	91.1
马来西亚	—	90.2	90.2	90.2	90.2	90.2
印度尼西亚	—	89.5	89.5	89.5	90.8	91.5
泰国	—	85.2	89.8	90.3	91.3	91.3
越南	—	86.4	86.7	86.7	89.6	89.6
柬埔寨	—	87.1	87.1	87.1	87.1	87.1
缅甸	—	86.0	86.0	86.0	86.0	86.0
老挝	—	86.0	86.0	86.0	86.0	86.0

资料来源：中国自由贸易区服务网（http：//fta.mofcom.gov.cn/）。

第二，原产地规则。要求产品必须在成员国中的某一个或多个国家生产或加工，并且达到一定的加工程度或价值含量，才能被视为在该国家具有原产地。这有助于防止非协定国家的产品通过参与国进行转口贸易，从而规避关税。

第三，海关程序和贸易便利化。就海关程序而言，RCEP 要求成员国之间加强合作，采取措施简化海关手续、提高透明度和预测性，并加快通关速度，减少非关税壁垒。此外，协定还涉及知识产权保护、电子商务、竞争政策等领域的规定，以促进跨境贸易和投资的顺畅进行。在贸易便利化方面，RCEP 规定了一系列标准和程序，以促进物流和贸易的便捷与高效。例如，成员国将简化并标准化货物的检验、审批和证明程序，允许企业采用数字化的方式进行认证和报关，减少其成本和时间。同时，协定还支持各成员国建立联系机制，共享经验和信息，促进贸易和投资的可持续发展。

第四，贸易救济。包括反倾销措施，成员国可以对进口商品实行反倾销措施，即对低价或倾销价格的进口商品征收关税或采取其他限制措施。反补贴措施，成员国可以对获得外部补贴的进口商品征收关税或采取其他限制措施。突发情况保障措施，成员国可以在出现突发情况（如进口商品数量激增、本国产业遭受重大损害等）时采取暂时性的保障措施，以保护本国产业和市场。这些措施需要符合相关规定和程序，并且不应影响其他成员国的正当贸易利益。

第五，服务贸易。涵盖了许多领域，包括金融服务、电信服务、专业服务、零售和分销等。该协定要求各成员国在服务贸易方面采取透明、公平、非歧视和开放的政策，并鼓励成员国通过自愿性相互承认资格、证书和许可证等方式来促进服务贸易自由化。此外，该协定还规定了成员国应当充分保护消费者权益和个人数据隐私。

第六，自然人临时移动。旨在促进成员国之间的人员流动，包括商务和专业服务人员、合同服务提供者以及短期商务旅行者等。根据该条款，成员国应当采取措施，简化和加速签证、居留许可和工作许可的申请程序，并为符合条件的人员提供更多机会进行自由的临时移动。此外，该条款还规定了保护本地劳动力市场的措施，以确保临时移动不会对当地就业形势造成不利影响。

第七，投资。旨在促进成员国之间的投资自由化和便利化。根据该条款，成员国应当确保为外国投资者提供公平、公正、公开和透明的待遇，并鼓励双向投资流动。此外，该条款还规定了一系列保护措施，包括对投资的合理和公正对待、非歧视原则、投资的平等保护以及补偿措施等。如果出现争端，成员国可以通过调解、谈判或仲裁的方式解决。

第八，知识产权。旨在促进成员国之间的知识产权保护和合作。根据该条款，成员国应当加强知识产权保护，并通过技术转移、技术合作等方式促进知识产权的创造、利用和转让。此外，该条款还规定了一系列具体措施，包括对知识产权的公平、公正、公开和透明的保护，防止知识产权侵权行为的发生，以及加强知识产权管理和执法能力等。如果出现争端，成员国可以通过调解、谈判或仲裁的方式解决。

第九，电子商务，电子签署和认证。各国应确保在其领土上使用的电子签名和认证体系符合国际标准，以促进跨境电子交易的安全和可靠性；数据流，各国应允许跨境数据流，并避免对数据本地存储或处理设置不必要的限制；禁止征收海关税，禁止对通过电子形式进出口的商品征收任何形式的海关税；电子支付，各国应建立和维护透明、非歧视性的电子支付体系，并加强跨境支付的合作和协调；消费者保护，各国应采取措施保护消费者的利益，包括公平竞争、客户隐私和网络安全。

第十，竞争。旨在促进成员国之间公平竞争和打击不正当竞争行为。其中包括禁止垄断和滥用市场支配地位的行为；禁止反竞争协议，如价格操纵、限制销售渠道等；鼓励技术创新和技术转移；保护知识产权，防止侵权和盗窃；防止政府补贴对市场造成扭曲。这些条款将有助于建立一个更加公平和透明的市场环境，并促进成员国之间的经济合作与发展。

第十一，中小企业。为中小企业提供更多信息、技术和市场准入方面的支持，以便它们更好地参与国际贸易。通过简化海关程序、减少贸易壁垒等方式来降低中小企业参与国际贸易的成本和难度。建立中小企业间的联系和合作机制，促进技术转移、人才流动和经验分享，提高中小企业的竞争力。鼓励各国政府和金融机构为中小企业提供融资和保险等服务，帮助它们更好地开展跨境贸易和投资活动。

第十二，经济技术合作。指各成员国在经济和技术领域开展合作的一系列举措，包括交流经验、技术转移、人才培训等，旨在促进成员国之间的经济发展和增强彼此的技术实力。

第十三，政府采购。指在 RCEP 框架下，各成员国对于政府采购领域的规定和承诺。这些条款旨在促进各成员国之间的公平竞争和透明度提升，并确保政府采购程序的开放性和非歧视性。具体而言，RCEP 采购条款包括了采购程序、采购方式、采购规则、评估标准等内容，以及各成员国在采购过程中的义务和责任。

协定正文还包括序言、初始条款和一般定义、卫生与植物卫生措施、标准、技术法规和合格评定程序、一般条款和例外、机构条款、争端解决、最终条款，以及关税承诺表、服务具体承诺表、服务和投资保留及不符措施承诺表、自然人临时移动具体承诺表等四个协定附件。

第二节　河南自贸区的发展历程及现状

河南自贸区位于河南中部，包括郑州、开封、洛阳三个城市的部分区域，2017 年 4 月 1 日正式挂牌成立，总面积 140. 24 平方千米，重点发展的产业有智能制造、现代物流、文化旅游、医疗健康和农村农业等，实行“准入前国民待遇+负面清单”管理模式，推进金融创新、人才引进，力争建设成为内陆开放门户和国际贸易物流中心，推动河南高质量发展，促进区域经济协调。河南自贸区范围涵盖郑州航空港经济综合实验区、中原国际陆港、郑东新区金融集聚区、郑州新郑综合保税区、郑州出口加工区、河南保税物流中心、国家郑州经济技术开发区、国家洛阳经济技术开发区、国家开封经济技术开发区等九个海关特殊监管区域。

河南自贸区作为国家设立的第三批 7 家自贸区之一（国务院发函六批改革试点分类统计如图 3-1 所示），自 2017 年 4 月 1 日挂牌运行以来，围绕着现代立体交通体系、现代物流体系和现代综合交通枢纽“两体系、一枢纽”战略定位，以制度创新为核心，大胆试、大胆闯、自主改，在投资贸易便利化、多式联运、跨境电商综合监管、金融开放创新等领域系统推进改革创新，至今累计形成原产地证书“信用签证”“政银合作直通车”等290多项创新成果，较好发挥了改革开放试验田作用。自贸区郑州片区成立6年来，郑州片区已累计新注册企业8.4万家、企业总量达9.4万家，比自贸区成立前增长了4.3倍。

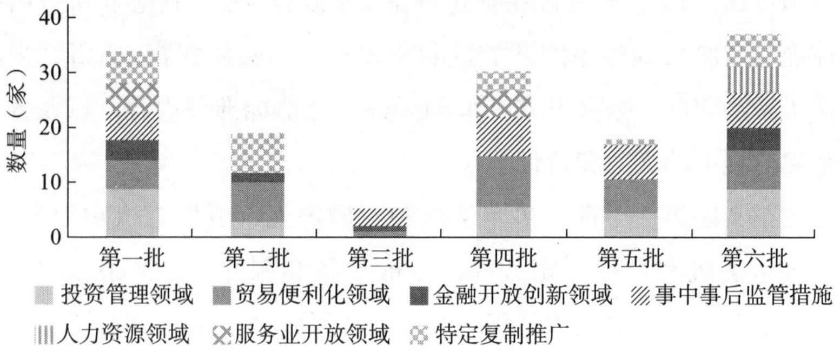

图 3-1 国务院发函六批改革试点分类统计

资料来源：中华人民共和国商务部自贸区港建设协调司，戴德梁行整理。

经过6年的建设，河南自贸区创新开放成果累累，主要有以下几个方面：

第一，制度创新取得丰硕成果。国务院批复的总体方案160项改革试点任务已基本实施，河南自贸区创新构建了政务、监管、金融、法律、多式联运五大服务体系，累计形成近500项改革创新成果，商事制度改革、跨境电商、多式联运、商品期货等领域制度创新走在全国前列。“二十二证合一”改革得到国务院主要领导肯定。“跨境电商零售尽快退货中心仓模式”“建设项目水电气暖现场一次联办模式”入选国务院自贸区改革试点经验。“跨境电商零售进口正面监管模式”“一码集成服务”“四链融合”“促进洛阳老工业基地转型升级”入选全国自贸区最佳实践案例。“基于工程建设项目风险防控点的联合监管”入选全国工程建设项目审批制度改革首批典型经验。“企业登记身份管理实名验证系统”“服务八同步、拿地即开工”等一批首创性、集成性、特色化创新举措在全国率先实施，投资项目承诺制、土地测绘“三测合一”“多证集成、一照通行”等近百项创新成果在全省复制推广。2021 年 12 月，河南自贸区郑州片区法院作为全国仅有的 5 个自贸区法院之一，正式挂牌运行。这是河南自贸区制度框架逐步完善的缩影，也是高水平建设自贸区 2.0 版的微观体现。虽然河南自贸区定位于制度创新的先行区，但目前制约河南自贸区制度创新的体制性障碍依然存在，并在一定程度上制约了自贸区的创新发展。首先是对自贸区的业绩考核仍然沿用过去唯 GDP 的模式，导致自贸区管理部门更热衷于招商引资的开发区管理模式，在一定程度上忽略了自贸区制度创新这一核心功能；其次是自贸区管理体制机制仍不完善，包括自贸区管理部门未被充分授权，配套措施不完备，管理协调成本高等；最后是在制度创新方面突破力度不大，基本上围绕非关键制度的碎片化整改，对核心关键的制度创新则触及较少。还需要深入实施制度型开放战略，加快推进规则、规制、管理、标准等制度型开放，深化首创性、集成性、差别化改革探索，着力构建更高水平的开放型政策和制度体系，打造新时代制度型开放引领区。

第二，枢纽通道优势更加凸显。空中、陆上、网上、海上“四路协同”开放通道新优势不断显现，现代综合交通枢纽正在形成。郑州机场利用第五航权新增 9 条国际货运航线，连续 4 年实现客货运吞吐量中部地区双第一。2021 年，郑州机场货邮吞吐量已突破 70 万吨。2022 年，郑州机场货邮保障能力从 60 万吨提升至 110 万吨，跻身全球 40 强，郑州—卢森堡“空中丝绸之路”成为中欧合作重要纽带。中欧班列（郑州）通过打造“数字班列”“冷链班列”“运货一体”特色品牌，累计开行超过 6000 列，综合指标居全国第一方阵。打造跨境电商核心功能集聚区，开展全国跨境电商企业对企业（Business-to-Business，B2B）出口监管试点，启动全国首个跨境电商零售进口药品试点。郑州国际陆港获批“郑州港”国际代码，郑州机场国际物流多式联运数据交易服务平台和全国首个航空电子货运试点上线运行，中欧班列集结中心示范工程、郑州国际陆港多式联运集疏中心、开封国际陆港启动建设，多式联运发展初见成效。2021 年河南自贸区片区相关指标如表 3-3 所示。

表 3-3　2021 年河南自贸区片区相关指标

片区	GDP（亿元）	人均可支配收入（元）	社会消费总值（亿元）	物流增加值（亿元）	货物运输总量（万吨）	货物周转量（亿吨/千米）
郑州	12691.02	39511	5389.20	1002.00	23177	821.20
开封	2557.03	24573	1112.52	95.57	5681	151.34
洛阳	5447.1	30219	2291.20	403.00	21000	514.40

资料来源：河南省统计局。

第三，产业集聚效应逐步显现。自贸区挂牌以来，三大片区围绕产业链条，持续推进政策创新、服务创新，推动主导产业、特色产业不断集聚。截至 2021 年底，河南自贸区累计入驻企业 11.7 万家（见图 3-2），是设立前的 4 倍多；注册资本总额 1.3 万亿元，是设立前的 5 倍。2021 年实际利用外资 19.8 亿美元，是设立前的 5 倍。实现进出口总额 580.3 亿元（见图 3-3），是设立前的 4 倍；其中，出口 309.1 亿元，是设立前的近 7 倍。一批国际化知名企业在区内布局区域总部、生产基地、软件中心，有世界 500 强投资企业或机构 125 家、国内 500 强投资企业或机构 100 家。80 余个重点项目加快推进，如富泰华精密电子 5G 智能手机精密机构件生产项目、中铁智能化高端装备产业园、洛阳东旭光电新材料及氢能电机装备产业园、格力冰箱洗衣机生产基地等项目进展顺利。国务院批复设立洛阳、开封综合保税区，郑州经开综合保税区封关运行。开封片区获批国家文化出口基地，实现了河南特色服务出口基地零的突破，运营中部首个国际艺术品保税仓。高端装备、智能终端、生物医药、现代物流、汽车制造、跨境电商等一批有竞争力的产业集群初具规模，郑东新区现代金融、大数据产业加快构建。但也存在高质量重大外资项目少，辐射带动、联动发展亟须增强，开放平台能级有待提升等问题。还需要全面贯彻绿色发展理念，把新基建、新技术、新材料、新装备、新产品、新业态作为高质量发展的主攻方向，绘好“链谱”，强化补链延链强链，打造产业集群，培育新兴产业，布局未来产业，提升主导产业持续自主创新能力、全球资源配置能力、全球价值链治理能力，构筑具有国际竞争力的开放型产业体系。截至 2021 年底河南自贸区三大片区引资情况如表 3-4 所示。

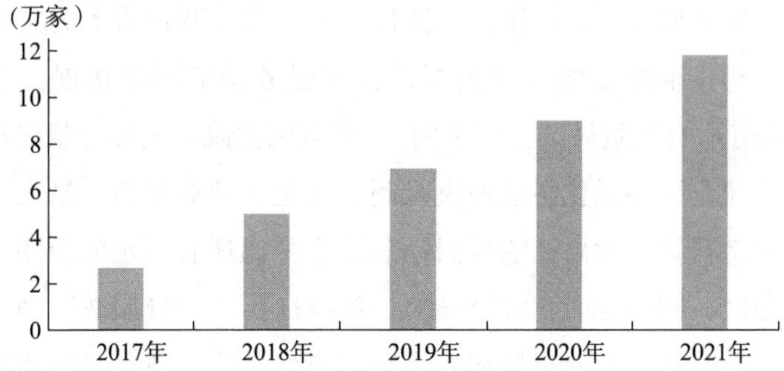

图 3-2　河南自贸区入驻企业情况

资料来源：河南省统计局。

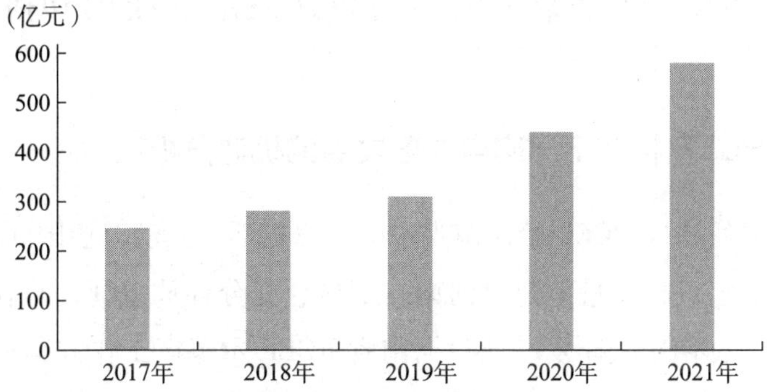

图 3-3　河南自贸区进出口总额

资料来源：河南省统计局。

表 3-4　截至 2021 年底河南自贸区三大片区引资情况

区域	注册企业（家）	注册资本（亿元）	实际利用外资（亿美元）	进出口总额（亿元）
郑州片区	80000	3341	13.01	49.85
洛阳片区	11072	1360	4.73	103
开封片区	7042	34	1.7686	27.45

资料来源：河南省统计局。

第四，营商环境持续优化。河南自贸区全面转变政府职能，以高水平开放带动经济高质量发展，不断推行“准入前国民待遇+负面清单”模式，全面推进“放管服效”改革，持续提升投资贸易便利化水平，营商环境满意度超过 90%。承接省级下放 455 项经济社会管理权限，实施 526 项“证照分离”改革全覆盖审批事项，事中事后监管体系日趋完善。创新构建以政务服务、监管服务、金融服务、法律服务、多式联运服务为主体的综合服务体系。稳步推进金融开放创新，金融服务功能不断拓展。颁布施行《中国（河南）自由贸易试验区条例》，自贸区法院、国际仲裁等法律服务覆盖全域，建立了多元化纠纷解决机制，优化了营商环境，激发了市场活力。目前河南自贸区营商环境与国际前沿水平比还有一定的差距，还需要坚持需求导向、问题导向和效果导向，持续优化“放管服效”改革，提升政务服务水平，推动有效市场和有为政府更好结合，着力打造市场化、法治化、国际化一流营商环境。

第三节　RCEP 框架下河南自贸区发展的机遇和挑战分析

一、RCEP 框架下河南自贸区发展的机遇分析

如何抓住加入 RCEP 给河南带来的历史机遇，主动对接国际高标准的投资贸易协定，高质量地建设河南自贸区，充分释放 RCEP 的制度红利，2023 年 1 月河南正式印发《建设河南省 RCEP 示范区工作方案》，将充分发挥自贸区的制度创新优势和先行先试优势，以河南自贸区郑州片区为基础，全力打造成为国内一流、亚太地区有影响力的 RCEP 示范区。按照方案，郑州片区要主动对接 RCEP 经贸新规则，到 2025 年，积累一批可推广可复制的先进经验，吸引一批 RCEP 国家优势企业和优质项目落地，更加紧密与国际规则、规制、标准和管理的衔接，进一步增强在全省开放的引领作用。总的来说，RCEP 对河南自贸区发展带来的机遇有以下六个方面：

第一，有利于河南自贸区货物贸易的高质量发展。①有利于扩大与 RCEP 成员国间贸易规模。河南自贸区郑州片区可以充分发挥郑州国际货运航班、东盟班列（中豫）和铁海联运物流优势，跨境电商零售药品进口试点等政策优势，借助跨境电商、班列购、郑商所等平台优势，立足河南中豫国际港务集团有限公司、河南保税集团、宇通客车、中铁工程装备集团盾构制造有限公司等龙头企业优势，扩大汽车、机械装备、纺织服装等优势产品出口，扩大日用消费品、汽车及零部件、医药、康复设备和养老

护理设备等进口。②有利于拓展RCEP区域国际市场。要积极引导和鼓励示范区内优势领域的龙头企业深度参与RCEP区域供应链合作，提升电子信息、高端装备、新能源汽车等相关产品及中间件进出口通关效率，提高供应链协同响应能力。有利于企业扩大业务辐射范围，完善在RCEP重点市场国际营销网络布局，开拓展示、分拨和零售等功能，增强市场承接能力。示范区内企业可以利用全球跨境电商大会、河南投洽会、进博会、东盟会等展会活动，加大对RCEP区域重点市场推介力度。③有利于推动示范区跨境电子商务市场融合。示范区内龙头企业可以积极开拓面向RCEP成员国的跨境电子商务平台建设，支持本地制造和贸易企业入驻平台，进一步扩大纺织服装、化妆品、高端消费品等商品进出口。示范区内企业可以在RCEP区域市场建设海外仓和海外运营中心等服务设施，提供综合配套服务，打造跨境电商物流分拨中心，构建跨境电商+物流干线+全球终端“最后一公里”派送的国际物流供应链集成服务体系。④有利于示范区转口贸易和离岸贸易的发展。郑州空港、陆港国际货运体系的天然优势，将吸引国际物流、贸易企业入驻示范区，开展来自或面向RCEP区域的转口贸易和离岸贸易等业务。

第二，有利于服务贸易的创新发展。河南服务贸易在对外贸易中的占比还远低于全国平均水平，现代服务业竞争力有待加强，服务企业的创新创造活力尚需提升。RCEP项下，各国均在服务贸易领域做出了远超“10+1”自贸协定的承诺，开放水平整体达到十五方各自自贸协定的最高水平，这为河南自贸区服务业的快速发展提供了新的增长点。①与RCEP相关国家的服务贸易有望加强，通过承接日本、韩国、新加坡等国家国际服务外包业务，可以加强与日本等国在医疗、养老等领域合作，发展医疗服务贸易。②有助于自贸区物流产业的发展。RCEP带动货物贸易增长，特别是区域原产地累积，将增加中间品的交换，这将极大激发物流需求，有利于自贸区物流产业的发展。RCEP提高了贸易便利化水平，尤其是提高了快件货物、易腐货物通关速度，国际海运、航空运输、陆路运输等服务进一步扩大开放，将进一步强化河南作为全国物流网络中心的地位，自贸区应为本地物流产业发展提供交通运输、营商环境等软硬基础设施，帮助物流企业推动智能管理，构建开放的物流平台，这不仅有助于自贸区物流产业的发展，也将助力河南货物贸易的发展。③有助于自贸区本地跨境电商的发展。RCEP 的贸易便利化条款，将显著提高通关和物流效率，释放河南消费市场潜力，推动供应链与资源优化，RCEP 推动区域电商政策的一致性，降低了跨境电商的经营风险和不确定性，自贸区可进一步挖掘跨境电商行业的发展潜力。④有利于自贸区特色服务贸易的发展。随着 RCEP 带来的货物贸易、投资增长促进的供应链金融需求的增长，自贸区可着力推动金融结算、外贸型保险、投融资等产业的发展，推动河南服务业提质升级，为 RCEP 带来的货物贸易、投资增长保驾护航。用好服务外包城市政策，扩大电信设备、网络、软件等服务出口。利用“两头在外”保税维修政策，发展大型装备、电子产品等保税维修业务。逐步推动制造业研发、管理咨询、专业设计、航空物流、金融、电信等服务业领域开放承诺在自贸区落地。⑤有利于自贸区扩大服务业开放合作。通过打造汽车、生物医药、知识产权运营等示范项目产业园，促进 RCEP 鼓励性条款先行先试，加强与日本、韩国在创新科技领域的合作，构建 RCEP 科技创新体系，促进河南经济结构转型和升级。

第三，有利于拓展双向经贸合作。围绕河南先进制造业、先进服务业，以及重点培育的新兴产业和未来产业，着力吸引更多的 RCEP 成员国投资。自贸区内企业要积极抓住 RCEP 成员国外资领域进一步开放的机遇，聚焦新加坡、印度尼西亚、日本等重点国别地区，在农业资源、能源、化工、建材、先进装备、矿产开发、基础设施等领域加强投资合作，促进国际产能合作，拓展产业链供应链合作。自贸区内企业应用 RCEP 成员国先进技术，有助于强化资源、技术、装备支撑，优化供应链布局，提高物流效率，降低运营成本，提高产业链供应链稳定性和现代化水平。

第四，有利于建设高水平的区域合作平台。①铁路口岸区域合作。自贸区要加快中欧班列郑州集结中心建设，提升保障服务能力和作业效率。主动融入国际陆海贸易新通道，积极拓展豫桂海铁联运物流大通道，加密开行郑州—越南等东盟线路，拓展经广西钦州港出海新通道，常态化开行河南—钦州—东盟海铁联运班列，争取在越南等国建设集疏分拨中心，推动越南铁路在示范区设立办事处。②加快 E 贸易核心功能集聚区建设。在示范区内设立一批 RCEP 成员国国别展示中心，培育一批面向 RCEP 区域的进口商品直销平台和国别商品交易中心。在示范区内推广“网购保税+线下自提”的经营模式。建设全球汇平台，打造线上购物平台和线下消费中心。③综合保税区和功能性口岸拓展经贸合作。加强示范区与综保区统筹发展，培育面向 RCEP 相关国家的保税研发、保税检测、保税维修和再制造、保税展示交易、保税租赁、保税交割等“保税+”新业态，促进保税经济、平台经济、楼宇经济发展，做大进口、做强出口，打造具有国际竞争力和创新力的海关特殊监管区域。借助水果、粮食、药品、邮政等口岸功能，做大做强面向 RCEP 成员国水果、粮食、药品、邮件等进出境口岸经济。

第五，有利于进一步优化商务环境。RCEP 作为高标准投资贸易协定，对竞争政策、劳动者权益、知识产权、跨境服务贸易、金融服务、电信等制度体系要求较高。自贸区应积极应对先进贸易规则，优化政务服务方式方法，完善投资贸易制度，制订优化商务环境的改革方案，加快河南制度型开放战略的实施。①定期开展 RCEP 系列培训，发布相关政策和市场信息，指导企业运用关税减让、市场开放等互惠措施，加强企业运用 RCEP 能力建设，提高协定优惠利用率。加强对中小企业在人才管理、战略管理、电子商务等领域针对性培训。加快建设自贸区 RCEP 企业服务中心，为广大企业提供原产地证书签发、商事证明、出口退税、商事法律等一站式涉外综合服务。②搭建 RCEP 货物贸易大数据服务专区。发挥国际贸易“单一窗口”、进出口企业服务平台功能，提供 RCEP 贸易规则、协定关税查询等服务，开展最优关税税率智能筹划，服务保障企业最大限度享受 RCEP 优惠条款。开展 RCEP 下的贸易合规与通关便利化服务，积极培育和引进面向境外投资和跨国经营的中介服务机构，为自贸区内企业提供便利化服务。③提升国际贸易知识产权保护水平。加强示范区内知识产权保护与行政执法、民事刑事司法、社会共治的有效衔接，健全完善知识产权纠纷解决机制，推进纠纷快速调解。与 RCEP 成员国专利机构开展对话和信息交流，打造海外知识产权纠纷应对指导平台，加强海外知识产权纠纷和维权援助机制建设。推进区内知识产权运营服务中心建设，建立面向 RCEP 国家的知识产权运营公共服务平台，助力知识产权运用促进工作，开展知识产权质押融资、知识产权证券化等试点。④推进人员往来便利化。对示范区内从事贸易、提供服务或进行投资的商务访问者、公司内部流动人员、合同服务提供者、安装和服务人员及随行配偶和家属，实施便利自然人临时移动措施，分类提供入境及停居留便利。实施 RCEP 成员国高端人才购房和租房、医疗保障、生活服务、商业保险和金融服务等系列便利措施。

第六，有利于将自贸区战略与区域和地方发展战略融合，通过 RCEP 提高自贸区的建设水平。RCEP 开放水平较高，拉平了自贸区的优势，自贸区作为制度型开放的先行区，是制度型开放的前沿阵地，应因地制宜，借势而上，深入研究推动自贸区进一步的创新开放，对标高标准自贸协定的规则，挖掘新的领域和措施，推动河南自贸区高水平建设、高质量发展。对接高标准的经贸规则，势必对政府形成改革倒逼，促进自贸区管理部门在更深层次上推进商事制度、贸易投资、法律金融等领域的改革，有利于进一步释放自贸区改革红利，激发自贸区投资和贸易发展活力，形成建设高质量现代化河南的强大动力。企业是务实合作的受益者，只有政府和企业实现有效联动，全面充分利用 RCEP 中的优惠条款，才能真正实现和放大 RCEP 对河南经济发展和对外合作的积极效应。

二、RCEP 框架下河南自贸区发展面临的挑战

RCEP 的生效和河南自贸区的建设为河南经济的发展和对外开放带来了叠加的政策利好，河南要深刻认识到加入 RCEP 对河南经济发展的重大意义和自贸区高质量发展的良好机遇，坚定建好、办好自贸区的信心和决心，同时还要清醒地认识到目前河南经济的短板，才能齐心协力，高标准完成自贸区各项先行先试任务。

第一，河南自贸区的“两体系、一枢纽”战略规划的深入实施需要优越的资源禀赋和雄厚的产业基础做支撑，但目前河南高新技术产业整体发展相对滞后，还没有在全国有影响力的特色产业和高科技产业集群，是否有能力吸纳和承接国内先进自贸区和 RCEP 成员国的产业转移，“建设大枢纽、发展大物流、培育大产业、塑造大都市”的路径和突破口在什么地方，RCEP 将促进区域内各成员国间的产业分工和合作，这将进一步扩大我国东部地区和发达国家在产业结构上的优势，而河南作为中西部省份，

如何在产业结构上进行优化和升级，以适应新的竞争格局，这些都是高质量建设自贸区要考虑的首要问题。

第二，RCEP 涉及的国家和地区均为我国的重要贸易伙伴，签署后将进一步推动区域内的自由贸易和投资自由化。这意味着河南企业将面临更加激烈的市场竞争压力，而河南的货物贸易基本上以加工贸易为主，科技含量低，在国际市场的竞争力不强；货物贸易对服务贸易还没有起到明显的带动作用，如何通过货物贸易拉动服务贸易，实现货物贸易和服务贸易的协同发展；同时与东南亚国家相比，河南劳动力成本不占优势，一旦加入 RCEP，大量制造业将向东南亚地区转移，这些都是河南自贸区不容忽视的问题。

第三，国际营销渠道相对缺乏。河南有明显的区位优势和交通优势，跨境电商应该成为河南的优势产业，但目前河南跨境电商在国际上还缺乏知名度，国际营销网络建设滞后，要积极利用好国家的政策，通过跨境电商平台渠道，做好河南自贸区的国际营销渠道建设，打造河南自贸区的知名度，吸引外资，提高进出口比重。

第四，区域性竞争严重。目前自贸区已经遍布中东部地区，这样无论是在招商引资还是贸易便利化方面，都会存在不同区域同质化竞争严重问题，同时河南还面临着产业落后、新兴产业规模较小等问题，所以河南自贸区要充分发挥自己的优势，做足自己的特色。

第五，其他诸如落实好 20 个章节规则面临既有体制机制的束缚问题、对标国际一流的营商环境问题、高端人才缺乏问题，以及郑州、开封、洛阳三大片区在差异化定位基础上如何有效协同等，都是河南自贸区健康发展迫切需要解决的问题。

第四节 RCEP 框架下区域价值链调整及河南自贸区功能定位分析

亚洲是当今全球生产网络中最具经济活力和发展潜力的地区，但全球价值链重构、逆全球化与贸易保护主义等因素给亚洲区域经济合作带来不利影响。RCEP 的签署和生效有助于亚洲经济体进一步提升区域贸易投资自由化水平、促进形成区域一体化市场，也为后疫情时代亚洲区域经济合作提供了强大动力。RCEP 自贸区的建成是东亚区域经济一体化新的里程碑，将有力促进各国之间的自由贸易和投资，降低贸易壁垒和成本，推动跨国公司在各国之间建立更加紧密的合作关系，实现生产过程中的分工与合作，促进各国之间的技术交流和创新合作，推动技术的跨国传播和应用，为区域产业链、价值链融合奠定坚实的基础并提供必要的条件。

一、RCEP 框架下区域价值链调整

目前，全球价值链重塑趋势开始显现。一方面，与金融危机前相比，全球价值链增长放缓。全球价值链有所缩短，特别是复杂价值链中间产品生产跨境次数下降，部分价值链环节回流国内。另一方面，全球价值链区域化趋势增强，表现为价值链在地理上越来越集中于最终消费市场。究其原因，除自动化、人工智能、物联网、3D 打印等新兴技术使得劳动力成本优势的重要性有所降低，进而影响部分产业转移的速度和方向外，中国等新兴经济体在全球价值链中的分工地位提升，客观上也缩短了价值链。不可忽视的是，近年来部分发达国家国内民族主义盛行，美欧等国家或地区采用歧视性产业政策或以安全为由鼓励产业回流，严重影响了以市场化分工为基础的全球价值链布局。与此同时，跨国公司投资布局决策也从效率优先转向效率与安全并重，不得不考虑以近岸外包、分散布局等方式降低供应链风险。伴随着经济全球化深入发展，垂直化分工协作模式开始瓦解，价值链上的生产供应环节出现全球性调整和重塑。尽管各成员国在经济体制、发展水平、规模体量等方面差异巨大，RCEP 仍在多样性与高标准之间找到平衡，用灵活的方式处理了不同利益诉求，体现出全面性、先进性和包容性。RCEP 通过统一关税承诺、原产地规则、贸易投资便利化以及其他贸易规则，最大限度地整合了东亚地区碎片化的经贸制度安排，整合了目前 15 个成员国签署实施的 27 个贸易安排和 44 个投资协定，并通过在上述领域制定相关开放制度和法律保障机制，构建了透明、公平和可预期的政策环境。

RCEP 为充满冲突、问题和挑战的世界经济带来了发展契机，RCEP 进

一步加深了亚洲经济体之间的经济链接，有力地提振了亚洲区域贸易与投资信心，进一步强化了区域内部产业链与供应链韧性，为构建区域内部统一市场和实现全球繁荣发展提供了强大动力。RCEP 的签署有利于提升中国在亚太地区产业链、价值链中的核心地位。RCEP 通过关税减让、贸易成本降低、区域原产地累积规则等，深化域内产业链价值链，各成员国价值链分工将更加紧密、价值分配将更加合理、分工效率将进一步提高。这也为中国积极参与全球高标准多边贸易协定提出了更高的要求，为中国主动重塑全球价值链提供了充足的动力，有望助力中国通过提升在亚太地区价值链的地位实现全球价值链的升级，有助于国内国际双循环相互促进。

中日、日韩之间通过 RCEP 首次建立起自由贸易关系，为中、日、韩在电子信息、汽车制造、航空航天、医疗保健、环保和新能源技术、教育和人才培养等领域的合作奠定了良好的基础。通过整合区域经贸规则特别是区域原产地累积规则，有助于中国同东盟等地区各国进一步加强区域价值链上的合作，稳定和扩大区域内中间产品贸易和投资活动，增强与 RCEP 伙伴的经济链接，缓解贸易保护主义对区域产业链和供应链造成的风险。RCEP 将推动服务业在全球价值链中发挥更多链接作用，金融、物流、商务等生产性服务作为中间投入，全面参与第一、第二产业领域的生产制造，通过前向关联和后向关联提升制造业国际竞争力，在推动全要素生产率增长、促进产业结构转型升级和扩大就业方面发挥重要作用。

中国要加强与各成员国的合作，推动协议的落实和执行，稳步推进法律、规则、规制、标准、管理等制度型开放，高标准实施 RCEP，充分释放 RCEP 红利。首先，要不断优化服务体系，为更好利用 RCEP 提供制度保障。建立健全综合服务体系，开展、优化或整合自由贸易协定服务，为企业提供从关税优惠查询、原产地操作、通关便利化，到产业风险与安全预警以及商事仲裁等全方位综合服务。其次，各地可以针对当地产业和市场需求，积极应对 RCEP 所带来的产业转移和产业升级，吸引 RCEP 成员国相关企业落户，建设有利于产业链转移的基础设施，制定有针对性的政策和措施，鼓励和支持本地企业和外资企业开展 RCEP 的相关业务，共同开发 RCEP 的产业链，促进区域内资源共享和产业链协同。最后，改善区域综合发展环境，推动价值链分工体系重构。加快调整区域产业链布局，推动制造业产业链与创新链融合，进一步改善贸易投资环境，为技术创新提供生产要素和制度保障，激发微观企业的活力和动力，巩固和提升中国区域价值链核心地位，最终实现价值链分工体系的重构。

二、河南自贸区的功能定位分析

建立河南自贸区是党中央、国务院做出的重大决策，是新形势下全面深化改革、扩大开放和深入推进“一带一路”倡议的重大举措。按照《国务院关于印发中国（河南）自由贸易试验区总体方案的通知》和《河南省人民政府关于印发中国（河南）自由贸易试验区建设实施方案的通知》的总体要求，河南自贸区要以制度创新为核心，以可复制可推广为基本要求，深入挖掘改革潜力，破解改革难题，在政府职能转变、投资领域开放、贸易转型升级、金融领域开放创新、提升现代综合交通枢纽和现代物流中心功能等方面先行先试，加快建设贯通南北、连接东西的现代立体交通体系和现代物流体系，将河南自贸区建设成为服务“一带一路”倡议的现代综合交通枢纽、全面改革开放试验田和内陆开放型经济示范区，为加强与“一带一路”沿线国家交流合作拓展新空间、搭建新平台，为全面深化改革和扩大开放探索新途径、积累新经验，发挥示范带动、服务全国的积极作用。经过 3~5 年改革探索，形成与国际投资贸易通行规则相衔接的制度创新体系，营造法治化、国际化、便利化的营商环境，努力将自贸区建设成投资贸易便利、高端产业集聚、交通物流通达、监管高效便捷、辐射带动作用突出的高水平高标准自由贸易园区，引领内陆经济转型发展，推动构建全方位对外开放新格局。

按区域布局划分，郑州片区重点发展智能终端、高端装备及汽车制造、生物医药等先进制造业以及现代物流、国际商贸、跨境电商、现代金融服务、服务外包、创意设计、商务会展、动漫游戏等现代服务业，在促进交通物流融合发展和投资贸易便利化方面推进体制机制创新，打造多式联运国际性物流中心，发挥服务“一带一路”倡议的现代综合交通枢纽作用；开封片区重点发展服务外包、医疗旅游、创意设计、文化传媒、文化金融、艺术品交易、现代物流等服务业，提升装备制造、农副产品加工国际合作及贸易能力，构建国际文化贸易和人文旅游合作平台，打造服务贸易创新发展区和文创产业对外开放先行区，促进国际文化旅游融合发展；洛阳片区重点发展装备制造、机器人、新材料等高端制造业以及研发设计、电子商务、服务外包、国际文化旅游、文化创意、文化贸易、文化展示等现代服务业，提升装备制造业转型升级能力和国际产能合作能力，打造国际智能制造合作示范区，推进华夏历史文明传承创新区建设。按海关监管方式划分，自贸区内的海关特殊监管区域重点探索以贸易便利化为主要内容的制度创新，开展保税加工、保税物流、保税服务等业务；非海关特殊监管区域重点探索投资体制改革，创新内陆地区开放发展机制，完善事中事后监管，积极发展高端制造业和现代服务业。

按照《中国（河南）自由贸易试验区“十四五”发展规划》，未来河南自贸区的发展方向为：围绕“两体系、一枢纽”战略定位，全力打造国内国际双循环战略重要支点，建设制度型开放先导区、高能级枢纽经济先行区、现代产业高质量发展示范区、营商环境国际化引领区。首先是制度型开放先导区。要对标高标准国际经贸规则和国际公认富有竞争力的自由贸易园区，加大压力测试力度，推进规则、规制、管理、标准等制度型开放，在更大范围、更宽领域、更深层次深化改革扩大开放，基本形成以投资贸易自由化便利化为核心的制度型开放政策体系。其次是高能级枢纽经济先行区。以空中、陆上、网上、海上四条丝绸之路建设为支撑，打造联通境内外、辐射东中西的国际物流通道枢纽，促进人流、商流、物流、资金流、信息流“五流”融合，把“流量”变“留量”，推动交通区位优势向枢纽经济优势转变。再次是现代产业高质量发展示范区。坚持绿色低碳循环发展，完善制度创新与产业发展协同机制，推动产业链、创新链、供应链、价值链和制度链深度耦合，推进战略性新兴产业加快发展，先进制造业提质增量，服务业国际化创新，数字经济形成优势，前瞻布局未来产业，构筑具有国际竞争力的开放型现代产业体系。最后是营商环境国际化引领区。主动适应国内国际形势变化，精准聚焦市场主体需求，加快转变政府职能，持续深化“放管服效”改革，优化法治环境，营造公平公正透明的市场环境，提升政府服务和管理水平，市场化、法治化、国际化营商环境达到国际前沿水平。

2023 年 2 月 23 日，河南省人民政府印发了《中国（河南）自由贸易试验区 2.0 版建设实施方案》，提出了强化拓展“两体系、一枢纽”功能、持续推进贸易投资便利化、积极开展制度创新、引育并重发展重点产业、推动河南自贸区与综合保税区统筹发展、加强交流合作和复制推广几项重点任务。结合 2023 年 1 月印发的《建设河南省 RCEP 示范区工作方案》，可以看出河南主动对接 RCEP 经贸新规则，把河南自贸区放在更宽的范围、更高的标准，高质量建设自贸区的信心和决心，这也是河南利用 RCEP 所带来的机遇，依托河南自贸区制度创新平台的优势，促进河南经济结构转型升级、扩大改革开放，实现高质量发展的重要举措。河南自贸区最大的优势是地理位置优势和交通枢纽中心、丰富的劳动力资源和悠久的历史文化，RCEP 生效为河南自贸区承接国内发达地区和发达国家的产业转移带来千载难逢的机遇，河南自贸区应紧紧抓住数字经济的发展潜力，把河南自贸区建成国际物流中心、智能化制造中心、加工中心、贸易中心、国际文化和人文旅游中心，重塑河南在全国乃至全球产业链和价值链当中的地位。河南自贸区金融服务体系创新应围绕河南自贸区的功能定位和发展方向，搭建与国际通行规则相衔接的金融制度框架，构建多元融资、服务高效、一体联控的金融服务体系，促进数字经济的发展，促进投资自由化、贸易便利化和管理法治化。

第四章

国内自贸区金融服务创新实践案例

自贸区是改革开放的试验田，旨在形成可复制可推广的经验做法。基于此，本部分首先对国内先进自贸区如上海自贸区、天津自贸区和广东自贸区金融改革创新实践经验按照金融市场、金融制度、金融服务和金融工具四个方面进行了分类归纳总结和梳理。接着总结了河南自贸区金融创新的实践经验以及与其他自贸区的差距，最后结合河南自贸区的功能定位并借鉴其他自贸区金融创新经验，找出河南自贸区金融业态发展和服务功能拓展的路径和内容。

第一节　国内主要自贸区金融创新

一、上海自贸区

上海自贸区的各个区域有其特殊的发展定位，具有各自不同的功能（见表 4-1）。例如，浦东机场保税区是已经实现了区港一体化运作的空港型综合保税区。依托区港一体化监管模式和世界第三大货运空港的优势，已形成融资租赁、空运亚太分拨中心、跨境电商、航空维修、高端消费品保税展示、快件转运中心等临空功能服务产业链。

表 4-1　上海自贸区主要片区及其功能

上海自贸区主要片区	片区功能
浦东机场保税区	布局航空产业链，打造世界级国际航空枢纽
外高桥保税区	港口物流和保税物流，形成现代航运物流体系
外高桥港综合保税区	国际进口中转站，全球物流分拨中心
陆家嘴金融区	国际金融中心，形成现代服务体系
金桥区	制造业和服务业双核心发展示范区
张江科学城	高科技产业集群、世界一流科学城
浦东世博区	世界级城市中央公共活动
临港新区	特殊经济功能

外高桥保税区是中国首批设立的自贸区之一，成立于1990年。它坐落于上海市浦东新区外高桥地区，是一个以促进国际贸易和经济开放为主要目标的特殊经济区域。如今已形成以国际贸易、高端制造和现代物流为主的功能集聚区，它的目标是全力打造要素资源高度集聚，充分畅通、广泛辐射的自由贸易枢纽城。

外高桥港综合保税区前身是上海外高桥保税物流园区，是中国第一个保税物流园区，也是国内首家实施“区港联动”的试点区域。目前已形成跨国公司面向东北亚的出口采购中心和有色金属、互联网技术（Internet Technology，IT）零部件进口分拨基地，未来将以整合优化为重要发展契机，进一步提质、升级、开放、创新，积极拓展国际中转集拼、全球分拨中心、进口汽车展销、多式联运、跨境电商等功能业态。

陆家嘴金融区目前已经成为中国最大的金融中心和亚洲重要的金融中心之一，拥有众多全球知名的金融机构和企业。其中包括银行、证券、期货、保险、基金管理、资产管理等各类金融机构，以及一系列金融服务平台和科技创新企业。该区域的金融业务涉及国内外股票、债券、期货、外汇、基金等多个领域，是中国境内金融市场的重要组成部分。同时，上海陆家嘴金融区还积极推动金融科技和绿色金融、现代服务业、文化创意产业等新兴领域的发展，推动上海及中国经济发展。

金桥区依托其制造业和服务业的先天发展优势，来争取发展出高端制造业和尖端服务业。因此它定位为制造业和服务业双核心发展示范区。张江科学城的前身是张江高科技园区，依托早期优势，现在已初步形成了以信息技术、生物医药、新材料和环保节能为主导的高新技术产业集聚区，聚集了一大批国际知名企业，例如中芯国际集成电路制造有限公司（以下简称中芯国际）、上海华虹宏力半导体制造有限公司、上海兆芯集成电路股份有限公司、上海罗氏制药有限公司、上海微创医疗器械（集团）有限公司。未来将打造世界级的高科技产业集群，成为“科学特征明显、科技要素集聚、环境人文生态、充满创新活力”的世界一流科学城。

浦东世博区是上海、浦东新区重点发展地区，以打造世界级中央公共活动区为目标，大力发展总部商务、新兴金融、文化会展、旅游休闲、生态宜居五大功能。

临港新区的主要功能定位是打造开放型经济体制和先进的国际贸易发展平台，建设高端装备制造、智能制造、航空航天等现代制造业基地，建设世界级的综合交通枢纽，发展集海、陆、空、铁于一体的立体式交通网络。建设智慧城市基础设施，并发展成为全球一流的综合性交通枢纽和现代制造业基地，支撑长三角地区经济发展和对外开放。

在上海自贸区成立之后，国务院分别印发了《中国（上海）自由贸易试验区总体方案》和《中国（上海）自贸试验区临港新片区总体方案》提出要加快金融制度创新、增强金融服务功能、进一步拓展人民币跨境金融服务功能，更进一步的是中国人民银行、商务部、银监会、证监会、保监会、外汇局、上海市人民政府联合印发的《进一步推进中国（上海）自由贸易试验区金融开放创新试点 加快上海国际金融中心建设方案》以可复制可推广为目标对上海自贸区金融创新进行了积极探索。因此我们根据上述文件和上海自贸区最近几年的金融创新实践对上海自贸区的金融创新进行了案例归纳和总结（见表4-2）。

表4-2　上海自贸区金融创新案例总结

创新点	案例	意义
金融市场创新	国泰世华银行（中国）由大陆分支行转制为子行，注册地为上海，注册资本30亿元	在沪首家分行转子行的台资法人银行，标志着银保监会（现为国家金融监督管理总局）有关银行业扩大开放的举措在上海正式落地
	中国外汇交易中心推出银行间人民币贷款市场报价利率（Loan Prime Rate，LPR）利率期权产品及相关交易服务	发展人民币利率衍生产品市场，研究推出人民币利率期权，为实体经济、金融机构和市场参与者提供了新的工具和机会，以对冲利率波动风险、调整资产配置等，这有助于促进中国金融市场的深化和发展，提高市场运作效率
	上海票据交易所成功试运行供应链票据平台	意味着该平台已经具备了商业化运营的能力，这将为企业提供更加便捷、安全、高效的融资渠道，同时也有助于促进我国票据市场的发展和创新，丰富了企业开展票据业务的渠道，进一步方便了企业对票据的使用，降低了供应链的全链条成本、有效提升企业融资能力

续表

创新点	案例	意义
金融市场创新	上海自贸区允许符合一定条件的中小微高新技术企业在等值 500 万美元额度内自主借用外债，恺佧生物科技（上海）有限公司已核定首笔外债便利化额度	进一步便利中小微高新技术企业充分利用境内境外两个市场、两种资源，助推上海高新技术产业做大做强，进一步加快上海国际金融中心、上海科创中心以及自贸区建设
	全国首单国家核证自愿减排量（Chinese Certified Emission Reduction，CCER）为基础资产的碳中和服务信托中海蔚蓝 CCER 碳中和服务信托成立	一是以金融流通性助力碳资产价值发现；二是通过碳交易，把碳排放的外部成本与排放者内部成本关联，提高了控排企业进一步开发节能降碳技术储备碳资产的意愿
	基础设施不动产投资信托基金（Real Estate Investment Trusts，REITs）试点项目落地；上海证券交易所与长三角区域合作办公室、三省一市发展改革委（上海、江苏、安徽、浙江）作为共同指导单位，发起成立了长三角基础设施 REITs 产业联盟	一是深化金融供给侧结构性改革，激发金融服务实体经济的新动能；二是助推企业盘活存量资产，形成良性投资与资产循环
	在银保监会（现为国家金融监督管理总局）的牵头下，中国集成电路共保体在临港新片区正式成立	一是凝聚行业力量，统筹各成员单位的风控优势和风控力量，创新中国集成电路产业风险防控标准；二是国家首次研究提出关于半导体企业危险单位划分的完善建议，为将来制度修订和全国推广使用积累经验
	中国信托登记有限责任公司建设全国信托公司股权托管中心并推出股权托管业务	一是集中登记托管，统一登记标准，首创了线上办理；二是有利于进行股权穿透监管
	上海保险交易所推出数字化健康保险交易平台、数字化再保险登记清结算平台	一是支持上海国际金融中心建设、推动保险业供给侧结构性改革、助力多层次医疗保障体系的构建；二是在提升我国在全球再保险市场竞争力、服务实体经济发展、维护国家金融安全等方面具有重大战略性意义
	上海证监局积极推进全国首家外商独资公募基金管理公司、外商独资证券公司等一批有影响力的外资证券基金经营机构落户上海自贸区，目前已有贝莱德基金管理有限公司、富达基金管理（中国）有限公司和摩根大通证券（中国）有限公司	一是引入的外资机构具有较为先进的管理经验、良好的风控能力和充足的资本实力，可以为中国企业和居民提供优质金融服务，在行业内起到引领示范作用；二是深入研究外资机构的经营模式、运作特点，探索更有针对性、更有效的监管方式

续表

创新点	案例	意义
金融市场创新	友邦保险取得银保监会批复，将友邦保险有限公司上海分公司改建为外商独资人身保险公司	首家外商独资人身保险公司设立，是《关于加快推进上海国际金融中心建设和金融支持长三角一体化发展的意见》（以下简称“金融 30 条”）“推进人身险外资股比限制从 51%提高至 100%在上海率先落地”的具体实施
	中国外汇交易中心推出外汇市场主经纪业务模式，中国银行、交通银行成为首批银行间人民币外汇市场主经纪商并均已达成首笔交易	首次将主经纪业务模式引入中国外汇市场，并主导制定主经纪“中国标准”；贯彻落实“金融 30 条”中“优化境外机构金融投资项下汇率风险管理，便利境外机构因投资境内债券市场产生的头寸进入银行间外汇市场平盘”
金融制度创新	上海证券交易所科创板首单红筹新规下“A+H”红筹企业中芯国际集成电路制造（上海）有限公司发行上市	有利于吸引更多优质科创类红筹企业到科创板上市
	国家外汇管理局上海市分局发布《关于在中国（上海）自由贸易试验区临港新片区开展外债登记管理改革试点的通知》	城林环保技术（上海）有限公司成功办理首单一次性外债登记，简化了业务办理流程，节约了企业的交易成本；企业可以根据实际需要，在一次性外债登记额度内，向不同的境外主体借债
	上海金融法院发布《上海金融法院关于证券纠纷代表人诉讼机制的规定（试行）》	全国法院首个关于证券纠纷代表人诉讼制度实施的具体规定
	上海高院与上海证监局联合出台了《关于适用〈最高人民法院关于审理证券市场虚假陈述侵权民事赔偿案件的若干规定〉有关问题的通知》	一是进一步完善上海资本市场法治供给，努力把投资者权益保护以及司法、行政协同落到实处，将为打造一个规范、透明、开放、有活力、有韧性的资本市场贡献上海智慧；二是为其他省市贯彻落实新虚假陈述司法解释提供了可复制可推广的经验
	上海银保监局牵头成立全国首家专业性、行业性独立第三方调解组织——上海银行业保险业纠纷调解中心	逐步将银行业纠纷调解的上海经验推广到全国，探索银行业保险业多元纠纷化解新思路
	上海证监局牵头成立由首批 31 家单位共同组建的上海投保联盟	上海证监局积极构建完善投资者服务保护机制，为下一步成立长三角投保联盟并构建长三角统一的投保协调机制奠定良好基础
	科创板正式引入股票做市交易机制	一是首次在我国股票市场实施混合做市模式，提升市场流动性、稳定性和定价效率；二是发挥科创板在深化基础制度改革方面的试验田作用，将该交易机制改革积累形成的可复制经验进一步推广至主板等其他板块市场

续表

创新点	案例	意义
金融制度创新	太平洋人寿保险股份有限公司在上海签发我国首张个人税收递延型商业养老保险保单	个人税收递延型商业养老保险的全国首单，有利于健全和完善社会养老保障制度
	中国人民财产保险股份有限公司在上海海关落地了首张关税保证保险保单，投保企业为远纺工业（上海）有限公司，被保险物为大宗原料	行业首个以政府机构（海关）为被保险人的保险产品
	首家境外投资者鼎亚资本（新加坡）私人有限公司参与上海清算所利率互换集中清算业务	标志着境外商业类机构参与利率衍生品的交易清算路径已经打通，有助于上海国际金融中心建设和人民币国际化
金融服务创新	中央结算公司、中国银行与交银金融租赁有限责任公司（以下简称交银租赁）联合落地实施首单自贸区外币融资担保品管理业务	标志着债券担保品首次应用于自贸区融资领域，健全自贸区融资体系风险防控机制
	中国工商银行、中国建设银行、中信银行等率先在自贸区临港新片区境内开展办理了境内贸易融资资产跨境转让业务	贯彻落实“金融 30 条”中“在临港新片区内试点开展境内贸易融资资产跨境转让业务”，有利于境内银行进一步盘活资源、优化资产负债结构、拓宽跨境人民币双向流通渠道
	浦发银行成立长三角一体化示范区管理总部并落地长三角一体化专项授信业务	贯彻落实“金融 30 条”中“强化长三角区域银行业金融机构在项目规划、项目评审评级、授信额度核定、还款安排、信贷管理及风险化解等方面的合作协调，探索建立长三角区域跨省市联合授信机制，推动信贷资源流动”；促进长三角范围内信贷资源跨区域配置，支持企业在长三角区域的跨省市经营发展和投融资行为
	中国银联推出境外人士短期入境支付旅行通卡	为入境人士提供境内移动支付解决方案的同时，可迅速释放入境消费市场潜力，推动消费提质扩容，有利于推进上海国际金融中心建设，展现中国银行业的国际形象
	中国工商银行上海市分行联合境外银行成功为鼎信集团印度尼西亚青山工业园区新建年产 350 万吨钢铁产能项目筹组双币种国际银团，用于支持项目工程建设及补充日常经营资金	一是提升为企业提供跨境金融服务的水平，为民营企业“走出去”及参与“一带一路”倡议保驾护航；二是着力于 RCEP 成员国重点贸易领域需求，把握 RCEP 发展机遇，进一步提升贸易和投资发展水平，助力上海成为与伦敦、纽约相匹配和对标的国际金融中心
	上海市有关单位推出私募股权和创业投资份额转让平台及配套政策	一是拓宽了私募股权和创业投资基金份额退出渠道，丰富了基金的退出方式；二是初步建立起了基金份额转让市场生态体系

续表

创新点	案例	意义
金融服务创新	上海清算所创新推出大宗商品现货清算业务并与位于上海自贸区临港新片区的上海有色网金属交易中心有限公司合作提供供应链金融信息服务，精准服务有色金属行业实体企业	一是清算通模式可复制可推广至其他自贸区现货平台，现货平台以低成本接入合规、高效的支付清算网络，突破自身瓶颈，实现业务放量；二是实现交易流、资金流、货物流“三流合一”，破解供应链金融配套服务不到位的问题，助力银行等机构创新叠加供应链金融服务
	中国证券登记结算上海分公司上线合格境外机构投资者（Qualified Foreign Institutional Investor，QFII）、人民币合格境外机构投资者（RMB Qualified Foreign Institutional Investor，RQFII）结算模式创新项目，即增加证券公司结算模式和支持同一个“一码通账户”下的多个证券账户之间进行划转	一是支持证监会关于取消 QFII、RQFII 投资额度限制、调整托管行最低备付计收基数并降低计收比例等改革事项；二是更便利有效地发挥中国与全球资本连接桥梁作用
金融工具创新	中国银行为菲律宾共和国在银行间债券市场成功发行熊猫债（14.6亿元、期限3年和5%的票面利率）牵头主承销商及簿记管理人	首单东盟地区主权熊猫债，也是国际投资者获配比例最高的一次
	上海证券交易所发布《关于开展“一带一路”债券试点的通知》，开始发行“一带一路”债券	拓宽了“一带一路”倡议的直接融资渠道，体现了金融服务实体经济的目标
	上海期货交易所纸浆期货成功挂牌上市	目前是全球唯一以实物交割的纸浆期货合约，有利于形成反映中国乃至全球纸浆市场供求关系的价格体系，提升我国在全球纸浆市场的定价影响力
	上海期货交易所推出低硫燃料油期货	推动打造东北亚保税船用燃料油加注中心，提升我国保税船用燃料油行业定价话语权
	中国农业银行上海市分行筹组国内首笔人民币可持续发展挂钩（Sustainability-Linked Loans，SLL）国际银团贷款	一是通过财务激励的市场化手段驱动借款人持续提升自身的可持续发展水平；二是服务国家战略

续表

创新点	案例	意义
金融工具创新	中国银联与上海环境能源交易所共同发布银联绿色低碳主题银行卡产品，该产品面向个人和企业发行。依托银联网络交易数据为个人和企业分别配置低碳生活服务权益和碳减排量购买权益	一是全方位满足各类型企业和个人的绿色低碳需求；二是联合专业机构创新推出绿色消费碳减排量模式，为未来做企业和个人碳信用账户做了前期铺垫
	国内首批中证上海环交所碳中和ETF产品上市，总发行规模超过160亿元	一是在产品开发过程中首次使用了上海环境能源交易所编制的绿色打分体系，并以减排潜力分配产业权重；二是创新性地首次将碳市场评价体系与证券市场有机结合
	上海证券交易所推出科技创新公司债券，支持科技创新类、科创升级类、科创投资类和科创孵化类企业募集资金	一是为科创公司提供低成本资金支持，助力产业企业研发创新，激发科创活力；二是助推升级现有产业结构、支持关键核心技术攻关
	中国金融期货交易所挂牌上市中证1000股指期货和期权	一是我国首次推出以小盘股为主要标的的股指期货和期权产品，引导资金支持民营中小企业“专精特新”企业高质量发展；二是落实资本市场全面深化改革总体方案任务的一项积极举措
	海通证券股份有限公司（以下简称海通证券）作为总协调人依次为上海地产（集团）有限公司发行了首单自贸区离岸人民币债券和为上海临港经济发展（集团）有限公司（以下简称临港集团）发行了全球首单绿色双币种自贸区离岸债券	一是有利于扩大上海自贸区对全球人民币资产的定价影响力，强化上海在全球金融资源配置中的功能和地位；二是统筹金融安全与发展，发挥自贸区在金融开放领域的示范作用，发挥“在岸的离岸市场”优势

二、天津自贸区

天津自贸区是中国政府于2015年设立的第三个自贸区。天津自贸区可分为五个片区（见表4-3），其中三个由国家划定，分别为天津机场片区、天津港东疆片区和滨海新区中心商务片区。另两个是由2021年4月天津出台的《中国（天津）自由贸易试验区滨海高新区联动创新区总体方案》《中国（天津）自由贸易试验区中新生态城联动创新区总体方案》划定的，分别为滨海高新区联动创新区和中新生态城联动创新区。天津自贸区综合定位是京津冀协同发展高水平对外开放平台、全国改革开放先行区和制度创新试验田、面向世界的高水平自由贸易园区。其中天津机场片区通过建设高标准的国际航空枢纽和现代物流园区，推动天津自贸区与全球经济的深度融合，促进经济转型升级和产业优化升级。未来这一区域将依托上述优势重点发展航空航天、装备制造、新一代信息技术等高端制造业和研发设计、航空物流等生产性服务业，打造亚洲飞机制造维修中心和中国北方航空物流中心。天津港东疆片区现在是中国北方国际航运中心，未来这一区域将依托港口优势重点发展航运物流、国际贸易、融资租赁等现代服务业，打造国家进口贸易创新示范区和国家租赁创新示范区。滨海新区中心商务片区已经是天津金融改革创新集聚区，未来该片区将依托完善的城市功能、优越的商务环境，重点发展金融创新、总部经济、跨境电子商务、科技信息服务、文化传媒创意等现代服务业，努力打造中国北方金融创新中心。滨海高新区联动创新区将加快建设"中国信创谷"、京津冀"细胞谷"和滨海科技城，打造世界一流产业创新中心核心引领区。中新生态城联动创新区将加快打造面向东盟地区的自贸服务平台、面向全国的生态文明建设标杆、面向京津冀的现代康养和亲海旅游目的地。

表 4-3　天津自贸区主要片区及其功能

天津自贸区主要片区	片区主要功能
天津机场片区	亚洲飞机制造维修中心、中国北方航空物流中心
天津港东疆片区	发展现代服务业、打造国家进口贸易和租赁创新示范区
滨海新区中心商务片区	金融改革创新集聚地、中国北方金融创新中心
滨海高新区联动创新区	世界一流产业创新中心核心引领区
中新生态城联动创新区	自贸服务平台、现代康养和旅游度假地

天津自贸区以"引领改革、创新驱动、开放崛起"为目标，探索金融、服务业、高新技术等领域的自由化、便利化和市场化改革，推进国际贸易与投资自由化便利化，打造更加开放、创新、有活力、竞争力强的经济体系。除了机场片区，还有港口片区、保税区等子片区，涵盖了多个产业领域，如物流、航运、金融、科技等。作为北方重要的金融中心之一，天津自贸区在金融市场开放、金融产品创新、金融监管创新等方面积累了丰富的经验，对推动京津冀协同发展发挥了至关重要的作用（见表 4-4）。

表 4-4　天津自贸区金融创新案例总结

创新点	案例	意义
金融市场创新	在首发“中国（东疆）融资租赁行业发展指数”的基础上创新推出了“中国融资租赁行业 2021 年季度运行情况概览”，新增了行业分项指数和样本企业涉诉情况及发债情况两个创新模块	一是在原有综合指数的基础上选取拟合效果较好的汽车、设备两项编制了行业分项指数，对租赁行业的分析向精细化方向发展；二是增加了样本企业涉诉情况及发债情况模块，从资金端和纠纷解决情况展开细致分析，多维度分析租赁行业发展态势
	上海银行、天津银行联合国网国际融资租赁有限公司发行了全国首单租赁企业可持续发展挂钩债券“21 国网租赁 MTN002（可持续挂钩）”，金额 5 亿元，期限 3 年，发行利率 3. 19%	一是该债券是全国首单租赁企业可持续发展挂钩债券；二是此次债券与绿色低碳领域业务投放指标挂钩，是绿色金融产品的重要创新，有利于推动自贸区可持续发展目标的实现
	新希望（天津）商业保理有限公司针对农业供应链的分散化、链条长、信用体系差等痛点，运用科技化手段专门搭建厚沃云平台（信用管理平台），将资产端的核心企业与资金端的银行、保理公司、担保公司等金融机构连接在一起，并且广泛地与供应链核心的商流、物流、资金流、信息流相关的智慧物流、财税、贸易等平台企业合作，构建起供应链生态大数据闭环	一是以金融科技手段赋能农业，解决传统农业融资难、金融机构信息不对称等痛点，实现贷前、贷中和贷后的全面风险管理；二是通过后台大数据中心，采用智能大数据风控，授信提前审批，完全线上操作，融资操作便利
	天津经济技术开发区金融局联合中国服务贸易协会商业保理专业委员会共同建立“央企保理 50 人论坛”，天津商业保理创新发展基地作为论坛常设活动地点，搭建央企商业保理机构的业务交流平台并且首家试点《商业保理术语》《商业保理合同准则》《商业保理业务规则》《商业保理业务会计核算准则》等团体标准	一是充分发挥央企商业保理公司的行业龙头和主力军作用，持续推动央企保理产品创新和服务创新；二是通过推出团体标准，在行业内推广使用，进一步推动行业标准的规范统一
	东疆保税港区管委会与天津自贸区人民法院等司法机关通过府院联动机制，共同探索以“信用”为核心的信用担保保全机制，推进信用保全试点工作规范化、标准化建设	一是政府和法院联动，助力融资租赁行业的创新，降低了司法成本，优化了法治环境；二是提高了企业的信用水平，减少了诉讼纠纷，促进了企业的健康发展
	天津市滨海新区人民法院东疆保税港区融资租赁中心法庭对全市首例涉无形资产融资租赁合同纠纷进行宣判，认定了以电视栏目著作权为标的物的融资租赁合同效力	一是有效回应了市场现实需求，有利于推动融资租赁行业创新发展；二是维护融资租赁交易双方的合法权益，发挥租赁服务实体经济的优势

续表

创新点	案例	意义
金融市场创新	浦发银行天津分行为天津创源生物技术有限公司办理外债开户及资金跨境业务，金额300万美元，年利率约3.2%	一是大大提高了企业可运用的跨境融资规模，有助于企业利用境内外两个市场资源，降低企业融资成本；二是发挥了自贸区联动创新区先行先试作用，为自贸区乃至全市提供了创新案例及试点经验
	中国出口信用保险公司（以下简称中国信保）天津分公司为天津市建筑设计研究院有限公司承建波兰星商仓储物流中心项目提供中长期出口买方信贷保险支持，承保金额约3364万欧元，带动项目获得3000万欧元融资支持	一是该项目是中国信保首单运用中长期险支持的海外仓业务，也是中国信保强化全产品联动服务外贸新业态新模式；二是星商海外仓项目经验如果能够成功复制推广，将助力打造天津跨境电商生态圈，助力天津外贸高质量发展
	天津银行以出口信用保险赔款权益转让为增信方式，为市某重点联系外贸综合服务企业提供便利化出口融资	一是拓宽了企业融资渠道，降低企业融资成本；二是“银保证”合作的范例，可以有力支持天津外贸新业态发展
	浦发银行天津分行联合南京、呼和浩特、西宁、昆明、乌鲁木齐等分行为天津自贸区企业新华电力发展投资有限公司旗下4家项目公司实现金额5.125亿元，期限10年以上，绿色中长期投放，中国人民银行碳减排支持工具的贷款	一是多地联动、同步推进，缩短审批时间，方便客户用款，提升了客户融资体验；二是该笔业务为天津地区的绿色金融业务发展做出了积极贡献
	浦发银行天津分行向中交（天津）疏浚工程有限公司（以下简称中交疏浚）提供推荐函模式项下商票在线贴现业务方案，即上游供应商在收到中交疏浚从浦发银行天津分行开出的商业承兑汇票后，可实现在线提交贴现申请，资金秒到账	一是将核心企业签发的商业承兑汇票注入银行信用，提高商票的流通性；二是通过打造全线上化的商票贴现简便流程，为商票贴现提供统一的低成本报价，极大提高了效率，较传统商业承兑汇票贴现更具备优势
	浙商银行天津分行与境外持牌支付公司对接，以银企直联方式创新出口电商跨境人民币在线收款模式，为客户提供线上审核、收款、清分、申报的一站式服务	一是以互联网经济“线上交易、线上支付”为切入点，积极支持跨境电商外贸新业态；二是顺应“本币优先”原则，创造透明、便捷、高效的跨境人民币支付与使用环境，扩大人民币跨境使用范围，推动人民币国际化，有效规避了汇率波动对境内卖家产生的汇兑损失

续表

创新点	案例	意义
金融市场创新	中国信保天津分公司联合中国银行天津市分行、天津东疆供应链服务有限公司共同为二手车出口企业天津华图汽车物流有限公司构建基于信用保险保单的全链条出口融资模式	一是打通了自上游融资采购至下游出口押汇的全链条融资支持模式；二是促进自贸区相关企业的跨境贸易投融资便利化
	中国建设银行天津市分行成功为天津航通国际物流股份有限公司办理海运费项下短期出口信用保险综合险融资业务，金额超 200 万元，年利率 4%以下	一是天津地区金融机构首个综合险保单融资落地国际货运代理行业应用场景；二是助力解决行业融资难问题，推进服务贸易深层次改革，促进对外贸易结构优化和高质量发展
	中企云链（天津）金融服务有限公司联合工商银行天津市分行成功落地“数字人民币+贷款发放+保理业务”供应链金融场景，为多家中小微供应商缓解现金流紧张的燃眉之急，助力企业生产经营顺利开展	一是科技企业联合金融机构为供应链业务融资创新了新的金融场景，有利于提高供应链融资的效率；二是为数字人民币赋能供应链金融保理业务服务实体经济打造了普惠金融的新样本
	由中化商业保理有限公司（以下简称中化商业保理）兼容一般应收账款保理和附商票应收账款保理等多种基础资产形态的资产支持证券（Asset-Backed Securities，ABS）储架成功发行	一是商业保理公司资产证券化业务的创新，中化商业保理将进一步打造新型的产业金融新生态；二是综合运用了多种创新业务模式，引金融“活水”，精准“滴灌”产业链中小微企业
	东疆保税港区管委会发挥东疆创新融资担保基金的引导作用，联合天津市中小企业信用融资担保中心和中国银行天津自贸区分行，成功为天津某网络科技有限公司办理一笔政府性融资担保项下远期锁汇业务	一是打通了政府性融资担保项下企业汇率避险增信服务新模式，有助于更好支持中小微企业外贸平稳发展；二是进一步丰富了金融机构汇率避险产品，助力企业提升汇率风险管理水平，还能有效减少资金占压，增强汇率避险意愿
	天津机场片区在中国人民银行天津分行指导下，在全国率先推进了“分公司+自由贸易（Free Trade，FT）账户”新模式即中国银行天津保税分行协助异地集团客户在津设立分公司开立自贸区内机构自由贸易（Free Trade Enterprise，FTE）账户，并为其提供优质的金融服务	一是 FT 账户的创新，既满足了实体经济的需要，也化解了 FT 账户的区域经营问题；二打通了天津港保税区内企业与境外企业间收付汇的便捷通道，为企业节省了大量的时间和精力，提高其业务运营效率

续表

创新点	案例	意义
金融市场创新	新希望（天津）商业保理有限公司成功发行银行间市场全国首单乡村振兴资产支持票据（Asset-Backed Notes，ABN）产品“普惠1号第一期资产支持商业票据（乡村振兴）”，储架规模30亿元，首期规模2.35亿元，其中优先档2.23亿元，AAA评级，票面利率仅为4.1%	一是该笔募集资金为全国首单农业保理资产支持票据产品、拓展了保理业务融资渠道及应用场景；二是盘活优质农业中小微企业资产，破解农企资金链困境
	天津排放权交易所联合中国工商银行天津市分行创新碳资产押品管理模式，即向完成年度清缴份额后仍持有约40万吨可转让碳配额的天津大沽化工股份有限公司以碳配额作为增信措施向其发放与其持有碳资产等值1000万元的流动资金贷款	一是把碳配额纳入金融机构合格押品范畴，围绕重点应用场景，加快绿色金融产品和服务创新，丰富了绿色金融产品，开拓了企业绿色信贷的新渠道；二是有效提高市场对碳资产的认可度，激发企业参与碳减排的意愿，提升碳排放权市场的流动性和活跃度

三、广东自贸区

广东自贸区于2014年经国务院批准设立，涵盖三个片区，分别是广州南沙新区片区（含广州南沙保税港区）、深圳前海蛇口片区（含深圳前海湾保税港区）和珠海横琴新区片区（见表4-5）。广东自贸区定位是依托港澳、服务内地、面向世界，将其建设成全国新一轮改革开放先行地、21世纪海上丝绸之路重要枢纽和粤港澳深度合作示范区。其中广州南沙新区片区功能定位为重点发展航运物流、特色金融、国际商贸、高端制造等产业，建设以生产性服务业为主导的现代产业新高地和具有世界先进水平的综合服务枢纽；深圳前海蛇口片区功能定位为重点发展金融、现代物流、信息服务、科技服务等战略性新兴服务业，建设我国金融业对外开放试验示范窗口、世界服务贸易重要基地和国际性枢纽港；珠海横琴新区片区功能定位为重点发展旅游休闲健康、商务金融服务、文化科教和高新技术等产业，建设文化教育开放先导区和国际商务服务休闲旅游基地，打造促进澳门经济适度多元发展新载体。

表 4-5　广东自贸区主要片区及其功能

广东自贸区片区	片区主要功能
广州南沙新区片区	生产服务性产业新高地、世界先进水平的综合服务枢纽
深圳前海蛇口片区	金融业对外开放窗口、世界性服务贸易基地和枢纽港
珠海横琴新区片区	文化教育开放先导区、国际服务旅游基地

自广东自贸区成立以来广东就坚决实施中央的“大胆闯、大胆试、自主改”原则，紧紧抓住“放管服”这个“牛鼻子”，积极探索政府管理体制机制创新，深化行政审批制度改革，在全国率先形成了不少试点成果和改革经验，为推动自贸区建设提供了广东智慧和广东样本。根据《国务院办公厅关于复制推广营商环境创新试点改革举措的通知》，我们对广东自贸区的金融创新进行了归纳总结（见表 4-6）。

表 4-6　广东自贸区金融创新案例总结

创新点	案例	意义
金融市场创新	广州南沙新区片区探索“信用承诺简化审批”新型管理与服务模式，推行市场主体信用承诺制，即以信息化便民应用建设和政务数据融合共享推进全流程信息化审批，强化审批受理前导办帮办服务，减少前期许可程序，全面压缩审批时限	一是围绕“弱化行政审批”的核心理念，将政府治理方式由过去的“重审批、轻监管”转变为“简审批、强监管”；二是推行市场主体的信用承诺制，减少烦琐的前期许可程序
	深圳前海蛇口片区建设“基于区块链的境外人士收入数字化核验产品”公共平台，为在前海注册企业工作的境外人士提供线上收入核验服务，实现对境外人士合法收入的线上自动验证，应用于银行网点购汇、汇出等业务场景	一是提升金融机构针对境外人士的业务办理效率和风控水平；二是实现客户少跑路，提升公共服务质量与效率，有助于吸引更多国际人才来深创业、就业和生活
	全国首家混合所有制交易所广州期货交易所成立，其股东构成多元，包括证监会管理的四家期货交易所、地方国企、民营企业和境外企业	一是在贯彻粤港澳经济融合发展理念的同时，有利于交易所在经营理念、人才招聘、企业管理等多方面进行市场化探索；二是促进我国金融服务实体经济、服务绿色发展，完善我国资本市场体系，助力粤港澳大湾区和国家“一带一路”建设

续表

创新点	案例	意义
金融市场创新	微众银行首创了基于人工智能技术和卫星数据的宏观经济监测平台，首创中国经济恢复指数（China Economy Recovery Index，CERI）、中国卫星生产制造指数（China Satellite Manufacturing Index，SMI）等，直接服务微众银行内部多个业务条线，为进一步精准的信贷扶持策略制定提供数据支持	一是基于人工智能图像识别、知识图谱、自然语言处理等技术，进行关键信息的有效抽取和大规模有效运算进而实现宏观金融风险防控；二是该平台可自动化采集相关数据并进行分析更新，支持多对象的可持续使用，具备可规模化推广的示范性和可持续性
	深圳前海联合交易中心有限公司设立首家天然气交易平台——深圳天然气交易中心，积极推进以人民币计价的天然气跨境交易和天然气交易模式创新，打造集聚上游与下游、供方与需方、国内与国际的天然气交易平台，促进能源要素市场化配置	一是对提升我国天然气定价权及话语权和加快人民币国际化进程均具有重要意义；二是可以联合金融机构推出天然气厂库仓单的线上融资产品
	《深圳经济特区商事登记若干规定》在国内首次规定商事主体可向商事登记机关办理歇业登记，仍保留其主体资格，即歇业期内，商事主体除不得从事经营活动外，仍然具备商事主体的其他合法权益，歇业期最长3年，在歇业期间开展经营活动的，被视为恢复营业	一是有助于降低市场主体维持成本，保护市场主体的合法权益；二是为我国出台相关的帮扶政策措施提供制度支撑
	广州南沙新区片区落实《开展跨境贸易投资高水平开放外汇改革试点》政策：一是企业凭付汇指令即可在银行直接办理业务；二是贸易收支轧差净额结算企业范围扩大至自贸区内企业；三是企业自主选择跨境投融资币种；四是中小微高新技术企业可自主借用最高500万美元外债	一是降低企业支付手续费，减少资金占用情况，提高资金周转效率；二是节约换汇成本，拓宽企业融资渠道
金融制度创新	《深圳经济特区前海蛇口自由贸易试验片区条例》经深圳市第六届人民代表大会常务委员会第四十四次会议通过，这不仅是全国首部自贸区片区立法，而且将自贸片区改革创新系列制度和举措予以确认、优化、完善，并将其法定化	一是为建设高水平自贸区片区提供了法治保障；二是将在体制机制、深港合作、制度创新、法治环境等方面取得的可复制可推广经验进行了确认、优化、完善，并将其法定化，对同类区域法治建设具有很好的借鉴意义
	珠海横琴新区片区运用经济特区立法权，率先出台便利港澳建筑及相关工程咨询企业和专业人士跨境便利执业的地方法规，截至2021年3月底，建设部门已发出《港澳建筑及相关工程咨询企业资质和专业人士执业资格备案认可书》252份，共有46家企业（中国澳门29家、中国香港17家）和206名专业人士（中国澳门119人、中国香港87人）合法备案	一是率先在全国范围内出台便利港澳企业和专业人士直接执业服务的地方法规；二是为制定港澳导游、港澳医师、港澳金融从业人员、港澳会计师来粤等其他专业领域开放政策提供参照

续表

创新点	案例	意义
金融制度创新	珠海横琴新区片区印发实施《横琴新区个体经营台账式备案试行办法》，对个体经营者从事一般经营项目实行台账式备案管理，即个体经营者依照办法规定向市场监管部门备案经营者姓名及住所、经营范围、经营场所和联系方式，由市场监管部门依法公示后即可取得合法经营主体资格开展经营活动，无须办理营业执照，其合法权益和正当经营活动受法律保护	一是有利于台港澳中小工商业者、初始创业者和临时性经营者开展灵活经营，大幅降低其创业的时间成本和制度成本；二是推进横琴与港澳商事制度衔接，打造便利化、法治化、国际化营商环境
	深圳前海蛇口片区积极推进粤港澳大湾区组合港业务，规范业务模式，确保业务规范统一、优化配套系统，督促码头、船代、驳船公司将各项物流数据纳入区块链平台，实现物流全链条系统监控，同时加强跨关区联系配合，与佛山海关等制定联系配合办法，形成专项对接机制	一是通过区块链平台提升监管效率，使得沿海沿江海口物流实现无缝衔接；二是提高码头场地和集装箱周转率，降本增效
	广州南沙新区片区全国首创“跨境电商出口退货监管新模式”，即对于跨境电商出口退货商品，满足二次销售条件的申报退货进入南沙综保区，经过分拣、打包等简单加工业务，可再复运出区离境。而且退货商品可与保税存储货物同仓存储，实现不同贸易性质货物“合包”配送、集柜运输	一是全国率先打通跨境电商出口退货通道，打通跨境电商出口退货难“堵点”；二是融合出口电商物流和保税物流，支持电商企业高效盘活区内仓储资源
	珠海横琴新区片区通过税收审批的数字化和智能化，实现发票票种自动核定、多缴税收自动退还	一是全面提升税收服务质量和效率；二是切实纾解中小企业资金困难，减少对中小企业的资金占用，降低了中小企业的财务成本
	中国工商银行广东分行联动中国工商银行（澳门）股份有限公司创新推出“工银琴澳通”跨境金融十二项服务	一是为在横琴置业的澳门居民，提供跨境贷款服务和投资需求；二是为琴澳两地跨境经营客户提供 FT 资金池、集中付款服务和外币资金拆借、人民币账户融资等本外币流动性支持
	南沙海关聚焦实货监管，应用 5G、人工智能等前沿技术打造“智慧海关”，助力货物全天候便捷通关	一是持续优化口岸营商环境；二是进一步提升作业效率，实现更大范围有效监管
	中国银行深圳分行与广州保宏电子商务有限公司合作，深入调研前海综合保税区跨境电商客户需求，率先在全国打通了跨境电商 9610 报关模式项下依托银行机构完成收结汇业务的渠道	一是有效解决了跨境电商零售出口收汇难题，为企业合规化转型提供了专属通道；二是吸引大量跨境电商群体，将原来通过跨境第三方支付办理的收汇业务迁移至成本较低、安全可靠的银行收汇

续表

创新点	案例	意义
金融服务创新	粤港澳大湾区三地间搭建跨境税费智能联办新模式，提供境内外涉税费业务远程办理、视频咨询实时连线、涉税费疑难实时处理等“云端办税服务”	一是率先突破港澳居民证件认证限制，实现港澳纳税人、缴费人零跑动办税缴费；二是积极克服粤港澳三地法规、税制差异，突破跨境办税缴费规则限制，优化营商环境
	珠海横琴新区片区不动产登记部门与商业银行等金融机构合作搭建“不动产登记+金融服务”信息平台，实现二手房买卖在银行可一次性完成还清原贷款、申请新贷款、解除抵押、二手房交易、房产抵押等五项业务	一是便利置业融资；二是该项措施是在跨部门信息共享合作的基础上，实现服务前推、优化办事流程和服务机制的新尝试，对跨部门联合式创新有一定借鉴意义
	前海联合交易中心推出“前海仓单”模式，即可追溯仓单流转，同时建立了数字化仓储管理及风控体系和标准化仓储准入及管理规范，并且根据“前海仓单”体系形成《大宗货物电子仓单》及《大宗货物电子运单》两项物流行业标准	一是“前海仓单”项目利用区块链、物联网、人工智能等科技手段创新性解决中小企业仓单融资的困难；二是该体系已覆盖有色金属、能源、建材等行业，具备可复制、可推广性
金融工具创新	中国（深圳）知识产权保护中心推出国际化综合式“知识产权+”服务：一是“知识产权+金融”，指导银行推出知识产权属性的“智慧贷”金融产品；二是“知识产权+数据”，巩固知识产权数据支撑；三是“知识产权+公益”，优化知识产权公共服务，推动高价值专利培育	一是运用知识产权拓宽企业融资渠道；二是拓展多维度数据分析和深化专业化企业服务工作

第二节　河南自贸区金融创新实践

自2017年设立河南自贸区以来，包括中国人民银行、国家外汇管理局、银证保（现国家金融监督管理总局、中国证监会）等金融管理机构发布了一系列金融创新支持政策，河南自贸区金融服务体系日趋完善，企业多元化融资渠道逐步拓宽，金融市场更加开放，投资和贸易便利化取得实质性进展。其中，创设评价体系解决中小企业融资难题、创设虚拟子账号破解外贸综合服务企业收汇难题两项制度创新成果入选河南自贸区最佳实践案例。这些政策的出台，构成了河南自贸区金融支持创新的大致框架，也为河南自贸区金融创新发展指明了方向（见表4-7）。

表4-7　河南自贸区金融创新支持政策

主管机构	政策内容
国家税务总局 河南省税务局	可采用电子数据申报的方式进行出口退税。与中国银行合作推出“智慧税贷”项目，为符合条件的纳税人提供线上一站式服务和快速审批的税收优惠贷款，促进企业发展
中国人民银行 郑州中心支行	推进在自贸区设立本外币特许兑换分支机构；取消企业银行账户许可，改“审核制”为“备案制”；对优质企业开展更高水平的人民币贸易投资便利化试点；允许内保外贷项下资金调回境内使用；制定精对苯二甲酸（Pure Terephthalic Acid，PTA）期货涉外实物交割外汇管理操作指引；与省法院协力推动设立自贸区法院和自贸区法庭
国家外汇管理局 河南省分局	简化境内外直接投资外汇登记管理，取消年检，改为境内外直接投资存量权益申报，企业可自由选择结汇时间；有货物贸易出口的业务或企业，可以扩大境内外汇贷款结汇范围，银行可按照相关要求，帮助企业办理结汇
河南银保监局 （现为国家金融监督管理总局河南监管局）	鼓励银行业金融机构入区发展、支持民间资本进入银行业、支持非银行金融机构发展、鼓励发展科技金融和绿色金融、支持物流和供应链金融创新、鼓励开展跨境投融资服务和离岸业务等。 推动在自贸区设立内外资再保险、人身保险、健康保险、多式联运物流专业保险等机构。建立“一带一路”政策性出口信用保险统保平台，采用应保尽保的方式；鼓励保险公司针对科技创新企业各个环节可能出现的问题设立相应的保险
河南证监局	鼓励在自贸区设立中外合资证券公司、支持在自贸区设立中外合资证券公司、允许境外母公司在自贸区内发行人民币债券，符合条件的基金产品可以参与互认

资料来源：河南省人民政府、中国人民银行郑州中心支行、国家外汇管理局河南省分局等网站。

具体来说，在金融市场创新方面，河南自贸区推出首单跨境人民币汇款撮合业务。与上海合作推出了“沪港通+郑州保税港区”跨境金融服务，为企业提供跨境贸易融资、结算、投资等全方位的金融服务，促进中小企业跨境贸易的发展。河南省农村信用社联合社推出“智慧贷款”服务，利用大数据和人工智能技术对借款人进行风险评估，提高贷款审核效率。河南省邮政快递物流有限公司发行首单保税物流票据，实现了物流领域的融资创新。永安期货股份有限公司河南分公司推出跨品种套利交易，提高了期货市场的流动性和效率。

在金融制度创新方面，通过建设“中部金融城”，吸引金融机构入驻，促进金融资源共享和协同发展，形成金融生态圈。积极推动金融改革创新，实现人民币跨境资金池管理试点和外汇期权试点交易等多项金融创新举措。推广“互联网+”金融服务，支持金融科技企业发展，提供小微企业金融服务，扶持农村金融改革，促进可持续发展。建立“小微企业信用体系”，通过多种手段收集、评估小微企业信用信息，为其提供更加精准和便捷的金融服务。推出“双创贷”等特色产品，针对创新型企业提供专门贷款，促进了创新创业的发展。引入智能风控系统，利用大数据和人工智能技术对风险进行预测和监测，提高了风险管理水平；建立了金融监管信息共享平台，实现金融监管数据的全流程管理和共享，加强对金融风险的预警和防范。

在金融服务创新方面，推出“互联网+政务服务平台”，实现企业开办、税务登记等多项服务的线上办理，提高了办事效率和便利性。成立河南自贸区金融创新服务中心，为企业提供金融产品设计、风险管理、融资咨询等一站式服务。推进跨境人民币结算试点，为外贸企业提供更加便捷的结算方式，促进贸易流通。开展特色信贷业务，支持河南自贸区内企业发展壮大。推出阳光私募基金，吸引社会资本投资实体经济。推动“大数据+金融”融合发展，打造智能化金融服务，例如建设跨行业的“河南省信用信息共享平台”，提高了金融市场透明度和风险管理水平。

在金融工具创新方面，2020 年，郑商所推出了“跨期套利”业务，该业务运用期货和现货市场价格的差异，通过跨期买卖实现收益。这一业务的推出为投资者提供了多元化的风险管理和投资选择。与银行机构合作推动跨境金融服务创新。例如，中国农业银行郑州分行与航海（河南）科技集团有限公司签署了跨境人民币结算业务合同，为企业提供更加便捷的境外结算服务。河南自贸区与浙江网商银行合作，搭建了一套智能化风险管理系统，以减少不良贷款风险，同时推广使用数字化支付工具。河南自贸区与中国邮政储蓄银行合作推出跨境电商云易贷项目，为跨境电商企业提供便捷的贷款服务，缓解其融资难题。河南自贸区与平安银行合作推出数字化进口保税业务，实现了进口商品的全流程数字化管理，提高了通关效率。

第三节　其他自贸区金融创新经验对河南自贸区的启示

从上海、天津、广东自贸区发展的实践和政策措施的总结和梳理可以看出，自贸区发展战略在进一步扩大对内对外开放，积累可复制可推广的经验，进一步促进当地实体经济发展方面取得了良好的效果，河南自贸区应在国内先进自贸区成功经验的基础上，积极探索适合河南自贸区定位和河南发展实际状况的金融业创新政策措施，具体来说，以上自贸区金融创新的主要特点和经验如下：

第一，自贸区的功能定位决定了新型金融业态发展的基础和服务功能拓展的方向。上海作为国际金融中心和金融改革开放的排头兵的定位，决定了上海自贸区金融创新是全面开放和重点领域突破，如 FT 账户、跨境资本流动、交易平台建设、保险等重点领域，并向在岸的离岸金融中心发展。广东自贸区的定位是打造高水平开放平台、推动经济转型升级和创新发展、深化内地与港澳合作、加强与 21 世纪海上丝绸之路沿线国家的经贸合作。金融对外开放面向港澳，推动与香港离岸人民币中心业务合作，形成“深圳—珠三角—泛珠三角”的金融创新扩散阶梯。天津自贸区定位于京津冀协同发展高水平对外开放平台，重点发展以金融创新为主的现代服务业。

第二，实体经济是推动金融业创新发展的基础。上海是国内经济最发达的城市，经济结构中服务业的占比最大，制造业基础非常扎实，是跨国公司总部最集中的地区。广东是国内经济发展较快的地区之一，GDP 总量连续位居全国第一，对外开放度和市场化水平很高，并拥有深圳、广州、东莞、珠海等经济活力四射的城市，决定了其金融创新以金融科技领域为主要方向。天津是中国北方重要的工业城市和港口城市之一，拥有石油化工、装备制造、汽车、电子信息、制药、航空航天等优势产业，是全国工业产业体系较完备的城市之一，决定了其金融创新主要集中在融资租赁领域。经济基础决定上层建筑，实体经济对金融的强劲需求，是金融业创新发展源源不断的动力。

第三，创新涉及的领域广泛，跨境交易特征明显。创新既涵盖了传统的银行、保险、证券领域，也涉及人民币国际化、利率市场化、离岸金融市场等制度性创新、具体产品和业务的创新、金融科技和中后台服务的创新以及金融风险和监管科技等方面的创新。无论是制度、产品、业态创新还是中后台和监管方面的创新，都涉及跨境交易的特征，体现了自贸区扩大金融开放的导向。

第四，体现服务实体经济导向，有跨领域创新趋势。自贸区金融创新的出发点和落脚点是服务于实体经济，服务于投资和贸易便利化，无论是人民币国际化、跨境资金集中运营管理还是具体产品和业务的创新突破，都体现了服务实体经济的导向。为企业提供精准化、全周期、定制化的金融服务，需要搭建不同金融机构密切合作，分担风险的现代金融服务体系，这就使得相当一部分金融创新有跨领域、跨产品创新的特点和趋势。

第五，很多创新体现出自下而上和交叉性、结构性的特点。很多自贸区金融创新是在现有的政策框架下，相关金融机构结合企业的具体金融需求和应用场景，联合其他金融机构或科技企业，开发出的新的产品线或业态组合，体现出自下而上定制化的特点，结构化产品特征明显，科技含量足。这为河南自贸区金融机构未来创新服务功能指明了方向，创新不是高大上的空中楼阁，而是贴近市场、了解企业的真实需求、充分利用科技手段，与其他企业联合优势互补、风险分担，共同解决企业的实际困难。对河南自贸区管理部门的启示是，充分尊重市场规律，因势利导，为创新提供一个宽松的政策和监管环境，善于采用科技手段监管金融科技创新。

相对于国内发达地区和自贸区，河南自贸区金融市场化程度还比较低，市场竞争环境还欠缺活力，金融服务水平还有待提高，还缺乏特色金融产品和创新业务模式，金融科技的应用程度相对滞后，数字化转型亟须加快，风险防范能力和监管水平都需要进一步提高，先进自贸区为河南自贸区金融服务的创新发展提供了可复制可推广的经验和方案，河南自贸区应对先进自贸区金融创新的政策措施、产品和服务进行深入的研究和梳理、消化和吸收，并结合河南自贸区的功能定位和自贸区产业未来发展趋势，探索出符合内陆自贸区特点的金融服务创新发展模式。

第一，河南自贸区金融创新应突出自身的特色，符合河南自贸区的功能定位，在重点领域和关键环节取得突破。河南自贸区应结合河南的区位优势、产业优势，紧紧抓住 RCEP 和自贸区创新开放的制度优势和平台优势，围绕“两体系、一枢纽”的战略定位，搭建与国际通行规则相衔接的金融制度框架，重点发展适合河南自贸区产业特色的跨境金融、供应链金融、数字金融、绿色金融、科技金融和文化金融等，提升贸易和投资便利化程度，提升金融服务实体经济质效，打造出自贸区金融创新的“河南模式”。

第二，紧紧抓住服务实体经济的出发点和落脚点。在当前经济下行和国际经济环境动荡的情况下，为企业造血和输血，解决企业的融资难问题、降低企业的融资成本的创新显得尤为重要。政府部门和金融机构要深入企业、深入市场，了解具体行业、具体客户的金融需求，为企业量身定做融资方案，不求高精尖，只为解决实际困难和问题，只有这样才能提升金融服务实体经济的效果，才能推动实体经济的发展，形成在全国具有影响力、竞争力的特色产业和产业集群。

第三，激发市场活力，提高金融市场化程度。进一步降低金融市场的准入门槛，推动外资金融机构进入，改革国有银行和金融机构的经营体制和管理模式，提高市场的竞争力。推进金融市场多元化，引入新的金融产品和服务，推动投资银行业的发展和壮大，满足市场需求，扩大市场规模。加强信息披露和监管，降低信息不对称程度，完善市场规则，提高市场的透明度，保护投资者的利益，减少市场的不确定性，增加市场的信心和活力，促进资本流动。

第四，改善营商环境，加大对金融科技人才的“引育留用”力度。首先，营商环境最重要的一环是政商环境，改善政商环境就是要转变政府的职能，从管理型政府向服务型政府转变，正确处理政府与市场的关系，促进市场机制有效发挥作用。其次，营造良好的法治环境，完善法治环境就是要提高法律的透明度、公正性和可预见性。最后，营造尊重人才、善用人才的人才环境。加大对金融科技人才的引进力度，加强与国内知名高校、科研机构和知名金融科技企业的合作交流，吸引高层次人才的加入。建立完善的培训和职业发展机制，提高金融从业人员的专业水平和素质。建立科学合理的人才选拔机制和激励机制，实现人尽其才、才尽其用。

第五章

河南自贸区金融服务体系创新的综合效应分析

自贸区金融改革与创新措施作用于实体经济的效果如何，政策如何发挥作用，自上海自贸区成立以来有大量的文献做了这方面的实证研究，包括自贸区金融改革可以促进金融市场的开放与竞争，能够提高金融服务的质量和效率，从而推动实体经济的发展。自贸区内的特殊政策和制度安排，能够为实体经济带来更多的机会和优惠条件，从而促进企业创新和发展。如任再萍等（2020）、韩冬梅和周明升（2019）等学者的实证研究发现，上海自贸区的金融创新支持政策拉动金融业增加值，金融业增加值拉动 GDP。方云龙、于博（2021）利用合成控制法对天津自贸区经济增长效应及其动力机制进行了实证检验。李新光等（2018）运用空间面板模型研究发现，金融规模和效率对经济结构有正向的溢出效应。魏蓉蓉、李天德（2020）以不同地区相继实施的自贸区战略为准自然实验，运用多期双重差分法考察了自贸区政策对经济高质量发展的影响。巴曙松等（2021）探讨了中国情境下自贸区金融改革提高金融服务实体经济效率的政策效果及传导渠道。为了测度河南自贸区金融支持政策的综合效应，本书在已有文献的基础上，首先采用因子分析法编制河南金融支持政策综合效应指数，分别对河南贸易开放水平和资本账户开放水平进行测度，结合综合效应指数进行相关性检验和回归模型分析，来检验河南金融支持政策效果对开放水平的影响。其次构建河南金融支持政策效应综合指标干预模型和线性回归模型，实证检验河南自贸区金融改革对金融业增加值及金融业对贸易投资的影响效应及影响结果，由于郑州正在着力建设成为区域性金融中心，郑州金融业发展对自贸区实体经济的影响更有显著性和代表性，本书在对金融支持政策的效应进行检验的过程中，选取具有代表性的郑州金融数据作为支撑。

第一节　河南贸易开放水平和资本账户开放水平的测度

一、金融支持政策综合指标的构建

为了实证检验河南自贸区金融创新对投资贸易的影响效果，我们按照金融开放和金融创新对河南自贸区金融支持政策进行区分，首先构建河南自贸区金融支持政策效果的综合指标。影响金融功能的变量很多，本书基于自贸区竞争力模型，将河南金融开放与创新描述为河南自贸区实际外商直接投资、进出口总额、金融机构存款余额、金融机构贷款余额、郑商所成交金额，并将它们分别标记为 X_1、X_2、X_3、X_4、X_5（见表 5-1）。实证研究的样本数据时间范围为 2015 年 7 月—2022 年 7 月，采用月度数据。①

表 5-1　河南自贸区金融支持政策效果的指标

指标名称	指标解释
实际外商直接投资（X_1）	该指标主要考察自贸区金融开放政策对资本流动的影响方向和影响效果
进出口总额（X_2）	该指标主要是对金融开放影响国际贸易开放情况的判断
金融机构存款余额（X_3）	该指标主要是对金融开放影响金融业务增长情况的判断
金融机构贷款余额（X_4）	该指标主要是对金融开放影响金融业务增长情况的判断
郑商所成交金额（X_5）	该指标主要通过期货市场的流动性指标判断河南区域金融市场的发达程度

首先采用 KMO（Kaiser-Meyer-Olkin）检验和巴特利特球形检验（见表 5-2），KMO 检验用于衡量数据在进行因子分析时的适宜性，其结果应该为 0.6 或更高才适合进行因子分析。巴特利特球形检验是用于检验数据是否具有因子结构的统计方法，如果巴特利特球形检验的 p 值小于显著性水平（通常设为 0.05），则可以拒绝原假设认为数据不存在因子结构。

① 本节模型所有的资料来源均为郑州市统计局、郑商所和万得资讯数据库。

表 5-2　KMO 和巴特利特球形检验

KMO 取样适切性量数		0.729
巴特利特球形检验	近似卡方	368.790
	自由度	10.000
	显著性	0.000

KMO 取样适切性量数为 0.729，表示选取的指标在可接受范围内，显著性为 0.000<0.001，表示在 1%的水平下，显著性较好，巴特利特球形检验拒绝原假设，可以开展因子分析。表 5-3 所示为因子分析的具体结果。

表 5-3　因子分析的具体结果

成分	初始特征值		
	总计	方差百分比（%）	累计百分比（%）
1	3.453	69.062	69.062
2	0.911	18.213	87.274
3	0.386	7.721	94.995
4	0.241	4.823	99.818
5	0.009	0.182	100.000

因子分析结果显示，选取的 5 个指标前两个指标的主因子方差百分比分别是 69.062%和 18.213%，累计百分比已经达到 87.274%。

成分矩阵见表 5-4。

表 5-4　成分矩阵

变量	因子 1	因子 2
X_1	0.388	0.917
X_2	0.849	0.025
X_3	0.948	-0.189
X_4	0.962	-0.179
X_5	0.871	-0.029

成分得分系数矩阵见表 5-5。

表 5-5　成分得分系数矩阵

变量	因子 1	因子 2
X_1	0. 112	1. 007
X_2	0. 246	0. 028
X_3	0. 274	-0. 208
X_4	0. 279	-0. 197
X_5	0. 252	-0. 032

据此，两个因子可表示为几个变量的线性组合：

$F_1=0.112X_1+0.246X_2+0.274X_3+0.279X_4+0.252X_5$

$F_2=1.007X_1+0.028X_2-0.208X_3-0.197X_4-0.032X_5$

最终，由 F_1和 F_2构成的河南金融支持政策综合效应指数为：

$$ZC=\frac{69.062F_1+18.213F_2}{87.274} \tag{5-1}$$

根据已有数据，河南金融支持政策综合效应指数测算结果见表 5-6。

表 5-6　河南金融支持政策综合效应指数测算结果

时间	数值	时间	数值
2015 年 8 月	9928. 98	2016 年 11 月	12620. 60
2015 年 9 月	10593. 55	2016 年 12 月	10779. 74
2015 年 10 月	9351. 63	2017 年 1 月	8990. 15
2015 年 11 月	10540. 10	2017 年 2 月	9430. 50
2015 年 12 月	9562. 92	2017 年 3 月	10789. 97
2016 年 1 月	8952. 69	2017 年 4 月	9684. 79
2016 年 2 月	7750. 48	2017 年 5 月	10008. 65
2016 年 3 月	10613. 55	2017 年 6 月	9824. 67
2016 年 4 月	11975. 64	2017 年 7 月	10486. 15
2016 年 5 月	11021. 32	2017 年 8 月	10666. 77
2016 年 6 月	11997. 03	2017 年 9 月	10570. 45
2016 年 7 月	13046. 15	2017 年 10 月	9199. 35
2016 年 8 月	10902. 71	2017 年 11 月	10227. 40
2016 年 9 月	10723. 46	2017 年 12 月	10786. 09
2016 年 10 月	10527. 41	2018 年 1 月	10198. 80

续表

时间	数值	时间	数值
2018 年 2 月	9220.97	2020 年 4 月	16634.13
2018 年 3 月	11880.47	2020 年 5 月	16307.50
2018 年 4 月	11029.12	2020 年 6 月	17044.94
2018 年 5 月	19290.70	2020 年 7 月	19860.75
2018 年 6 月	16811.17	2020 年 8 月	21029.40
2018 年 7 月	13593.00	2020 年 9 月	22611.09
2018 年 8 月	17726.21	2020 年 10 月	20208.33
2018 年 9 月	13292.09	2020 年 11 月	23138.92
2018 年 10 月	12766.50	2020 年 12 月	26956.08
2018 年 11 月	13342.17	2021 年 1 月	27387.49
2018 年 12 月	13179.59	2021 年 2 月	29532.16
2019 年 1 月	13366.05	2021 年 3 月	30961.08
2019 年 2 月	11892.65	2021 年 4 月	28152.21
2019 年 3 月	14514.26	2021 年 5 月	29521.34
2019 年 4 月	14881.44	2021 年 6 月	25284.58
2019 年 5 月	16102.79	2021 年 7 月	27022.05
2019 年 6 月	15908.30	2021 年 8 月	27871.85
2019 年 7 月	17587.45	2021 年 9 月	29296.28
2019 年 8 月	15379.86	2021 年 10 月	32306.06
2019 年 9 月	14408.27	2021 年 11 月	29003.64
2019 年 10 月	13878.98	2021 年 12 月	25596.74
2019 年 11 月	14896.96	2022 年 1 月	26254.36
2019 年 12 月	14587.32	2022 年 2 月	27835.43
2020 年 1 月	13182.24	2022 年 3 月	28488.42
2020 年 2 月	14554.41	2022 年 4 月	25268.90
2020 年 3 月	16053.63	2022 年 5 月	24789.23

二、河南贸易开放水平测度

从理论上讲，不管是古典贸易理论还是新贸易理论，都认可了对外贸易在经济资源配置、资本的形成以及促进经济增长中的作用。对外开放度反映了河南自贸区的功能定位，可以很好地衡量河南自贸区建设的效果和水平，所以本书选用河南贸易开放水平作为被解释变量之一。贸易开放水平是衡量一个国家或地区对外开放程度的重要指标，通常衡量贸易开放水平的指标有关税水平、非关税壁垒、自由贸易协定的签署情况、贸易依存度、简化贸易手续和外商投资流入等，本书选用贸易依存度指标，用出口或进口总值占 GDP 的比重来衡量。截至 2022 年，郑州进出口额连续 11 年位居中部城市第一，位居全国省会城市第五。贸易方式以加工贸易为主，占比 77.5%，一般贸易占比 19.2%。郑州进出口的主要商品类别包括机械设备、电子产品、化工产品、纺织品、钢铁、农产品等。其中，机械设备和电子产品是进出口量最大的两个类别。主要贸易伙伴为美国、日本、韩国、德国、英国、荷兰等国家和地区。表 5-7 为郑州贸易开放水平。

表 5-7　郑州贸易开放水平

时间	GDP（亿元）	进出口总额（亿元）	贸易开放水平
2015 年第三季度	1884.65	128.47	0.068167
2015 年第四季度	2069.19	195.51	0.094486
2016 年第一季度	1624.98	105.28	0.064788
2016 年第二季度	1912.15	93.82	0.049065
2016 年第三季度	2101.32	138.53	0.065925
2016 年第四季度	2355.75	212.66	0.090273
2017 年第一季度	1866.02	123.85	0.066371
2017 年第二季度	2174.21	95.67	0.044002
2017 年第三季度	2495.46	113.73	0.045575
2017 年第四季度	2594.48	263.11	0.101411
2018 年第一季度	2124.26	787.70	0.370811
2018 年第二季度	2487.14	694.05	0.279055
2018 年第三季度	2739.50	1155.56	0.421814
2018 年第四季度	2792.42	1467.69	0.525598
2019 年第一季度	2365.66	664.97	0.281093
2019 年第二季度	2741.21	716.12	0.261242

续表

时间	GDP（亿元）	进出口总额（亿元）	贸易开放水平
2019 年第三季度	2943.86	1151.41	0.391123
2019 年第四季度	3538.97	1597.40	0.451374
2020 年第一季度	2469.77	661.76	0.267944
2020 年第二季度	2989.83	921.76	0.308298
2020 年第三季度	2945.94	1044.38	0.354515
2020 年第四季度	3597.50	2318.50	0.644475
2021 年第一季度	2969.81	1436.20	0.483600
2021 年第二季度	3345.05	1140.70	0.341011
2021 年第三季度	3013.63	1289.40	0.427856
2021 年第四季度	3362.53	2025.80	0.602463
2022 年第一季度	3138.12	1451.40	0.462506
2022 年第二季度	3601.93	1296.90	0.360057
2022 年第三季度	3228.35	1609.10	0.498428

三、河南资本账户开放水平测度

资本账户开放水平的测度方法通常基于一定的指标，包括资本流动限制措施、直接投资额、证券投资、外汇储备、国内金融市场发展水平，以及金融体系改革、监管机构建设等方面，可以综合考虑以上指标来评估一个国家的资本账户开放水平。随着经济全球化和金融市场一体化的发展，不同国家和地区金融市场的关联度越来越强，衡量不同经济体间金融市场收益率的关联度成为衡量金融开放程度的重要指标。另外，也可以利用金融市场的利率关联度来衡量资本账户开放水平（姜波克，2012），本书采用金融市场的利率关联度指标（资本流动价格指标法），因为这个指标更加综合、全面和客观，对资本市场的开放程度具有良好的评价效果。由于观测的是河南资本账户开放水平，本书使用上海银行间同业拆借利率（Shanghai Interbank Offcrcd Ratc，Shibor）充当国际利率，采用中央银行存款利率充当河南半开放条件下的市场出清利率，为：

$$i=\alpha i^{*}+(1-\alpha)\ i'(0\leqslant\alpha\leqslant1) \tag{5-2}$$

式（5-2）中，i 代表半开放条件下河南市场出清利率。i^{*} 代表完全开放条件下的 Shibor。i' 代表完全封闭条件下河南市场出清利率。α 的大小表示资本账户开放水平的高低，当 α 等于 1 时，表示资本账户开放水平最高，即资本完全流动；当 α 等于 0 时，资本的流动被完全管制，说明外界利率的变化并不对河南市场出清利率造成影响，即河南市场出清利率的变化完全由河南内部经济状况决定。一般情况下，α 的取值在 0 和 1 之间变动，并随资本账户开放水平的提高而增大，因此 α 的大小被用来衡量河南实际资本账户的开放水平。

对于完全封闭条件下的河南市场出清利率 i'，可根据经济体货币市场的实际均衡状况对河南市场出清利率 i' 进行计算，当实际货币需求为 M 时，本书采用河南省内金融机构贷款总额 M' 充当实际货币需求 M，为：

$$\ln M'=\ln M \tag{5-3}$$

同时，根据凯恩斯货币需求理论可知：

$$\ln M=C+\beta i'+\gamma\ln(Y) \tag{5-4}$$

式（5-4）中，C 为常数项，在完全封闭条件下，本书采用河南 2015—2022 年各季度的 GDP 来充当 Y 进行模型建立，则：

$$\ln M'=C+\beta i'+\gamma\ln(GDP) \tag{5-5}$$

由式（5-5）可得资本管制状态下的河南市场出清利率 i'：

$$i'=-\frac{C}{\beta}+\frac{1}{\beta}\ln M'-\frac{\gamma}{\beta}\ln(GDP) \tag{5-6}$$

将式（5-6）代入式（5-2）可得：

$$i=\alpha i^{*}+(1-\alpha)\left[-\frac{C}{\beta}+\frac{1}{\beta}\ln M'-\frac{\gamma}{\beta}\ln(GDP)\right] \tag{5-7}$$

即可测算河南的资本账户开放水平 α。

在样本数据的选择上，本书选取 2015 年第三季度至 2022 年第三季度的金融机构贷款额（M'）、河南的 GDP、Shibor（i^{*}）以及中央银行存款利率（i）作为核心指标，为了防止多重共线性的出现，先对各变量进行单位根检验，即 ADF 检验，检验结果如表 5-8 所示。

表 5-8　ADF 检验结果

变量	差分阶数	t	p	临界值		
				1%	5%	10%
中央银行存款利率 i	1	-3. 187	0. 021**	-3. 738	-2. 992	-2. 636
Shibor i^*	0	-3. 158	0. 023**	-3. 833	-3. 031	-2. 656
GDP（亿元）	1	-3. 835	0. 003***	-3. 788	-3. 013	-2. 646
贷款总额 M（亿元）	2	-6. 259	0. 000***	-3. 753	-2. 998	-2. 639

注：***、**、*分别代表 1%、5%、10%的显著性水平。

对公式进行回归分析得出回归模型为：

$$i=0.0559-0.001112\ln M-0.001363\ln GDP+0.354166i^* \qquad (5-8)$$

测算出 2015 年第三季度至 2022 年第三季度河南资本账户开放水平如表 5-9 所示。

表 5-9　2015 年第三季度至 2022 年第三季度河南资本账户开放水平

时间	资本账户开放水平	时间	资本账户开放水平
2015 年第三季度	0. 6929	2019 年第二季度	0. 7600
2015 年第四季度	0. 7408	2019 年第三季度	0. 7972
2016 年第一季度	0. 7630	2019 年第四季度	0. 7863
2016 年第二季度	0. 7629	2020 年第一季度	0. 7377
2016 年第三季度	0. 7646	2020 年第二季度	0. 7217
2016 年第四季度	0. 7847	2020 年第三季度	0. 7758
2017 年第一季度	0. 7988	2020 年第四季度	0. 7566
2017 年第二季度	0. 8327	2021 年第一季度	0. 7867
2017 年第三季度	0. 8378	2021 年第二季度	0. 7936
2017 年第四季度	0. 8313	2021 年第三季度	0. 7965
2018 年第一季度	0. 8292	2021 年第四季度	0. 7931
2018 年第二季度	0. 8227	2022 年第一季度	0. 8043
2018 年第三季度	0. 7910	2022 年第二季度	0. 7491
2018 年第四季度	0. 7941	2022 年第三季度	0. 7234
2019 年第一季度	0. 7774	—	—

根据所得数据，我们对资本账户开放水平 *QZB* 进行 ADF 检验，判断该时间序列数据是否平稳，利用社会科学统计软件包（Statistical Package for the Social Sciences，SPSS）进行检验，结果如表 5-10 所示，由表 5-10 可知 *QZB* 的 p 值小于 0.05，则说明拒绝原假设，该序列为一个平稳的时间序列。

表 5-10　*QZB* 的 ADF 检验结果

差分阶数	t	p	AIC	临界值		
				1%	5%	10%
0	-3.512	0.008***	-77.904	-3.924	-3.068	-2.674
1	-5.089	0.000***	-63.461	-3.738	-2.992	-2.636
2	-4.664	0.000***	-53.53	-3.788	-3.013	-2.646

注：***代表 1%的显著性水平。

再利用 SPSS 做出原始序列图像，从图 5-1 中可知资本账户开放水平的变化趋势有明显的波动，2017 年河南建立自贸区后至 2020 年疫情开始，资本账户开放水平较之前有了明显的提升，而 2019 年末至 2020 年出现了一个低谷，此时正是新冠肺炎疫情暴发的初期，受疫情影响，河南自贸区的经济急剧下降，之后随着各方对疫情的管控，资本账户开放水平逐渐好转。

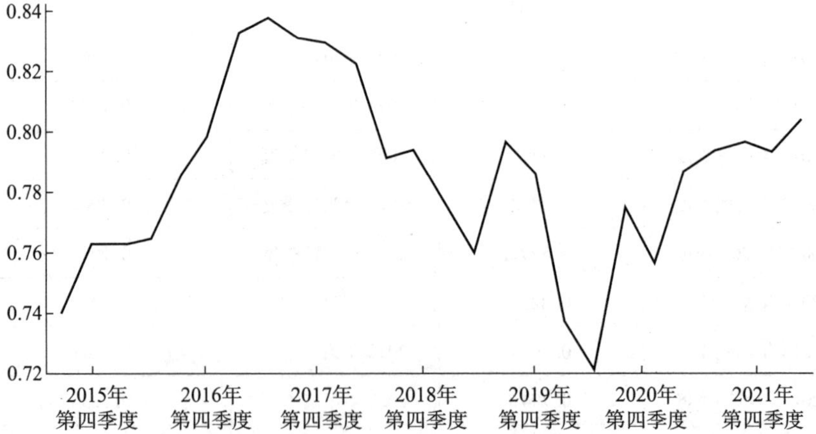

图 5-1　2015 年第四季度至 2021 年第四季度河南资本账户开放水平

第二节　河南金融支持政策效果对开放水平的影响检验

一、河南金融支持政策效果对河南贸易开放水平的影响分析

河南贸易开放水平用进出口总额与 GDP 之比来表示，选取的数据范围为 2015 年第四季度至 2022 年第一季度的数据，得出河南金融支持政策效果综合指数（*QZC*）与河南贸易开放水平（*QMK*）的相关性（见表 5-11）。

表 5-11　*QZC* 与 *QMK* 的相关性

		QZC	*QMK*
QZC	皮尔逊相关性	1	0.725**
	Sig.（双尾）	—	0.000
	个案数	26	26
QMK	皮尔逊相关性	0.725**	1
	Sig.（双尾）	0.000	—
	个案数	26	26

注：**表示在 0.01 级别（双尾）相关性显著。

河南金融支持政策效果综合指数对河南贸易开放水平影响的回归统计结果如表 5-12 所示。

表 5-12　*QZC* 对 *QMK* 回归统计结果

变量	系数	标准误差	t	显著性
QZC	−0.027	0.066	−0.403	0.691
常数项	6.400×10^{-6}	0.000	5.159	0.000
调整的 R^2	0.506			

综上所述，河南金融支持政策效果综合指数与河南贸易开放水平的相关性显著，河南金融支持政策效果综合指数与河南贸易开放水平呈正相关。

二、河南金融支持政策效果对资本账户开放水平的影响分析

利用 SPSS 得出河南金融支持政策效果综合指数 *QZC* 对河南资本账户

开放水平 *QZB* 影响的统计分析及相关性分析，如图 5-2 和表 5-13 所示。

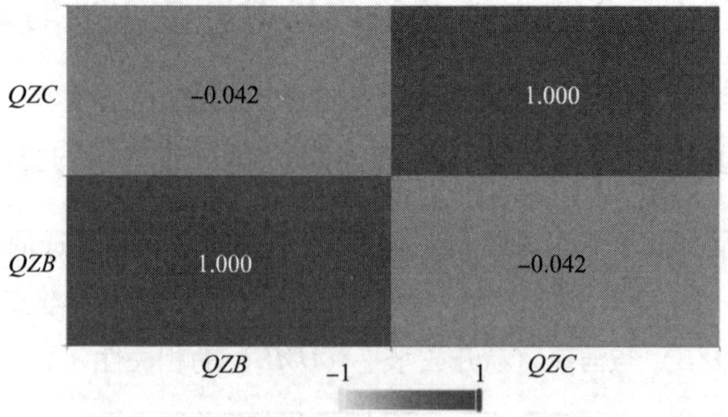

图 5-2　资本账户开放水平相关性分析

表 5-13　资本账户开放水平回归统计分析

线性回归分析结果 $n=26$									
	非标准化系数		标准化系数	t	p	VIF	R^2	调整 R^2	F
	B	标准误差	Beta						
常数	0.789	0.016	—	50.852	0.000***	—	0.002	-0.04	F=0.043 p=0.838
QZC	0	0	-0.042	-0.207	0.838	1			

注：***代表 1%的显著性水平。

观察结果可知，F 检验的显著性 p 值为 0.838，在 5%的显著性水平下不呈现显著性，不能拒绝回归系数为 0 的原假设，相关性分析结果显示二者的相关性较弱，可以判断出河南的资本账户开放水平并不是很高，符合目前我国资本账户尚未完全开放的特点，自贸区的出现可能对其产生一定的影响，但是从整体上看影响不是很大。

三、河南金融支持政策效果的干预模型分析

时间序列数据经常会受到一些外在的干扰或特殊事件的冲击，我们经常以这些事件作为考察对象，分析其对事件序列数据的影响及效果，这些外部事件我们称为干预。干预模型的目的是从定量分析的角度来评估政策干预或突发事件对经济环境和经济过程的具体影响。干预分为两种类型，一种是临时性干预或冲击，它的影响会随着时间的延长而慢慢衰减。另一种是持续性干预，譬如出台新的政策，加入某个协定，它的影响会随着干

预事件逐步显现，河南自贸区 2017 年 4 月成立和挂牌明显属于第二类事件，因此我们假设 t 为 2017 年 4 月。在建立时间序列模型之前，我们首先要对时间序列的平稳性进行检验，表 5-14 是对模型数据进行一阶 ADF 检验的结果。图 5-3 是 AR 特征根单位圆。

表 5-14　一阶 ADF 检验结果

变量	类型	ADF	1%临界值	5%临界值	10%临界值	p
X_1	(C，0，1)	-6.45295	-3.56002	-2.91765	-2.59669	0
X_2	(C，0，1)	-2.66892	-3.55747	-2.91657	-2.59612	0.0861
X_3	(C，0，1)	0.076923	-3.54406	-2.91086	-2.59309	0.9613
X_4	(C，0，1)	-0.89603	-3.5421	-2.91002	-2.59265	0.7831
X_5	(C，0，1)	-2.0434	-3.5421	-2.91002	-2.59265	0.2681
dX_3	(C，0，1)	-11.6564	-3.54406	-2.91086	-2.59309	0
dX_4	(C，0，1)	-7.83954	-3.54406	-2.91086	-2.59309	0
dX_5	(C，0，1)	-10.4298	-3.54406	-2.91086	-2.59309	0

注：(C，0，1) 中 C 表示带截距项，0 表示无趋势，1 表示滞后 1 阶。

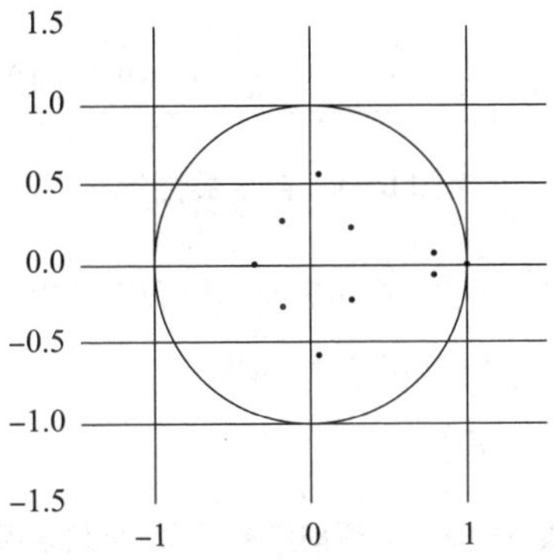

图 5-3　AR 特征根单位圆

通过 ADF 检验可以看出 X_1、X_2 的 ADF 值均小于 1%临界值，但 X_3、X_4、X_5 的 ADF 检验不通过，于是我们选取通过 ADF 检验的 dX_3、dX_4、dX_5。

从图 5-4 中的自相关检验结果可以看出，该时间序列属于白噪声过程，无法直接建立差分自回归移动平均（Autoregressive Integrated Moving Average，ARIMA）模型，因此，我们选择含有时间 t 趋势项的模型进行建模。运用计量软件对数据进行多次处理和模拟，发现分别加入时间趋势项 t^4 和 t^5 的模型拟合最好。

自相关　偏相关

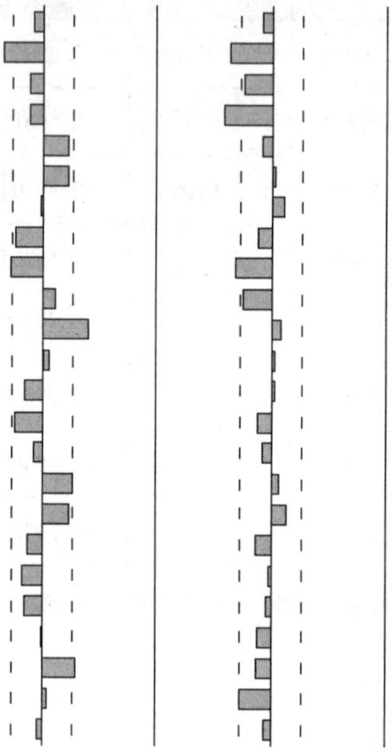

	AC	*PAC*	*Q*-统计量	p
1	−0.088	−0.088	0.4345	0.510
2	−0.362	−0.373	7.9274	0.019
3	−0.139	−0.252	9.0486	0.029
4	−0.137	−0.418	10.161	0.038
5	0.230	−0.081	13.377	0.020
6	0.236	0.022	16.843	0.010
7	−0.012	0.107	16.853	0.018
8	−0.260	−0.114	21.220	0.007
9	−0.297	−0.324	27.053	0.001
10	0.111	−0.248	27.882	0.002
11	0.423	0.091	40.290	0.000
12	0.061	0.020	40.554	0.000
13	−0.164	0.034	42.525	0.000
14	−0.257	−0.120	47.466	0.000
15	−0.086	−0.069	48.028	0.000
16	0.283	0.069	54.336	0.000
17	0.249	0.146	59.362	0.000
18	−0.151	−0.133	61.258	0.000
19	−0.189	−0.013	64.311	0.000
20	−0.172	−0.042	66.912	0.000
21	−0.006	−0.120	66.915	0.000
22	0.304	−0.126	75.609	0.000
23	0.049	−0.275	75.839	0.000
24	−0.055	−0.059	76.148	0.000

图 5-4　自相关检验

从表 5-15 干预前序列 *ZCF* 回归结果可以看出，模型变量的显著性和回归模型的显著性均通过 95%的置信度检验，表示模型和变量的解释能力显著。最终拟合的模型如下：

表 5-15　干预前序列 *ZCF* 回归结果

变量	系数	标准差	t 统计量	p 值
C	−24835.56	608.9224	−40.78607	0.0000
@ *TREND*^（4）	−0.000651	0.000181	−3.599267	0.0006
@ *TREND*^（3）	0.077494	0.014725	50262729	0.0000

$$ZCF=-24835.56+7.7494\times10^{-2}\times T^3-6.51\times10^{-4}\times T^4 \quad (5-9)$$

根据模型对 2010 年 1 月—2017 年 3 月的郑州金融开放效应综合指数进行预测，得到干预前序列。原序列 *ZC* 根据模型对 2017 年 4 月—2022 年 5 月的金融开放效应综合指数进行趋势回归，建立原序列 *ZC* 趋势模型，回归结果如图 5-5 所示：

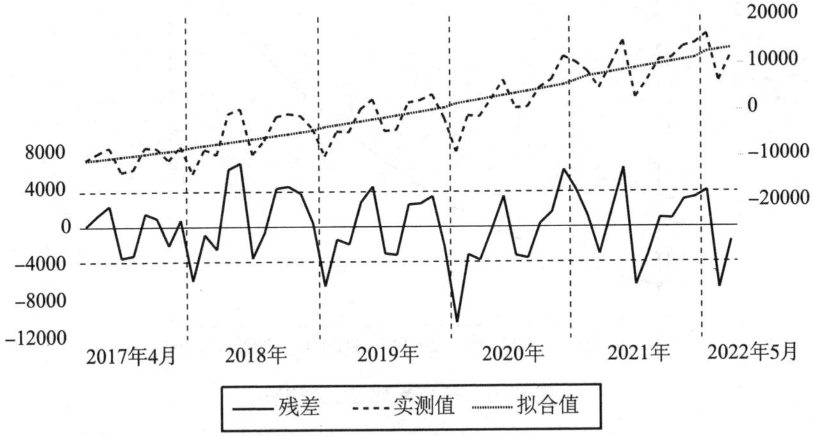

图 5-5　2017 年 4 月—2022 年 5 月原序列 *ZC* 趋势模型

从表 5-16 的回归结果可以看出，模型通过了显著水平 0.05 的 t 检验和 F 检验，调整 R^2 接近 0.8，表明模型拟合得很好。最终拟合的模型如下：

$$ZC=-17546.93+1.97\times10^{-4}\times T^4-8.98\times10^{-7}\times T^5 \quad (5-10)$$

表 5-16　原序列回归结果

变量	系数	标准差	t 统计量	p 值
C	-17546.93	2764.062	-6.348240	0.0000
@ *TREND*^（4）	-0.000197	6.85E-05	2.878599	0.0058
@ *TREND*^（5）	-8.98E-07	4.43E-07	-2.025218	0.0480

在表 5-16 中，得到干预前序列 *ZCF*，然后用原序列 *ZC* 将其减去，进而便可得到干预序列，并且经过多次序列检验，最终得到综合指标干预模型。

$$ZCG=-17546.93+1.97\times10^{-4}\times T^4-8.98\times10^{-7}\times T^5-(-24835.6+$$

$$7.775\times10^{-2}\times T^{3}-6.51\times10^{-4}\times T^{4})\quad S_TS_T=\begin{cases}0，2017\text{ 年 4 月前}\\1，2017\text{ 年 4 月后}\end{cases}\tag{5-11}$$

得到干预序列 *ZCG* 趋势如图 5-6 所示。

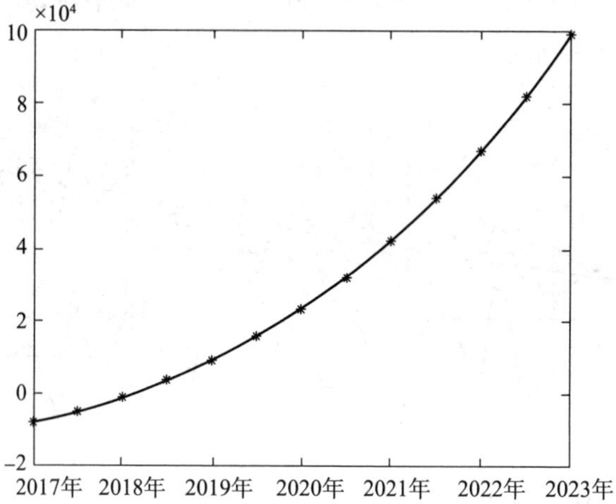

图 5-6　干预序列 *ZCG* 趋势

我们选取河南金融支持政策综合效应指数为被解释变量，郑州金融支持政策效应综合指标干预模型为自变量，对模型进行回归分析，运用 EViews 得出结果如下：

从回归结果可以看出，模型回归系数均较为显著。根据实证分析的结果，得出“2017 年 4 月实行自贸区金融支持政策”这一干预事件对郑州金融政策效应的回归模型：

$$QZC=0.510304\times ZCG+37041.58\tag{5-12}$$

通过表 5-17 中结果可以看出，“2017 年 4 月实行自贸区金融支持政策”这一干预事件与郑州金融支持政策效应指数呈现正相关关系，影响系数约为 0.510304，河南自贸区金融支持政策效应非常强。

表 5-17　*QZC* 回归结果

变量	系数	标准差	t 统计量	p 值
ZCG	0.510304	0.146628	3.480258	0.0025
C	37041.58	4514.055	8.205832	0.0000

第三节 河南自贸区金融支持政策效果及存在的问题

作为我国第三批自贸区，河南自贸区挂牌6年来，紧紧围绕“两体系、一枢纽”战略定位，以制度创新为核心任务，以可复制可推广为基本要求，大胆试、大胆闯、自主改，在投资管理、贸易便利、金融开放、事中事后监管、多式联运等多个领域积极探索，发挥了全面深化改革试验田作用，改革创新能力和建设发展水平明显提高。从以上的河南金融支持政策效应的实证分析研究结果可以看到，河南自贸区金融支持政策效果综合指数与河南贸易开放水平的相关性显著且呈正相关关系，说明河南自贸区金融机构对支持河南进出口业务的快速发展发挥了必要的作用。但河南资本账户开放水平并不是很高，自贸区的出现可能对其产生一定的影响，但整体上影响不大，河南下一步要在人民币跨境流动、投资便利化或者离岸金融中心等方面多下功夫，促进资本的双向流动。整体来看，河南自贸区金融支持政策对贸易和投资的便利化发挥了积极作用，同时河南自贸区设立也有力推动了河南总体经济和金融业的发展。

与此同时，需要说明的是实证分析仍存在诸多不足。首先，受数据的限制，金融支持政策的指标选取有很大的局限性和缺乏代表性，还不能准确地反映不同种类的金融政策和工具的边际支持效果。其次，实证选取了具有代表性的郑州的数据，而河南自贸区三大片区定位具有明显的差异性，采用何种差异化的金融政策分别支持不同片区的发展仍是政策决策需要重点考虑的问题。再次，河南自贸区三大片区各自的定位和协调问题，三大片区应整体体现河南自贸区的功能定位，各自的特点应互补并发挥协同效应，开封片区经济基础比较薄弱，如何发挥开封作为千年古都的特色优势和郑州自贸区融合发展是开封片区应该认真考虑的问题。洛阳作为制造业城市，工业基础较好，如何利用自贸区带动产业结构升级仅仅靠贸易和投资来反映是不够的。就郑州片区而言，应对其重点产业进行梳理，特别是贸易投资占比较大的企业和行业，如此才能准确体现金融政策对进出口结构（包括行业结构、区域结构）的影响。最后，受疫情等影响，时间序列分析的 ADF 检验的结果显示为白噪声，使得在干预模型分析时无法构建 ARIMA 模型，只能通过构建时间序列趋势模型来建立干预分析模型。

第六章

RCEP框架下河南自贸区新型金融业态发展及服务功能的拓展

第一节　RCEP 新金融服务规则研究

RCEP 新金融服务规则是 RCEP 中关于金融服务领域的规定，其主要内容包括：跨境金融服务，允许 RCEP 成员国的金融机构向其他成员国提供跨境金融服务，如银行、证券、保险等，以及自贸区内金融业务、监管框架和技术创新等方面的内容。总体而言，RCEP 新金融服务规则是根据国际经贸规则和金融监管的相关经验，在国际自由贸易协定中创设的，旨在促进成员国之间的金融服务交流与合作，提高金融服务水平，推动更加便捷、安全和创新的金融服务体系建设。从 RCEP 对新金融服务的定义来看，其主要体现出以下几个方面的内容：首先，新金融服务并不包括所有 RCEP 成员国领土内都未出现的全新服务，它是具有相对性的，即已经在某一协议成员国领土内提供过的相对于另一协议成员国的新金融服务，这一限定表明了其目的主要是促进 RCEP 成员国之间新金融服务的市场准入，进而促使协议成员国共享金融创新红利，而非以成员国间共同致力于金融服务创新为目的；其次，新金融服务必须是已经被监管的金融服务，新金融服务具有一定的监管标准性，能够为开展新金融服务的成员国提供监管经验与保障，有效降低金融服务创新带来的金融风险。RCEP 新金融服务规则的规定为协定的第八章服务贸易以及附件一金融服务，其条款主要是关于缔约方义务以及新金融服务市场准入与监管要求的规则，体现出开放性、透明度、保护消费者、创新发展和风险管控等方面的特征，具体包括以下几个方面：

第一，RCEP 新金融服务规则兼顾不同地区的金融发展水平。RCEP 一共有 15 个成员国，既包括东盟十国（新加坡除外）和中国这样的发展中国家，也包括日本、韩国、澳大利亚、新西兰这样的发达国家，各个国家不但经济发展程度差异很大，而且金融发展与开放程度也参差不齐，其中既有金融开放力度较大的发达国家，又有发展中国家，还有一些欠发达国家。其在第八章附件一的第三条提出了每个东道国应当致力于允许其领土内设立的另一个缔约方的金融机构在其领土内提供新金融服务，这一规定表明 RCEP 对于新金融服务义务的规定并不是强制性的，“致力”又可理解为“努力”，因此其属于一种鼓励性义务，即当某一东道国收到来自另一缔约方的金融机构开展新金融服务的申请时，可以根据本国的相关情况选择是否批准，拒绝批准不会影响 RCEP 所规定的义务内容，这兼顾了不同地区的金融发展水平，显示了极大的包容性以及普惠性。同时，RCEP 还允许各成员国在金融自由化承诺上实行差异化，根据国家金融发展与开放的具体情况，韩国、泰国、越南、老挝、新西兰、新加坡、泰国、菲律宾、中国等国家目前可以不承诺金融自由化；日本在人寿、健康、意外保险以及存款保险制度以外的银行服务方面承诺金融自由化；柬埔寨承诺保险辅助服务自由化；澳大利亚则承诺保险自由化，解决了金融对等开放带来的形式公平而实际不公平的问题。

第二，RCEP 新金融服务规则严格控制风险，最大限度地保证各国金融稳定性。首先，对于新金融服务市场准入的缔约方义务，RCEP 相关条款明确了义务与缔约方现行法律的关系，即规定东道国须依照本国的法律规定对外资金融机构在本国提供金融服务采取国民待遇，这不仅赋予内外资金融机构提供新金融服务平等的机会，而且在一定程度上控制外资机构提供新金融服务的风险，体现了 RCEP 的平等性与风险可控性。其次，RCEP 还规定了批准提供的新金融服务也应当遵守东道国相关的许可、机构或法律形式等要求，进一步加强了对外资金融机构提供新金融服务的监管，保证本国金融产业的稳定性，使新金融服务风险总体可控。再次，RCEP 第八章附件一第四条关于审慎措施的规定提出“无论本协定有何其他规定，不得阻止一缔约方出于审慎原因而采取或维持措施”。这一条款显示出监管的原则性，即所有的新金融服务都应当在审慎监管的前提下进行，在当前这个应用新科技促进金融创新发展的金融新时代，金融创新日益丰富多元，随之带来了各种隐蔽高发的风险，该审慎监管措施能够树立监管新金融服务的底线思维，强化了缔约方对新金融服务的监管权力，体现了协议规则的审慎性，为成员国保证各国金融稳定性提供制度条件。

第三，RCEP 新金融服务条款体现出高标准的特征。首先，第八章附件一第七条关于透明度的条款，明确了金融服务提供者活动的管理透明度对于提升缔约方进入彼此市场开展运营能力的重要性，致力于提升金融服务的监管透明度，要求缔约方监管机构对其他缔约方提出的提供金融服务的申请应在 180 天内做出行政决定。这一条款在促进贸易公平、防止贸易歧视上发挥着重要作用，保证 RCEP 各方在提供新金融服务时受到相对平等的待遇，保护金融发展相对落后国家参与者的利益，为 RCEP 缔约国金融服务提供者创造出更加开放、公平、稳定的经营环境。其次，第九条关于信息转移与处理的条款，规定了某一缔约方不得阻止在其领土内提供新金融服务的外资金融机构转移和处理日常运营所需信息，这一条款不仅能够促进外资金融机构提供的新金融服务的发展和保护其机构隐私，而且能够保证金融创新的稳定性以及东道国金融安全性，避免跨境金融服务带来信息泄露风险，进一步体现了协议规则的审慎性。最后，RCEP 新金融服务规则首次纳入了自律组织条款，规定一缔约方的金融机构参加某一自律组织或有权进入某一自律组织的前提下，可在另一缔约方领土内提供金融服务，自律组织包括证券期货交易所、支付清算所等机构或其他协会组织。

第四，RCEP 新金融服务规则延续了以往各经贸规则的文本格式与先进成分。首先，它综合了 21 世纪以来各高标准经贸规则，包括《北美自由贸易协定》（NAFTA）、USMCA、TPP、CPTPP、《中韩自由贸易协定》（FTA）的文本格式，均将金融服务独立成章来对其规则进行具体说明。其次，RCEP 新金融服务条款第八章服务贸易的具体条款中，引入了正面清单与负面清单相结合的文本格式，以正面清单格式呈现的条款包括具体承诺减让表、国民待遇、市场准入、最惠国待遇等，以负面清单格式进行说明的包括不符措施清单、市场准入、最惠国待遇等条款。这一文本格式，体现了金融服务贸易开放的适应性，协议成员国可以依据各国金融发展阶段与发展情况自主选择清单模式，实行适应本国金融发展的开放模式。

第二节　河南自贸区新型金融业态发展政策解读

2017 年 10 月河南省人民政府印发《中国（河南）自由贸易试验区金融服务体系建设专项方案》，针对河南自贸区的功能定位和河南自贸区新型金融业态的发展与服务功能的拓展做出了具体的部署，并把任务具体分解到各相关职能部门。本节就河南自贸区重点发展的科技金融、文化金融、绿色金融、跨境金融、数字金融、供应链金融等新型金融业态相关的国家政策和河南省政策落实情况做全面的梳理和解读，目的是深入理解国家的政策框架，建立政策明白清单，在防范系统性风险的基础上，为河南自贸区制度创新进一步拓展政策创新空间。

一、科技金融

科技金融的概念最早是约瑟夫·熊彼特在 1912 年《经济发展理论》一书中提出的，他认为企业家创新活动能够促进经济的发展，而金融对企业创新活动起到资金支持的作用，将科技金融解释为金融与科技相结合的产物。我国首次提出科技金融的概念是在 1994 年中国科技金融促进会首届理事会上。目前接受度比较高的科技金融概念是赵昌文、陈春发和唐英凯在 2009 年出版的《科技金融》一书中提出的，他们将科技金融定义为：科技金融是促进科技开发、成果转化和高新技术产业发展的一系列金融工具、金融制度、金融政策与金融服务的系统性、创新性安排，是由科学和技术创新活动提供金融资源的政府、企业、市场、社会中介机构等各种主体及其在科技创新融资过程中的行为活动共同组成的一个体系，是国家科技创新体系和金融体系的重要组成部分。从以上定义可以看出，科技金融是科技与金融相互融合的过程，目的是通过金融资本的加入，促进科学技术商业化的过程，实质上是通过创新金融产品、金融制度和金融服务等一系列手段促进科技创新，促进科技成果转化。目前还有一个非常相似的概念，就是金融科技，金融科技也是科技与金融的融合，但它强调应用技术手段来改善金融服务的体验，提高金融行业的效率和服务能力，包括数字支付、大数据、区块链、人工智能等技术在金融领域的应用，以及金融机构和科技公司之间的合作。这两个概念侧重点不同，简单地讲，科技金融强调的是金融如何促进科技创新，金融科技强调的是科技如何促进金融创新。张明喜、魏世杰、朱欣乐（2018）提出科技金融的本质既是经济金融和科学技术的融合过程，也是创新型经济的高级形态。由此可知，科技金融和金融科技这两个概念并不能截然地分开，两者相互作用、相互促进，目的都是促进创新的发展，为经济发展带来新动力。

（一）国家关于鼓励科技金融创新发展的政策与举措

国家关于鼓励科技金融创新发展的政策与举措见表 6-1。

表 6-1　国家关于鼓励科技金融创新发展的政策与举措

相关政策	科技金融相关举措
2020 年 2 月 5 日，科技部、中国邮政储蓄银行《关于加强科技金融合作有关工作的通知》	①建立多层次科技金融合作机制；②共同建立多元化融资渠道，对重大科技创新项目建立绿色通道；③提供“融资+融智”全方位服务，促进高新技术企业和科技型中小企业成长；④支持各类科技园区、科技特色支行发展；⑤推动县域科技创新；⑥开展科技金融改革创新探索；⑦加强科技政策与金融政策引导与联动
2020 年 7 月 17 日，国务院《关于促进国家高新技术产业开发区高质量发展的若干意见》	①明确高新区定位和任务，要求高新区加强创新驱动、服务实体经济、支持企业创新发展，不断提升核心竞争力；②加强体制机制创新，提高高新区治理能力和水平，推动高新区与地方政府协同发展；③改革优化营商环境，降低企业成本负担，提高企业发展自主性和市场竞争力；④加强科技创新能力建设，推动高新区产学研用深度融合，提高科技成果转化率；⑤推进高质量发展，加强产业集聚和布局优化，培育壮大高新技术产业和新兴产业；⑥大力推进对外开放，积极引进国际先进产业和技术，拓展开放合作领域和方式。该文件旨在推动国家高新区的高质量发展，加强高新区与地方政府协调合作，提升高新区的核心竞争力和创新能力，促进高新技术产业和新兴产业发展
2021 年 4 月 29 日，科技部、中国农业银行《关于加强现代农业科技金融服务创新支撑乡村振兴战略实施的意见》	①推动现代农业科技金融创新，加大农业科技研发和成果转化的资金支持力度；②加强对乡村振兴领域优秀科技企业和项目的支持，鼓励金融机构探索针对乡村振兴和现代农业的创新金融产品和服务；③加快推进普惠金融覆盖乡村地区，支持建立多层次和多渠道的科技金融服务体系，为乡村振兴提供专业化、差异化的金融服务；④支持国家科技计划项目实施和成果转化；⑤重点支持种业科技创新和种业企业高质量发展；⑥助力国家农业科技园区建设；⑦加快推动县域创新驱动发展；⑧扶持新型研发机构和科技企业加快成长；⑨引导有关各方引入社会资本，探索建立农业科技投贷联动“1+N”合作体系

续表

相关政策	科技金融相关举措
2021 年 8 月 2 日，科技部火炬中心、中国工商银行《关于开展科技金融创新服务“十百千万”专项行动的通知》	①以“金融服务+”为核心，共建科技金融创新服务中心，打造高新区科技金融服务新标杆；②创新国家高新区与中国工商银行政银合作模式；③择优遴选和重点扶持高成长性科技企业（“企业创新积分制”工具、“创新积分贷”专属信贷产品）；④做好对国家高新区国资平台公司的综合金融服务［配套大额存单、资金池、代理国库集中收付（银财通）等定制化产品以及存款、理财、结算等服务］；⑤建立重大科技创新及产业化项目与金融服务精准对接机制（“一事一议”“以贷引投”“以投引贷”“债权+股权”）；⑥加强对国家高新区内科技创新服务机构的金融服务；⑦支持国家高新区完善创新生态（支持各类创新活动、优秀企业纳入“梧桐计划”）
2021 年 8 月 2 日，国务院《关于推进自由贸易试验区贸易投资便利化改革创新若干措施的通知》	①促进期货市场产品创新、引进境外投资者、完善期货投资保税交割的监管；②在自贸区开展本外币账户一体化创新改革；③开展融资租赁外债便利化试点、知识产权证券化试点
2021 年 11 月 26 日，银保监会《关于银行业保险业支持高水平科技自立自强的指导意见》	①完善不同金融机构相互配合的科技金融服务体系，积极发挥政策性金融机构和开发性金融机构在推动科技创新中的作用，推动商业银行科技金融服务提质增效、强化科技保险保障作用、发挥非银行金融机构特色优势；②创新科技金融产品和服务，包括探索科技信贷服务新模式、积极支持科技企业直接融资、强化科技保险服务、加强科技人才创新创业服务；③提升内部管理水平，包括完善专业机构体系、提升专业服务能力、健全专门风险管理制度、改进专门考核机制、培育专业人才队伍；④推动外部生态建设，包括健全风险分担补偿机制、完善知识产权融资服务体系、建立科技企业信息共享机制
2022 年 3 月 22 日，科技部火炬中心、中国银行《关于开展科技金融“一体两翼”助力企业创新能力提升行动的通知》	①根据地方实际及企业“出海”金融需求，择优选择，为“出海”科技企业提供专业化的离岸金融服务；②支持科技企业精准融资（根据“企业创新积分制”试点，推出“中银创新积分贷”“知识产权质押融资”等专属产品）；③支持科技领军企业做大做强（与非银行金融机构合作，探索“贷款+直接投资”或“贷款+远期权益”等联动新模式）；④推动设立科技创新协同发展母基金；⑤支持建设科技金融服务示范机构（推广“银行跟贷支持科技型中小企业的风险缓释资金池”“银行与企业风险共担的仪器设备信用贷”等试点政策）；⑥支持高水平科技成果产业化及科技创业（采取“一事一议”方式，为企业优先提供股权投资、普惠贷款、项目融资、设备租赁、个人金融等综合服务）；⑦支持国家高新区平台多元化融资（提供全产品融资支持，通过配套存款、结算、大额存单、资金池、公募理财、私募理财、公募基金等定制化解决方案）；⑧支持国家高新区完善创新生态

续表

相关政策	科技金融相关举措
2022 年 8 月 5 日，科技部、财政部《企业技术创新能力提升行动方案（2022—2023 年）》	①建立金融支持科技创新体系常态化工作协调机制；②鼓励各类天使投资、风险投资基金支持企业创新创业；③用好用足科技创新再贷款、重大科技成果产业化专题债等政策工具，发挥各类金融机构的作用；④推广企业创新积分贷、仪器设备信用贷等新型科技金融产品；⑤推广科技项目研发保险、知识产权保险等新型科技保险产品；⑥鼓励地方建设科技企业信息平台，完善金融机构与科技企业信息共享机制
2022 年 11 月 21 日，《上海市、南京市、杭州市、合肥市、嘉兴市建设科创金融改革试验区总体方案》	①健全科创金融机构组织体系，包括完善科创金融银行服务体系、丰富科创金融组织业态、补齐科创金融辅助产业链；②推动科创金融产品创新，包括优化科创金融产品供给、推动科创金融业务创新、深化银行业金融机构跨区域协作、鼓励跨境投融资创新；③充分利用多层次资本市场体系，包括畅通科创企业上市融资渠道、支持试验区内企业债券融资、强化股权投资基金培育引导；④推进科技赋能金融，包括优化金融科技生态、深化金融科技开发和应用、加强金融信息技术创新应用；⑤夯实科创金融基础，包括提高区域创新能力、强化知识产权服务、促进科创信息共享、推进科创金融标准建设；⑥扎实推进金融风险防控，包括提升金融监管科技水平、强化科创金融风险联防联控
2023 年 1 月 11 日，商务部、科技部《关于进一步鼓励外商投资设立研发中心若干措施的通知》	①支持和鼓励金融机构在风险可控的前提下，对外商投资设立的研发中心基础性研究和应用性研究提供金融支持；②各地的主管部门要做好调查研究，了解企业的实际金融需求，加强信息共享和沟通，实现银企的有效对接，减少信息不对称

（二）河南关于鼓励科技金融创新发展的政策与举措

河南关于鼓励科技金融创新发展的政策与举措见表 6-2。

表 6-2　河南关于鼓励科技金融创新发展的政策与举措

相关政策	科技金融相关举措
2018 年 9 月 28 日，鹤壁市人民政府《关于印发鹤壁市促进科技与金融结合试点实施方案的通知》	①创新科技投入方式；②设立科技类投资基金；③发展新型科技金融组织；④拓宽科技型企业融资渠道，包括支持创新债券融资方式、完善上市挂牌融资激励机制；⑤丰富科技金融创新产品与服务，包括推动银行为科技型企业提供服务及金融产品方面的创新、科技型企业保险产品创新；⑥探索投贷保联动科技金融创新；⑦建立和完善科技金融支撑服务体系，包括科技金融信息服务体系、科技金融对接机制、科技型企业征信体系等；⑧降低科技型企业融资成本；⑨建立科技型企业快速培育发展机制

续表

相关政策	科技金融相关举措
2021 年 10 月 30 日，河南省科技厅、河南省财政厅等五部门《河南省科技金融“科技贷”业务实施方案》	①建立政银合作共担机制；②建立管理服务体系；③建立健全风险防范机制
2021 年 11 月 1 日洛阳市人民政府办公室《关于印发洛阳市科技型企业贷款风险补偿资金池管理办法和洛阳市科技创新创业投资引导资金管理办法的通知》	①设立洛阳市科技型企业贷款风险资金池，引导金融机构加大对国家科技型中小企业、高新技术企业、科研院所、新型研发机构、河洛英才（团队）等科技型企业的信贷投放力度，用于金融机构向科技型企业发放贷款的风险缓释；②设立洛阳市科技创新创业投资引导基金，通过参股投资，引导社会资本对具有创新型技术的项目或具有发展潜力的科技型中小企业实施投资；③鼓励县区政府、产业集聚区、孵化载体、新型研发机构发起成立创新创业投资基金（含种子基金、天使基金、成果转化基金等），助推科技型中小企业快速成长
2022 年 1 月 21 日，河南省人民政府办公厅《关于印发河南省支持科技创新发展若干财政政策措施的通知》	①支持开展科技信贷业务；②鼓励金融产品创新；③支持科技企业利用资本市场融资
2022 年 3 月 18 日，河南省银保监局等六部门《河南银行业保险业支持“专精特新”中小企业高质量发展的指导意见》	①健全服务体系，提升科技金融专业化服务能力，包括发挥机构特色优势、强化专营机构建设、配备专业人才队伍；②创新产品模式，提高科技金融精细化服务水平，包括增加科技信贷产品优质供给、锚定重点创新特色产品集合、发挥科技保险风险保障功能、精准加大全生命周期支持力度；③完善“六单”机制，增强科技金融内生发展动力，包括单列信贷计划和单独考核机制、单独客户准入和单独授信管理机制、单独风险定价和单独风险容忍机制；④优化外部环境，健全科技金融风险防范机制，包括深化外部公共数据开发运用、完善知识产权融资服务体系、加强风险外部分担和补偿
2022 年 9 月 16 日，开封市人民政府办公厅《关于印发加快开封金明池智慧岛建设实施方案和开封市支持金明池智慧岛建设若干措施的通知》	强化创新金融支撑，建立投资风险补贴机制，充分发挥基金引导作用，支持中介机构开展信托业务
2022 年 12 月 13 日，郑州市科技局《关于全力引导企业进驻市“信易贷”（郑好融）平台促进金融和实体经济良性循环的通知》	①建立“加强信用信息共享应用促进中小微企业融资”工作推进机制；②积极引导企业进驻市“信易贷”平台；③加强对“郑好融”平台的宣传推广

（三）政策解读

从以上文件和政策措施可以看出，国家对科技创新的金融支持力度空前加大，科技金融的工作重心在于完善科技金融体系，加大对科技型中小企业的金融支持力度，总体呈现为多主体参与、多层次市场以及多元化工具的科技与金融融合特征，体现出区域性、实用性与创新性。科技金融政策明确推动金融支持科技的参与者不再仅限于政府和银行，而是由政府、各类金融机构以及平台型企业共同参与，例如建立政银“双向多级联动”工作机制，引导各方社会资本投入建立投贷联动“1+N”合作体系等；明确了充分利用多层次资本市场体系，例如支持相关科技型企业利用科创板等多层次资本市场挂牌上市，支持自贸区内企业债券融资，强化股权投资基金培育引导等；明确了科技金融服务与产品的多元化，例如政银共同建立多元化融资渠道，开展知识产权投融资服务等。区域性主要体现在相关科技金融政策着重支持高新区以及科技园区；实用性体现在相关科技政策要求各金融机构根据科技企业实际金融需求提供服务；创新性体现在从机构创新、产品创新、渠道创新、服务创新到模式创新的发展趋势。探索科技信贷服务新模式，积极支持科技企业直接融资，强化科技保险服务以及加强科技人才创新创业服务等。

从近 3 年河南及各地区对科技金融的相关政策来看，当前科技金融政策整体处于滞后的阶段。首先，科技金融相关政策较少且不够全面，尤其是省级层面，缺乏对科技金融明确的政策规定，政策主要是对“科技贷”业务的相关规定，河南省科技厅以及开封市、漯河市、鹤壁市科技局都对此发布了实施方案；其次，科技金融政策主要针对创新方面，政策提出了“四个创新”——金融政策创新、财政科技资金投入方式创新、金融产品创新、服务模式创新；再次，明确提出了对中小企业的科技金融支持政策，包括健全服务体系、创新产品模式、完善“六单”机制、优化外部环境；最后，鹤壁市针对科技金融结合试点颁布了具体的政策、开封市针对金明智慧岛规定了科技金融相关政策、郑州市发布了宣传“信易贷”平台的通知。

二、文化金融

“文化产业”这一概念最早可以追溯到 1992 年中共中央与国务院印发的《关于加快发展第三产业的决定》，首次在国家政策层面将文化娱乐纳入第三产业当中，到 2000 年 10 月，党的十五届五中全会通过的《中共中央关于制定国民经济和社会发展第十个五年计划的建议》第一次正式使用了“文化产业”这个概念，建议提出“推动信息产业与有关文化产业结合”“完善文化产业政策，加强文化市场建设和管理，推动有关文化产业发展”。自此，文化产业开始迅速发展。

文化金融是文化产业与金融业融合发展所产生的一种新型业态，其基本含义是指服务于文化产业而形成的特殊的金融活动以及特定的金融服务体系。文化金融并不是文化产业与金融业简单意义上的融合，具体来说，文化金融主要是通过投入方式与金融产品的创新，在文化资源资产化以及产业化的过程中改进服务模式，搭建服务平台、实现文化产业与金融资本的有机结合，进而为处于各不同发展阶段的文化企业提供融资支持以及金融服务的一系列金融活动的总和。文化产业资源具有高经济价值性与稀缺性，是现代金融资本乐于追逐的对象，文化金融就是以市场机制帮助文化产业融合更多的金融资源，它不仅能够促进金融市场交易规则和机制的创新，而且为文化产业的振兴与繁荣注入了新的动力。

（一）国家文化金融的相关政策与举措

国家文化金融的相关政策与举措见表 6-3。

表 6-3　国家文化金融的相关政策与举措

相关政策	文化金融相关举措
2021 年 4 月 15 日，文化和旅游部、国家开发银行《关于进一步加大开发性金融支持文化产业和旅游产业高质量发展的意见》	①发挥政府部门的组织协调优势和开发性金融“融资融智”服务优势，做好融资规划；②统筹各类财政资金和政府投资工具优化产业投融资环境；③对部行双方认可的重大项目“一事一议”，给予差别化信贷条件；④提供直接投资、证券发行承销、融资租赁等多元化金融服务；⑤支持文化和旅游类政府融资平台市场化转型，做好文化和旅游类地方政府专项债券配套金融服务工作

续表

相关政策	文化金融相关举措
2021 年 10 月 12 日，商务部、中央宣传部等 17 部门《关于支持国家文化出口基地高质量发展若干措施的通知》	①支持基地与银行等金融机构建立联系机制，共享基地文化出口重点企业和重点项目名录，为文化企业“走出去”做好金融服务；②鼓励金融机构积极发展符合文化贸易企业需求特点的信贷创新产品，开发应收账款质押贷款、订单贷款等基于产业链的融资创新产品，开展包括专利、商标、版权在内的无形资产质押贷款；③鼓励金融机构通过出口买方信贷等方式支持符合条件的文化出口重点企业扩大出口；④发挥出口信用保险作用，创新合作模式，提高承保效率，提升理赔质量，为重点企业和重点项目提供个性化保险服务；⑤支持有条件的基地复制“信保+担保”融资模式，扩大对中小微文化贸易企业出口信贷投放；⑥支持企业开展跨境人民币结算业务，提升外汇管理便利化水平，逐步简化外汇收支手续，提高资金结算效率
2022 年 7 月 18 日，商务部等 27 部门《关于推进对外文化贸易高质量发展的意见》	①鼓励金融机构创新金融产品和服务；②积极支持符合条件的文化贸易企业上市融资；③积极探索创新文化贸易出口信用保险承保模式；④积极推广“信贷+担保”模式；⑤鼓励保险机构开发文化类专属险种；⑥支持拓宽企业融资渠道
2022 年 7 月 21 日，中国人民银行、文化和旅游部《关于金融支持文化和旅游行业恢复发展的通知》	①发挥货币政策工具的总量和结构双重功能以及贷款市场报价利率改革效能和指导作用，引导商业银行加强对文化和旅游行业的信贷支持；②对文旅企业提供差异化的金融服务，鼓励有条件的文化旅游服务中心成立行业纾困基金降低疫情对文旅企业的负面影响；③创新文旅企业的信贷产品，完善对文化和旅游企业的信贷管理体系；④进一步拓宽文化和旅游企业的融资渠道，简化业务流程，探索建立适合本地文化和旅游企业的资产评估体系；⑤建立文旅企业的风险分担机制，充分发挥政府性融资担保体系在降低文化和旅游企业的融资成本中的作用；⑥加强对文化和旅游行业从业人员的就业和征信服务
2022 年 8 月 16 日，中共中央办公厅、国务院办公厅印发《“十四五”文化发展规划》	①加快推进符合文化产业发展需求和文化企业特点的金融产品与服务创新；②进一步扩大文化企业股权融资和债券融资规模，支持文化企业上市融资和再融资；③探索文化金融服务中心模式，为文化企业提供综合性金融服务；④发挥中国文化产业投资基金杠杆作用，引导和推动文化资源整合、产业融合和结构调整；⑤支持办好重点文化产权交易所，推动文化产权和艺术品类交易市场健康有序发展；⑥支持办好文化会展

（二）河南省文化金融的相关政策与举措

河南省文化金融的相关政策与举措见表 6-4。

表 6-4　河南省文化金融的相关政策与举措

相关政策	文化金融相关举措
2021 年 8 月 16 日，《中国（河南）自由贸易试验区建设领导小组办公室关于印发郑州开封洛阳片区产业推进专项方案的通知》	①推动特色文化产业国际化发展，推进文化金融多元化创新发展；②构建对标国际的文化产业制度，积极探索申请开展文化知识产权保险业务；③培育国际化的文化产业主体，建设综保区服务贸易园区
2022 年 1 月 13 日，河南省人民政府《关于印发河南省"十四五"文化旅游融合发展规划的通知》	①省版权交易中心可开辟文化旅游内容版权保护、登记、交易、质押、融资等绿色通道；②依托中国（河南）自由贸易试验区，打造线上线下结合的文化旅游知识产权一体化服务平台；③制定财政和金融"一揽子"支持方案，提升各类文化旅游产业投资基金市场化程度；④鼓励引导各地设立文化旅游财政专项资金、基金等
2022 年 5 月 20 日，河南省文化和旅游厅、中原银行《关于深化政银合作　加大金融支持文旅文创融合发展力度的通知》	①探索"文旅+金融+互联网"的特色区域金融之路；②建立政银合作机制，联合开展线上、线下政银企对接会，加强融资项目储备推荐和业务对接；③结合"万人助万企"工作部署和"行长进万企"专项活动，向全省文化旅游行业提供不低于 200 亿元的专项授信额度；④探索采用风险补偿准备金等方式优化银行产品结构；⑤支持文化产业特色乡村、文产特派员制度试点村落文旅产业项目融资；⑥支持以民宿为核心的微度假综合体，设计推出"民宿贷"产品；⑦为全省非物质文化遗产传承人提供"非遗传承人贷"金融服务；⑧组建专业团队为各地开展地方政府专项债咨询服务；⑨支持文旅文创企业发展，为"专精特新"企业匹配专精特新贷和科技贷产品，为其他文旅文创企业设计专属金融产品；⑩支持省内文旅行业整合，重点开展省内大型文旅企业的上市、债券承销以及资产证券化等金融服务；⑪为景区运营、投资平台、酒店民宿、场馆建设等文旅企业和项目提供专属金融产品和综合金融服务；⑫降低信贷利率，开辟绿色服务通道
2022 年 8 月 12 日，河南省文化和旅游厅、地方金融监督管理局、中国人民银行郑州中心支行、河南省银保监局《关于文化和旅游行业金融助企纾困的通知》	通过各种创新金融工具，加大对受疫情影响较大的文化和旅游企业的支持力度，包括发放贷款、提供担保、降低融资成本等措施；推动旅游景区、餐饮住宿等企业与银行合作，拓宽融资渠道；鼓励金融机构开发金融产品，满足文化和旅游企业多样化的融资需求；加强监管和风险防范工作，确保金融支持资金安全有效使用

（三）政策解读

2010 年 3 月 19 日，中共宣传部、中国人民银行、财政部、文化部等九部门联合印发了《关于金融支持文化产业振兴和发展繁荣的指导意见》，该意见首次明确提出了金融要支持文化产业发展这一命题，并从信贷支持、完善授信模式、发展多层次资本市场、培育文化产业保险市场、健全金融支持文化产业的配套机制以及政策协调和效果评估六大方面，对金融支持文化产业的发展做出了具体的规划，为金融支持文化产业发展明确了基本方向。基于此项政策的落实以及实施成果，文化部、中国人民银行、财政部于 2014 年 3 月 17 日联合印发了《关于深入推进文化金融合作的意见》，从认识推进文化金融合作的重要意义、创新文化金融体制机制、创新符合文化产业发展的金融产品及服务、加强组织实施与配套保障四个方面提出了金融支持文化产业发展的具体内容。这两个关于金融支持文化产业发展的文件基本明确了我国文化金融合作发展的基本框架。

近年来，国家对文化金融的政策主要包括三个方面：一是关于进一步促进金融支持文化产业发展的政策；二是关于金融支持对外文化贸易发展的政策；三是关于疫情影响下金融支持文化企业恢复发展的政策。各项政策表明，文化金融的重点在于以下几个方面：第一，明确支持各金融机构积极创新符合文化产业发展的金融服务与产品，包括信贷融资、上市融资等；第二，进一步明确了担保在文化金融中的重要作用，积极推广“信贷+担保”的模式，以多样化方式为文化企业提供增信支持；第三，鼓励各社会资本参与支持文化产业发展，拓宽企业融资渠道；第四，要求各方积极探索文化金融服务中心模式，支持开办重点文化产权交易所，促进文化产业健康有序发展。2022 年 8 月，中共中央办公厅与国务院办公厅印发《“十四五”文化发展规划》进一步明确了文化与金融融合发展的要求。

河南关于文化金融的政策首先是根据河南的具体情况对国家政策再明确，其次是关于河南自贸区推进发展文化金融的规定。相关政策致力于探索一条“文化+金融+互联网”的特色区域金融之路，依托自贸区打造出线上线下结合的文化旅游知识产权一体化服务平台，鼓励各片区建立专项资金、基金支持文化产业发展，持续创新相关金融服务与产品。

三、绿色金融

绿色金融这一概念源自 20 世纪末绿色文化的发展，在此之前，人们更多关注的是金融发展与经济之间的关系，并没有意识到金融活动与环境之间的关系，认为金融活动是环境质量的外生变量。1987 年，世界环境与发展委员会在《我们共同的未来》中提出了“可持续发展”这一概念，可持续发展观念开始在全世界传播，各国开始在社会生活中的各个方面贯彻实施。金融处于经济发展的核心地位，是沟通社会经济生活的命脉与媒介，金融的发展与创新能够很大程度地影响资本的流动意向以及企业的投资方向，从而影响经济取向，因此将“绿色”这一概念引入金融领域开始成为金融发展的重要组成部分。

绿色金融，也称环境金融、生态金融或可持续发展金融，其具体的定义没有一个统一的表述，国内外学者有不同的界定。在国外，Jose Salazar（1998）认为绿色金融本质上是一种寻求环境保护路径的金融业务创新，目的是通过多样化的金融工具实现生态环境保护，是金融业和环境产业的桥梁。Labatt、White（2002）指出绿色金融是以金融市场为研究基础的提高环境质量、转移环境风险的金融工具。Scholtens（2007）从金融产品与企业经营出发，指出应当对金融产品进行改进与优化，进而促进企业的可持续经营，提出绿色金融旨在通过最优金融产品组合解决全球环境污染和气候变迁问题，实现经济、社会、环境的可持续发展。Farhad（2019）则认为绿色金融应当是以扶持环保产业为重点，采取对环保产业多方面金融优惠的手段，实现经济与环境的协调发展。在国内，和秀星（1998）认为绿色金融是金融业在贷款对象、贷款条件、贷款种类、贷款政策和贷款方式上，将绿色环保产业作为扶持重点，从信贷投放、期限及利率等方面给予政策上的优惠和倾斜。文同爱、倪宇霞（2010）认为绿色金融是指将绿色观念体现在金融业的日常营业活动中，把环境保护作为金融支持企业发展的基本政策，主要通过对社会资源的引导，促进经济与生态的协调发展。2016 年，“绿色金融”这一概念在中国人民银行等七部委发布的《关于构建绿色金融体系的指导意见》中被正式明确，它将绿色金融定义为“为支持环境改善、应对气候变化和资源节约高效利用的经济活动，即对环保、节能、清洁能源、绿色交通、绿色建筑等领域的项目投融资、项目运营、风险管理等所提供的金融服务”。王波、郑联盛（2018）提出绿色金融不仅是应用工具，还是一系列的活动，这些活动包含金融与环境可持续发展，是引领金融资源流向绿色产业的一系列投融资活动。

虽然各国对绿色金融的定义存在差异，但都围绕着环境保护与可持续发展展开，即立足环境保护进行金融创新，以此促进社会、经济、生态的可持续发展。总的来说，绿色金融就是指金融业在经营活动中要注重可持续发展，促进生态环境的保护与环境污染的治理，发挥对社会资金的引导作用，从而促进经济与生态环境的协调与可持续发展。其包含两层含义：一是金融业如何促进环保和经济社会的可持续发展；二是金融业自身的可持续发展。

（一）国家绿色金融的相关政策与举措

国家绿色金融的相关政策与举措见表 6-5。

表 6-5　国家绿色金融的相关政策与举措

相关政策	绿色金融相关举措
2018 年 12 月 28 日，国家发展改革委、财政部、生态环境部等九部门《建立市场化、多元化生态保护补偿机制行动计划》	①完善生态保护补偿融资机制，根据条件成熟程度，适时扩大绿色金融改革创新试验区试点范围；②鼓励各银行业金融机构针对生态保护地区建立符合绿色企业和项目融资特点的绿色信贷服务体系，支持生态保护项目发展；③在坚决遏制隐性债务增量的基础上，支持有条件的生态保护地区政府和社会资本按市场化原则共同发起区域性绿色发展基金，支持以政府和社会资本合作（Public-Private-Partnership，PPP）模式规范操作的绿色产业项目；④鼓励有条件的非金融企业和金融机构发行绿色债券，鼓励保险机构创新绿色保险产品，探索绿色保险参与生态保护补偿的途径
2019 年 3 月 19 日，工业和信息化部办公厅、国家开发银行办公厅《关于加快推进工业节能与绿色发展的通知》	①发挥政策导向与综合金融优势，加快形成新时期工业绿色发展的推进机制；②加强开发性金融支持；③统筹用好各项支持引导政策和绿色金融手段，在项目审批、专项奖励、税收优惠等方面给予支持
2020 年 10 月 21 日，生态环境部、国家发展改革委、中国人民银行、银保监会、证监会《关于促进应对气候变化投融资的指导意见》	①加快构建气候投融资政策体系，包括政策引导、金融支持和政策协同体系，支持和激励各类金融机构开发气候友好型绿色金融产品；②鼓励金融机构结合自身职能定位、发展战略、风险偏好等因素，对重大气候项目提供有效的金融支持；③加快碳金融产品的创新和研发，包括碳期货、碳基金产品等；④鼓励通过市场化方式推动小微企业和社会公众参与应对气候变化行动；⑤加强与国际投资者在碳排放投融资领域的合作与交流，积极引进境外投资者；⑥加强碳金融的地方试点工作
2021 年 2 月 2 日，国务院《关于加快建立健全绿色低碳循环发展经济体系的指导意见》	①发展绿色信贷和绿色直接融资，加大对金融机构绿色金融业绩评价考核力度；②统一绿色债券标准，建立绿色债券评级标准；③发展绿色保险，发挥保险费率调节机制作用；④支持符合条件的绿色产业企业上市融资；⑤支持金融机构和相关企业在国际市场开展绿色融资；⑥推动国际绿色金融标准趋同，有序推进绿色金融市场双向开放；⑦推动气候投融资工作

续表

相关政策	绿色金融相关举措
2021 年 4 月 2 日，中国人民银行、国家发展改革委、证监会《绿色债券支持项目目录（2021 年版）》	①规定绿色债券的主要范围；②要求各方结合各自领域绿色发展目标任务和绿色金融体系建设情况，研究制定和落实相关配套支持政策，发挥好绿色债券的支持作用；③做好绿色债券支持项目目录不同版本的衔接，鼓励各主体开展信息披露等工作；④依据具体情况和国内绿色债券市场发展的需求，适时对《绿色债券支持项目目录（2021 年版）》进行调整和修订
2021 年 5 月 28 日，生态环境部、商务部、国家发展改革委等 8 部门《关于加强自由贸易试验区生态环境保护推动高质量发展的指导意见》	①推进绿色金融创新，引导金融机构支持环保产业和项目，积极探索建立跨区域排污权交易机制；②鼓励开展环境综合治理托管服务；③探索绿色债券、绿色股权投融资业务，支持生态环境治理和节能减排；④开展生态产品价值核算试点，支持安徽自贸区建立生态产品价值实现机制；⑤推动湖南等自贸区完善异地开发生态保护补偿机制
2021 年 9 月 22 日，中共中央、国务院《关于完整准确全面贯彻新发展理念做好碳达峰碳中和工作的意见》	①加强碳金融体系建设，促进碳金融市场化、法治化发展；②发挥政策性金融作用，支持碳达峰、碳中和相关领域的技术研发和产业化推广；③推动普惠金融创新，支持新能源、节能环保等领域中小微企业发展；④研究设立国家低碳转型基金；⑤鼓励社会资本设立绿色低碳产业投资基金；⑥建立健全绿色金融标准体系；⑦加强跨境金融合作，推动国际碳市场建设与互联互通
2022 年 1 月 30 日，国家发展改革委、国家能源局《关于完善能源绿色低碳转型体制机制和政策措施的意见》	①完善绿色金融的多元化投资机制，包括地方债支持、国家绿色发展基金支持、REITs 试点等；②完善绿色金融的政策支持，包括供应链金融支持、金融机构支持、碳中和债券与可持续发展挂钩债券等；③探索推进能源基础信息应用，为金融支持能源绿色低碳转型提供信息服务支撑
2022 年 6 月 1 日，银保监会《关于印发银行业保险业绿色金融指引的通知》	①从战略高度推进绿色金融，加强对绿色、低碳、循环经济的支持；②银行保险机构应当有效识别、监测、防控业务活动中的环境、社会和治理风险；③银行保险机构董事会或理事会应当承担绿色金融主体责任，确定绿色金融发展战略；④鼓励银行保险机构通过组建绿色金融专业部门、建设特色分支机构、设置专岗专职等方式，提升绿色金融服务质效和风险管理水平；⑤银行保险机构应建立有利于绿色金融创新的工作机制，推动绿色金融流程、产品和服务创新；⑥银行保险机构应当根据自身实际积极运用科技手段提升绿色金融管理水平，不断完善业务流程、优化业务环境
2022 年 12 月 13 日，国家发展改革委、科技部《关于进一步完善市场导向的绿色技术创新体系实施方案（2023—2025 年）》	①加强绿色金融政策和制度创新，如推动建立绿色金融标准、规范绿色债券市场等；②推动建立绿色投资和融资机制，鼓励设立绿色基金、绿色证券、碳排放权交易等绿色金融产品；

续表

相关政策	绿色金融相关举措
2022 年 12 月 13 日，国家发展改革委、科技部《关于进一步完善市场导向的绿色技术创新体系实施方案（2023—2025 年）》	③促进绿色信贷发展，如开展环保产业信贷、能源管理合同融资等创新业务；④鼓励金融机构加大对绿色产业的投入力度，如推出绿色贷款产品、扩大绿色信用评级服务范围等
2023 年 1 月 29 日，中国人民银行《延续实施碳减排支持工具等三项结构性货币政策工具》	①继续延长金融机构，包括外资金融机构的碳减排支持工具到 2024 年末；②继续支持能源行业的低碳转型，延长支持煤炭高效利用的再贷款至 2023 年末；③继续支持交通物流仓储行业包括中小微物流仓储企业的专项再贷款至 2023 年 6 月末

（二）河南省绿色金融的相关政策与举措

河南省绿色金融的相关政策与举措见表 6-6。

表 6-6　河南省绿色金融的相关政策与举措

相关政策	绿色金融相关举措
2020 年 6 月 16 日，河南省发展改革委、河南省科技厅《河南省构建市场导向的绿色技术创新体系实施方案》	①引导银行业金融机构开展知识产权质押融资业务，探索绿色技术贷款保险等业务；②鼓励绿色技术创新企业充分利用国内外市场上市融资；③鼓励地方政府通过担保基金或委托专业担保公司等方式，为绿色技术创新成果转化和示范应用提供担保或其他类型的风险补偿
2021 年 8 月 18 日，河南省人民政府《关于加快建立健全绿色低碳循环发展经济体系的实施意见》	①加大对绿色、低碳、循环经济领域的金融支持力度，包括提供贷款、股权投资等融资渠道，以及推出优惠利率、减免手续费等金融政策；②开展环保产业基金等创新性金融产品设计，为环保领域企业提供专项融资支持；③推动金融机构探索绿色信贷评估和风险管理方法，鼓励金融机构开展绿色债券等绿色投融资业务；④建立绿色金融发展指导机制，引导金融机构逐步向绿色金融转型，支持发展绿色金融市场
2022 年 2 月 23 日，河南省人民政府《关于印发河南省“十四五”生态环境保护和生态经济发展规划的通知》	①构建多维度、全覆盖的综合绿色金融产品体系；②加快发展气候投融资，支持和激励各类金融机构开发气候友好型绿色金融产品，支持机构和资本开发与碳排放权相关的金融产品和服务项目；③强化金融机构的环境和气候相关信息披露要求，开展绿色金融业绩评价；④充分运用河南省绿色发展基金支持生态环境保护和生态经济发展；⑤探索环境基础设施领域 PPP 与不动产投资信托基金组合实施模式；⑥健全环境污染强制责任保险制度

续表

相关政策	绿色金融相关举措
2022 年 4 月 18 日，河南银保监局、河南省发展改革委等 5 部门《关于推进河南省银行业保险业绿色金融发展的指导意见》	①推动银行业、保险业机构完善绿色金融工作体制；②绿色金融组织建设和“一把手”负责制；③积极建立“绿色金融清单”制度，打造绿色金融“六专”机制；④强化绿色金融风险管理，将环境、社会与治理风险管理嵌入全流程各环节；⑤鼓励银行业、保险业机构倾斜政策资源，鼓励绿色供应链融资；⑥创新绿色信贷产品，发展新型绿色业务；⑦聚焦组织保障，持续完善绿色金融保障措施
2022 年 12 月 7 日，濮阳市人民政府《濮阳市促进金融业发展若干措施》	①对成功发行绿色债券的企业进行不同梯度的奖励；②对开展经认定的绿色贷款、绿色保险业务的辖区银行（保险）机构，按照总额的 0.1%进行奖励；③优化绿色信贷（保险）风险分担机制，对实际发生绿色贷款（保险）本金损失的，给予风险补贴
2023 年 1 月 31 日，河南省人民政府办公厅《关于印发河南省制造业绿色低碳高质量发展三年行动计划（2023—2025 年）的通知》	①加大政策性金融支持力度，推动银行机构增加对绿色低碳项目的投融资支持；支持符合条件的企业发行绿色债券和可持续发展债券；支持符合条件的企业参与国家及省、市绿色产业基金等资本市场工具。②项目进行评估和风险控制，以保障投资回报和资金安全。③协助企业进行绿色标准认证，为企业提供专业的技术和服务支持，提高企业的绿色环保水平。④促进投融资合作，加强与企业和政府部门的沟通和合作，共同推进绿色低碳高质量发展行动计划的实施

（三）政策解读

近年来，我国关于绿色金融的政策致力于完善绿色金融标准和评估体系，促进绿色金融产品和服务的创新发展，鼓励金融机构加大对绿色产业的投资和融资力度，优化金融资源配置，提高绿色金融市场的供给能力以及提高公众对绿色金融的认识和意识，促进社会各界积极参与并加强与其他国家绿色金融试验区的交流与合作，共同推动全球绿色金融的发展等方面。具体来说，一是发布关于绿色金融的指引与目录，不断完善绿色金融标准体系，为绿色金融发展提供规范依据，例如，中国人民银行、国家发展改革委与证监会发布的《绿色债券支持项目目录（2021 年版）》与银保监会印发的《关于印发银行业保险业绿色金融指引的通知》。二是高质量推进绿色金融创新试验区试点，促进发展具有中国特色的绿色金融。三是鼓励银行、保险等行业创新金融产品服务，扩大绿色金融市场，促进绿色金融市场高质量发展。多个政策均提出金融机构及其他企业在力所能及的条件下创新发行绿色金融产品，鼓励金融机构扩大绿色信贷规模，研究和制定配套支持政策，促进绿色金融服务顺利实施。四是完善激励约束机制，提高金融机构开展绿色金融业务的积极性，引导金融资源向绿色低碳领域倾斜。相关政策提出要加大对金融机构绿色金融业绩评价考核力度，在项目审批、专项奖励以及税收等方面给予绿色金融业务政策优惠与支持，同时建立专业化的绿色金融市场，提高绿色金融市场的透明度和稳定性，提供更加便捷、高效的绿色金融产品和服务，吸引更多的社会资本参与。五是积极发挥碳减排货币政策工具的调控作用，如碳税、绿色信贷、碳交易、能效补贴、绿色债券等，推动绿色金融产品与服务有序发展。

河南近几年政策主要集中于推进绿色产业发展、鼓励金融机构开展绿色金融服务、设立绿色基金、完善碳排放市场和机制建设等方面。具体来说，第一，相关政策着重于引导、鼓励与支持全省金融机构创新绿色金融产品和服务，如积极引导金融机构开展知识产权质押融资业务，鼓励绿色技术创新企业利用国内外市场上市融资，加快发展气候投融资，鼓励银行保险业倾斜政策资源等；第二，政策着重于推动政府、金融机构、社会资本三方共同促进绿色金融的发展，鼓励地方政府为绿色金融相关业务提供担保与风险补偿，为金融机构和社会资本参与绿色金融服务提供税收优惠、财政补贴，建立政府、金融机构和社会资本合作机制，共同开展绿色金融投融资业务；第三，政策着重于完善绿色金融风险管理，为绿色金融业务提供担保与风险补偿，将环境、社会与治理风险管理嵌入业务流程各环节，不断优化绿色金融风险分担机制，促进绿色金融持续稳定发展。

四、跨境金融

跨境金融是指在不同国家和地区之间进行的金融业务和交易活动。跨境金融包括跨国银行业务、国际贸易融资、外汇市场交易、跨境投资和资本流动等领域，以及其他与国际金融有关的业务和交易。跨境金融在促进国际经济合作和发展中具有重要的作用，但同时也面临着管理和监管上的挑战。跨境金融是在金融全球化的背景下提出的，这一概念最早源自 1999 年王允贵的《金融国际化对我国经济的影响及对策研究》，他指出金融国际化是构建金融自由化的重要条件。张若思（2000）结合服务贸易总协定描述的跨境服务金融概念，对跨境金融服务做了新界定，服务贸易总协定中的跨境金融服务由跨境提供、自然人流动、商业存在以及跨境消费四方面构成，并规定了市场准入原则、最惠国待遇原则、国民待遇原则以及自由化原则四大原则。韩龙（2013）指出跨境金融服务就是金融服务供给者从一个区域内向另一个区域内的金融服务需求者提供金融服务的一种服务提供模式，而蔡植伟（2015）认为跨境金融服务是一种综合性的金融服务，包括出国留学、投资移民、跨境理财以及跨境投资等。

综上所述，我国对于跨境金融并没有明确的定义，但基于我国学者提出的关于跨境金融的几种概念，可以将跨境金融总结为：发生在居民与非居民之间的关于货币、货币流通、信用等经济活动的总和。跨境金融的范围较广，包括跨境投资、融资、担保、结算等一系列金融行为，在开放经济条件下，跨境金融服务从简单化不断向复杂多样化创新，大致可分为外币存款、国际结算、贸易融资、结售汇等金融服务，并且形成了适应不同金融场景与金融需求下的多元化产品组合，其中包括跨境资金归集、结构性融资、衍生交易产品、境内外联动、新型跨境结算等，对经济增长以及金融稳定具有重要作用。

（一）国家跨境金融的相关政策与举措

国家跨境金融的相关政策与举措见表 6-7。

表 6-7　国家跨境金融的相关政策与举措

相关政策	跨境金融相关举措
2020 年 12 月 31 日，中国人民银行、国家发展改革委、商务部、国资委、银保监会、国家外汇管理局《关于进一步优化跨境人民币政策支持稳外贸稳外资的通知》	①推动投资贸易人民币结算便利化，开展试点、为跨境贸易新业态提供人民币结算服务、商事制度改革等；②简化跨境人民币结算流程；③优化跨境人民币投融资管理，放宽对部分资本项目人民币收入使用限制，便利外商投资企业境内再投资等；④便利个人经常项目下跨境人民币收付；⑤便利境外机构人民币银行结算账户接收境外资金

续表

相关政策	跨境金融相关举措
2021 年 8 月 2 日，国务院《关于推进自由贸易试验区贸易投资便利化改革创新若干措施的通知》	①强化自贸试验区与期货交易所的合作，不断丰富商品期货品种；②加快引入合格的境外交易者参与期货交易；③创新本外币账户一体化管理；④开展融资租赁公司外债便利化试点；⑤开展知识产权证券化试点；⑥完善期货保税交割监管政策
2021 年 9 月 25 日，最高人民法院《关于人民法院服务保障进一步扩大对外开放的指导意见》	①支持我国参与融资领域国际规则标准的制定，推动形成和完善全球性商事法律规则；②坚持同类债权平等保护原则，积极参与和推动跨境破产国际条约的制定，完善跨境破产协调机制；③提升涉及跨境投融资、证券、保险等金融纠纷的审判专业化水平；④依法妥善审理跨境金融纠纷，进一步规范和统一跨境金融法律适用
2021 年 12 月 23 日，中国人民银行、国家外汇管理局《关于支持新型离岸国际贸易发展有关问题的通知》	①鼓励银行优化金融服务，为诚信守法企业开展真实、合规的新型离岸国际贸易提供跨境资金结算便利；②银行办理新型离岸国际贸易跨境资金结算业务时，按照“实质重于形式”的要求，根据“了解客户”“了解业务”“尽职审查”的展业原则；③中国人民银行、国家外汇管理局依法对新型离岸国际贸易跨境资金结算开展监督管理
2022 年 5 月 26 日，商务部、中国人民银行、国家外汇管理局《关于支持外经贸企业提升汇率风险管理能力的通知》	①支持外经贸企业开展汇率风险管理，促进汇率风险管理工具和服务创新发展；②鼓励银行机构加强汇率风险管理能力建设，提高服务水平和服务质量；③加强对外经贸企业汇率风险管理的指导和帮助，提供汇率风险管理方案和培训服务；④推广使用符合国际标准的汇率风险管理工具，提高企业自我管理和自我保护能力；⑤促进跨境人民币结算和投融资便利化，提高企业汇率风险管理的效益
2022 年 8 月 5 日，银保监会办公厅、商务部办公厅《关于开展铁路运输单证金融服务试点更好支持跨境贸易发展的通知》	①鼓励银行保险机构根据铁路运输单证金融业务特征与主要风险，建立健全相关管理制度，加大差异化政策支持力度；②鼓励银行统筹考虑外贸企业持有的风险可控的铁路运输单证，在业务准入、授信额度核定等方面提供更多支持；③鼓励保险公司加强产品创新，探索扩大服务范围；④鼓励银行加强同担保机构等合作，有效发挥担保增信和风险缓释功能
2023 年 1 月 6 日，商务部、中国人民银行《关于进一步支持外经贸企业扩大人民币跨境使用促进贸易投资便利化的通知》	①鼓励银行根据外经贸企业实际需求，积极创新产品服务，提供综合金融服务；②促进银行通过经常项下跨境人民币集中收付、跨境双向人民币资金池等业务，满足企业人民币资金集中处理、归集管理和余缺调剂需求；③支持中小微企业在跨境金融服务中的人民币结算的便利化

（二）河南省跨境金融的相关政策与举措

河南省跨境金融的相关政策与举措见表 6-8。

表 6-8　河南省跨境金融的相关政策与举措

政策	跨境金融相关举措
2020 年 5 月 13 日，河南省地方金融监督管理局《2020 年河南省金融业对外开放工作专项方案》	①加强与港资等外资金融机构的联系沟通，积极跟踪票据专营机构、离岸金融、金融租赁公司等新兴金融业态；②加强涉外重点领域综合金融服务，探索对符合条件的“三外”企业建立主办银行机制；③加强与香港交易所、中欧国际交易所等境外证券市场深度合作，推动企业运用境外资本市场融资；④支持郑商所扩大对外开放，鼓励郑商所扩大特定品种范围，探索多种开放路径；⑤推进金融载体建设，加快龙湖金融岛建设，推动基金机构向龙子湖金融岛集聚
2021 年 4 月 2 日，河南省人民政府《河南省国民经济和社会发展第十四个五年规划和二〇三五年远景目标纲要》	①依托多双边合作交流机制平台，鼓励外资企业利润再投资；②建立与丝路基金、亚洲基础设施投资银行等平台对接机制，积极争取“一带一路”专项贷款；③健全促进保障境外投资政策和服务体系，完善境外投资管理制度和全口径外债监管；④加强跨境金融创新，包括跨境结算、人民币跨境业务、多式联运提单融资等金融创新，完善跨境投融资便利化措施
2022 年 1 月 13 日，河南省人民政府《河南省“十四五”招商引资和承接产业转移规划》	①加快推进郑东新区金融集聚核心功能区建设，引导外资银行、保险、证券、基金等金融机构在河南设立区域性总部或分支机构；②鼓励跨国公司在河南投资，提升它们在当地企业中的规模和能力水平，并通过扩大它们的投资、管理、研发、设计和物流等综合职能来实现这一目标；③利用 RCEP 和中欧全面投资协定机遇，加强招商引资
2023 年 2 月 23 日，河南省人民政府《中国（河南）自由贸易试验区 2.0 版建设实施方案》	①创新账户体系管理，积极争取开展本外币合一银行账户体系试点、跨国公司本外币一体化资金池业务试点与数字人民币试点；②推动基金业扩大开放，适时启动试点合格境内投资企业业务；③适时开展融资租赁公司外债便利化试点；④推进知识产权证券化试点工作；⑤支持郑商所创新发展；⑥推动河南自贸试验区与综合保税区统筹发展

（三）政策解读

首先，国家关于跨境金融的政策主要是针对自贸区的跨境金融发展。2021 年 8 月，国务院印发了《关于推进自由贸易试验区贸易投资便利化改革创新若干措施的通知》，从六个方面明确了各自贸区发展跨境金融的方向，包括丰富商品期货品种、加快引入境外交易者参与期货交易、完善期货保税交割监管政策、创新账户体系管理、开展融资租赁公司外债便利化试点与开展知识产权证券化试点。根据这一针对自贸区跨境金融发展的政策，山东青岛片区、上海临港片区、四川、北京、天津等自贸区陆续发布相关通知政策，根据自贸区实际发展情况，对上述通知加以完善，促进跨境金融发展与创新。其次，国家政策着重于促进跨境人民币业务发展与完善，致力于扩大人民币跨境使用、支持开展跨境人民币结算业务、优化跨境人民币政策，加快人民币国际化进程。再次，国家政策专门强调了开展铁路运输单证金融服务试点支持跨境贸易发展。鼓励银行保险机构根据铁路运输单证金融业务特征与主要风险，扩大外贸金融服务覆盖面、加强产品创新、健全管理制度、加大政策支持力度，同时引导银行建立风险分担机制，确保金融支持跨境贸易稳定发展。最后，国家政策重点强调了关于跨境金融法律适用的规范与统一，致力于推动形成和完善融资领域国际法律规则标准，提升跨境金融纠纷审判与解决的专业化水平。

河南跨境金融政策主要集中于对标国际规则，利用多双边合作交流机制平台，加强招商引资，促进跨境贸易与金融业务发展。同时，政策集中于推进创新示范区域跨境金融发展。政策明确了推进郑商所创新发展与对外开放，推动河南自贸区与综合保税区统筹发展，以政策推进金融载体建设，加快龙湖金融岛建设，推动基金机构向龙湖集聚。

五、数字金融

数字金融是指利用信息技术和互联网等数字化手段，为用户提供金融产品和服务的过程。这些产品和服务包括但不限于电子支付、在线借贷、众筹、数字货币、投资顾问等，旨在更高效、便捷地满足用户的金融需求。数字金融和互联网金融都是应用科技手段改善金融服务的模式，但它们的区别在于，数字金融是广义的概念，包括利用数字技术改造传统金融业务、数字货币等多种形式。而互联网金融是狭义的概念，特指将互联网技术应用于金融领域中的创新业务。另外，数字金融强调技术驱动和开放合作，倡导跨界融合，打破传统金融机构之间及金融业与其他行业的壁垒，而互联网金融则更突出便利性和轻资产化特点，通过互联网连接供求双方，提高金融服务效率。

对于数字金融的概念，国内大部分学者观点一致，主要沿用黄益平（2018）的观点，认为数字金融泛指传统金融机构与互联网公司利用互联网、信息技术等数字技术实现融资、支付、投资和其他金融服务的新型金融业务模式。中国战略文化促进会联合西南财经大学于 2015 年所发布的《中国数字金融发展报告》中将数字金融定义为网络技术和金融的渗透和融合，它不是简单的“互联网+金融”，但也没有脱离传统的金融，是金融行业与互联网技术、精神相结合的新领域，是在传统金融的基础上所表现出来的新形式、新技术、新特征、新结构。因此，数字金融本质上仍然是金融，只是运用互联网与信息技术等数字技术进行的金融创新。数字金融的业务涵盖融资、支付、投资、保险等多个领域，包括互联网支付、网络借贷、股权众筹、互联网信托、互联网消费金融等方面，其业务开展主要有四大模式，分别是电商平台模式、网络众筹模式、网贷平台模式与传统金融数字化，其中电商平台模式是当前发展规模最大、业务最广、科技实力最强的模式，传统金融数字化则是未来发展潜力最大的模式。

（一）国家数字金融的相关政策与举措

国家数字金融的相关政策与举措见表 6-9。

表 6-9　国家数字金融的相关政策与举措

相关政策	数字金融相关举措
2019 年 8 月 8 日，国务院办公厅《关于促进平台经济规范健康发展的指导意见》	①鼓励银行业金融机构基于互联网和大数据等技术手段，创新发展适应平台经济相关企业融资需求的金融产品和服务；②允许有实力有条件的互联网平台申请保险兼业代理资质；③设立金融机构、从事金融活动、提供金融信息中介和交易撮合服务，必须依法接受准入管理
2020 年 4 月 7 日，国家发展改革委、中央网信办《关于推进“上云用数赋智”行动培育新经济发展实施方案》	①以数字化平台为依托，构建“生产服务+商业模式+金融服务”数字化生态，形成数字经济新实体；②创新订单融资、供应链金融、信用担保等金融产品和服务；③推行普惠性“上云用数赋智”服务，结合国家数字经济创新发展试验区建设，探索建立政府—金融机构—平台—中小微企业联动机制；④探索“云量贷”服务；⑤鼓励产业链龙头企业联合金融机构建设产融合作平台，创新面向上下游企业的信用贷款、融资租赁、质押担保、“上云”保险等金融服务

续表

相关政策	数字金融相关举措
2021 年 11 月 15 日，工业和信息化部《关于印发“十四五”大数据产业发展规划的通知》	①利用大数据分析、统计和模型构建等技术手段，帮助完善现代金融监管体系，弥补监管制度上存在的不足之处。在这个基础上，可以在审慎监管的前提下有序地推进金融创新，以促进金融行业的发展和创新。②优化风险识别、授信评估等模型，提升基于数据驱动的风险管理能力。③鼓励产业基金、创业投资和社会资本按照市场化原则增加对大数据企业的投资，以促进大数据企业的发展，推动经济转型升级。④政府鼓励银行开展知识产权质押融资等业务，为符合条件的大数据企业提供上市融资支持。知识产权质押融资是一种以知识产权为质押物的融资方式。此举有利于大数据企业获得更多的融资渠道，促进企业发展，推动经济增长
2021 年 12 月 12 日，国务院《关于印发“十四五”数字经济发展规划的通知》	①推动产业互联网融通应用，培育供应链金融、服务型制造等融通发展模式，以数字技术促进产业融合发展；②依托自由贸易试验区、数字服务出口基地和海南自贸港，针对跨境寄递物流、跨境支付和供应链管理等典型场景，构建安全便利的国际互联网数据专用通道和国际化数据信息专用通道；③拓展多元投融资渠道，鼓励企业开展技术创新；④鼓励引导社会资本设立市场化运作的数字经济细分领域基金，支持符合条件的数字经济企业进入多层次资本市场进行融资；⑤鼓励银行业金融机构创新产品和服务，加大对数字经济核心产业的支持力度；⑥加强对各类资金的统筹引导，提升投资质量和效益
2021 年 12 月 29 日，中国人民银行《金融科技发展规划（2022—2025 年）》	①加强对金融科技治理的监管，全面提升数字化能力，在制定金融科技伦理规范方面吸纳多方参与，实现共同管理，构建互相促进、共同发展的数字化生态系统；②在保障数据安全和隐私的前提下，加强数据能力建设，推动数据有序共享和综合应用，发挥数据的潜力，从而提高金融服务的效率和质量；③建设绿色高可用的数据中心，构建安全普及的金融网络，部署先进高效的计算能力系统，进一步加强数字基础设施建设，为金融创新发展奠定坚实的基础；④深化数字技术在金融领域的应用，建立健全安全和效率并重的科技成果应用机制和体制；⑤建立一个健全、安全、高效的金融科技创新体系，通过搭建业务、技术和数据的一体化运营中台来实现它们的融合和联动，并建立智能化风控机制；⑥深化金融服务的智慧再造，通过搭建多元融通的服务渠道，着力打造无障碍服务体系，为人民群众提供更加普惠、绿色、人性化的数字金融服务；⑦加速在监管中应用科技手段，提升数字化监管能力，并对金融科技创新进行全面监管以确保风险控制，同时还需加强金融和科技之间的风险防范，以避免潜在的风险问题；⑧加强金融科技人才培养，不断完善行业标准和规则体系，同时加大金融科技领域的法律法规执行力度，以保障金融科技发展的平稳和持续

续表

相关政策	数字金融相关举措
2022 年 1 月 10 日，银保监会办公厅《关于银行业保险业数字化转型的指导意见》	①建议银行保险机构加强顶层设计和统筹规划，改善组织架构和流程机制。②建议银行保险机构积极发展产业数字金融，推进个人金融服务数字化转型，提升金融市场交易业务的数字化水平，建设数字化运营服务体系。同时，应加强数字化风控能力建设，构建安全高效、合作共赢的金融服务生态。③银行保险机构应该建立健全数据治理体系，加强数据管理能力，并且提高数据应用能力。同时，它们也需要加强对数据质量的控制，确保数据的准确性、完整性和可靠性。这些措施可以帮助机构更好地管理数据，提高业务决策的准确性和效率，促进业务创新和发展。④银行保险机构应该加大对数据中心基础设施弹性供给的投入力度，以应对业务需求的突发变化，并提高科技架构的支撑能力，确保系统的安全性和可靠性。此外，它们也需要推动科技管理敏捷转型，不断探索新技术应用，并提高自主可控能力，以更好地应对市场变化和竞争压力。⑤银行保险机构需要增强对战略风险、创新业务合规性、流动性风险、操作风险及外包风险等方面的管理，并加强对模型和算法风险的防范，加强网络安全防护，同时加强数据安全和隐私保护
2022 年 1 月 23 日，中国人民银行、市场监管总局、银保监会、证监会《金融标准化“十四五”发展规划》	①加强金融领域的标准化建设，包括完善风险防控、统计和消费者保护等方面的标准，并且这些标准应该在金融监管中发挥更大的支持作用。②在金融基础设施、证券期货、黄金市场和保险市场等各个领域加强标准化建设，以提高市场运行效率和保护投资者权益。具体措施包括完善相关标准、增加标准供给、推进标准升级等。③加快建立绿色金融标准体系，以促进绿色金融市场的发展和推广，同时还需要积极推动普惠金融标准建设，增强金融服务实体经济的能力。此外，还需要加强产业链供应链金融标准保障，确保金融服务能够有效地支持实体经济的发展。④稳步推进金融科技标准建设，制定金融数据标准、改善基础设施标准、加强网络安全措施，并推广金融行业核心技术的安全标准。⑤加快先进金融国际标准转化应用，积极参与金融国际标准化活动。⑥进一步规范金融行业的标准化管理，优化金融标准供给结构、强化金融标准实施应用、培育金融标准化服务业和推动金融标准检测认证协同发展。⑦进一步提高金融机构的标准化管理水平，促进金融市场的稳健发展，并提高金融标准化工作的效率和人才储备

（二）河南省数字金融的相关政策与举措

河南省数字金融的相关政策与举措见表 6-10。

表 6-10　河南省数字金融的相关政策与举措

相关政策	数字金融相关举措
2020 年 6 月 1 日，河南省发展改革委《2020 年河南省数字经济发展工作方案》	①提升金融税务领域软件发展优势；②各地学习借鉴先进地区在金融支持等方面的成功经验，研究出台加快数字经济发展的支持政策；③统筹使用产业发展专项资金，加强对数字经济各方面支持
2021 年 3 月 22 日，河南省发展改革委《2021 年河南省数字经济发展工作方案》	①支持骨干企业建设省级行业软件交付中心，在轨道交通、教育教学、物联网、税务金融等领域开展技术攻关，形成一批软件创新产品和服务解决方案；②推动建设北斗智能时空数字产业基地和国家北斗产业产品质量监督检验中心，加快金融等领域对外国技术产品的替代，并提高相关产品的自主研发和生产能力；③加快推动省能源大数据中心提档升级，推出“能源+金融”等产品；④推进金融服务共享平台迭代升级
2021 年 12 月 28 日，河南省十三届人大常委会《河南省数字经济促进条例》	设区的市、县级人民政府应当根据实际情况，统筹财政资金支持数字经济发展，完善投资融资机制，拓宽数字经济企业融资渠道，引导社会资本参与数字经济领域重大项目建设
2021 年 12 月 31 日，河南省人民政府《河南省“十四五”数字经济和信息化发展规划》	①提高金融服务的效率和精准度，加快推广金融数据服务，并深化大数据、人工智能和区块链等技术在金融服务中的应用，探索建立城市中枢平台和金融企业之间的数据开放共享机制；②发展供应链金融，支持建设供应链金融共享服务平台，在保证风险可控前提下有序推进大数据云贷等互联网融资产品；③推广“信易贷”模式，建立完善全省一体化“信易贷”平台体系，提升河南金融服务共享平台功能；④加快完善现有科技金融服务平台，建设跨境电子商务金融结算平台，扩大金融服务跨境合作范围，推广使用“信豫融”信用大数据平台、“普惠通”平台；⑤开展智慧金融建设试点，鼓励银行等金融机构建设无人银行、智慧网点；⑥争取开展数字人民币试点；⑦统筹省相关资金，积极引导社会资本投向数字经济和信息化领域；⑧加强政府、银行和企业之间的合作，建立常态化的数字经济项目推介机制，鼓励金融机构加大对创新的支持力度；⑨提高企业的资金实力和发展潜力，支持数字经济产业的快速发展
2022 年 3 月 19 日，河南省发展改革委《2022 年河南省数字经济发展工作方案》	①推广河南省金融服务共享平台和“信易贷”信用大数据平台，开展智慧金融建设试点；②加快设立省数字经济政府引导基金，吸引市场化投资机构发起子基金或定向投资重点企业和项目；③鼓励各地根据发展实际，设立数字经济发展专项资金

续表

相关政策	数字金融相关举措
2023 年 1 月 25 日，河南省数字经济发展领导小组《关于印发 2023 年河南省数字经济发展工作方案的通知》	利用地方政府专项债、政策性开发性金融工具、中长期贷款、设备购置与更新改造贴息贷款等政策工具，积极争取中央预算内资金支持，加快省数字经济政府引导基金落地运行，推动数字经济重大项目建设
2023 年 3 月 30 日，《2023 年河南省数字化转型战略工作方案》	提升省金融服务共享平台功能，优化线上银企对接活动，鼓励金融机构依托大数据创新开发金融产品，推动银行保险机构数字化转型

（三）政策解读

数字经济的快速发展离不开数字金融的支持和推动，近年来数字经济是国家政策重点支持的方向。2017 年，发展数字经济被首次写入政府工作报告中，2021 年，中共中央与国务院发布的“十四五”发展规划中，再次提出了要加快数字化发展，建设数字中国；2021 年底，国务院又发布了关于《“十四五”数字经济发展规划》，明确了数字金融促进数字经济发展的重要性及发展方向。基于“十四五”发展规划，政府各部门颁布了各种促进数字化发展的政策，对金融数字化转型做出了明确要求。国家政策在 2022 年开始重点关注数字金融发展，2022 年是数字金融蓄势深化发展的一年，2021 年底和 2022 年初就推出了《金融科技发展规划（2022—2025 年）》与《关于银行业保险业数字化转型的指导意见》，这两个政策无疑都表明了政府大力支持数字金融发展迈向新阶段的决心，并为数字金融发展提供了纲领性的文件，明确要求深化金融科技的应用，推进金融数字化高质量转型。

自 2019 年起，河南每年都会发布《河南省数字经济发展工作方案》，但总体来说针对数字金融的政策举措规定较少，并未从整体上明确河南数字金融的框架与未来发展方向。在 2021 年底发布的《河南省“十四五”数字经济和信息化发展规划》中，提出了重点推进智慧金融等具有河南特色的服务业数字化水平的提升，从加快推广金融数据服务、发展供应链金融、推广“信易贷”模式、完善现有科技金融服务平台、开展智慧金融建设试点与争取开展数字人民币试点六个方面具体明确了河南数字金融未来发展方向，同时该政策也提出要加强政府、银行、企业三方合作，建立数字经济项目常态化推介机制，鼓励金融机构加大对数字产业创新发展的支持力度，并拓宽数字型企业的融资渠道，推动符合条件的企业在境内外资本市场上市融资。

六、供应链金融

在国外，供应链金融最早可追溯到 19 世纪中期的存货质押贷款业务，随着现代信息技术与物流等的发展，逐步形成了现代供应链金融，其产品较为丰富，拥有较为成熟的业务管理模式，其在 2008 年的全球金融危机中发挥了重要作用，解决了许多企业面临的资金链断裂问题，推动了供应链金融进一步发展。国内最早提出“供应链金融”这一概念的是深圳发展银行（现在的平安银行)，其在 1999 年开展了存货与动产融资业务，经历了多年的发展，在 2006 年正式启动了供应链金融业务。深圳发展银行、中欧国际工商学院“供应链金融”课题组和深圳发展银行（2009）结合供应链金融业务的实践经验，将供应链金融定义为一种商业融资模式，是依托于产业供应链上核心企业，对供应链上下游配套企业提供全面的金融服务，实现“产—供—销”全链条资金流的稳固和流畅，构筑金融机构、企业和供应链互利共存、良性互动、持续发展的产业生态。同时，将其概括为“M+1+N”模式，即依托 1 家核心企业，为其 M 家供应商和 N 家分销商或客户提供金融服务。胡跃飞、黄少卿（2009）认为供应链金融是一种以供应链核心企业为主体，以整个供应链信息流和资金流为纽带的综合性金融服务模式。该模式通过优化供应链各环节的资金流转和信息传递，实现了风险的共担、流动性的提高、成本的降低等多方面的好处，为供应链上下游企业提供了全方位的金融支持。

综上所述，供应链金融的实质是通过金融手段和信息技术手段，帮助供应链上下游企业之间有效地共享信息、降低交易成本、提高资金效率，进而推动整个供应链的优化和协同发展。它强调了整个供应链的联动和协作，通过合理分配风险和资源，促使各参与方形成利益共同体，进而实现供应链的高效运转和价值最大化。

（一）国家供应链金融的相关政策与举措

国家供应链金融的相关政策与举措见表 6-11。

表 6-11　国家供应链金融的相关政策与举措

相关政策	供应链金融相关举措
2018 年 4 月 10 日，商务部等 8 部门《关于开展供应链创新与应用试点的通知》	①推动核心企业与商业银行和其他相关企业合作，创新供应链金融服务模式，并利用金融基础设施如上海票据交易所、中征应收账款融资服务平台和动产融资统一登记公示系统等来发挥作用。在有效防范风险的前提下，积极稳妥地开展供应链金融业务。为资金进入实体经济提供安全通道，为符合条件的中小微企业提供成本相对较低、高效快捷的金融服务。②推动政府、银行与核心企业加强系统互联互通和数据共享，加强供应链金融监管，打击融资性贸易、恶意重复抵质押、恶意转让质物等违法行为，建立失信企业惩戒机制，推动供应链金融市场规范运行，确保资金流向实体经济
2019 年 7 月 9 日，银保监会《关于推动供应链金融服务实体经济的指导意见》	①规范创新供应链金融业务模式，依托核心企业，提供全产业链金融服务；②完善供应链金融业务管理体系，加强业务集中管理，合理配置供应链融资额度，实施差别化信贷管理，完善激励约束机制，推动银保合作；③加强对供应链金融风险的管控，包括加强总体风险管理、核心企业风险管理、真实性审查、合规管理和信息科技系统建设等方面的工作，以有效防范和化解各种潜在的风险；④优化供应链金融发展的外部环境，加强产品推介，促进行业交流，提高监管有效性
2020 年 9 月 18 日，中国人民银行等 8 部门《关于规范发展供应链金融　支持供应链产业链稳定循环和优化升级的意见》	①准确把握供应链金融的内涵和发展方向；②稳步推动供应链金融的规范化、发展和创新，以提高产业链的整体金融服务水平，具体措施包括提升供应链融资和结算的线上化和数字化水平，加大对核心企业的支持力度，提高应收账款的标准化和透明度，提高中小微企业应收账款融资效率，支持打通和修复全球产业链，并规范发展存货、仓单和订单融资，同时增强对供应链金融的风险保障支持；③加强建设支持供应链金融的基础设施，包括完善供应链票据平台的功能和推动动产和权利的担保登记和公示，提高供应链金融的效率和透明度，降低金融风险；④完善支持供应链金融的政策体系，包括优化监管和审查规则，建立信用约束机制，增强金融机构对供应链企业的融资支持，同时保证风险可控和合规经营；⑤防范供应链金融风险，包括加强对核心企业信用风险的防控，防范供应链金融业务操作风险，严格防控虚假交易和重复融资风险，防范金融科技应用风险等；⑥加强对供应链金融业务的监管，以确保支付和账款流程的合法性和透明度，维护整个产业生态的良性发展

续表

相关政策	供应链金融相关举措
2021 年 11 月 6 日，国务院《关于印发提升中小企业竞争力若干措施的通知》	①规范供应链存货、仓单和订单融资的发展，借助中国人民银行征信中心动产融资统一登记公示系统的作用，提升企业通过动产担保融资的便利性；②鼓励保险机构发展供应链保险业务；③提高供应链金融数字化水平，引导金融机构开展标准化票据融资业务
2022 年 1 月 13 日，国家发展改革委《“十四五”现代流通体系建设规划》的通知	①制定统一的供应链金融数据采集、使用标准和流程，确保数据流转的安全合规，并加速人工智能、大数据、物联网等技术在供应链金融中的应用，为其提供技术支持；②加强供应链票据平台系统的功能建设，推广应收账款融资服务平台，并加快与政府采购系统等的对接；③加快全国范围内动产和权利担保的统一登记实施，推进数字化和标准化建设，并强化与中征应收账款融资服务平台的联动，以提高登记公示的办理效率；④优化供应链金融的监管机制，探索对不同类型的供应链金融实施差异化的监管方式；⑤研究制定供应链金融行业规范，推动相关技术标准建设以及统一统计口径，以促进供应链金融行业的健康发展；⑥应用科技手段，建立完善的数字化风险控制体系，加强交易真实性审核和全流程监控，以增强供应链金融的风险管理能力；⑦推动应收账款和存货等动产资源权属“应确尽确”；⑧鼓励金融机构、核心企业、第三方机构加强信息协同和共享合作；⑨鼓励核心企业通过使用中征应收账款融资服务平台来确权，同时支持金融机构与该平台进行对接，以提高应收账款融资的效率和规范程度；⑩鼓励中小企业通过标准化票据融资来引入债券市场的资金，同时也支持核心企业发行债券进行融资；⑪支持核心企业签发供应链票据，并鼓励金融机构提供更加便利的供应链票据贴现融资服务；⑫建立核心企业票据融资信息共享制度，加强对应收账款的尽职调查、信息披露和风险防范措施，并规范发展应收账款资产证券化和资产管理产品
2022 年 1 月 24 日，国家发展改革委、商务部《关于深圳建设中国特色社会主义先行示范区放宽市场准入若干特别措施的意见》	①鼓励金融机构基于真实交易背景和风险可控前提，按照市场化法治化原则，依托农产品供应链产业链核心企业，开展存货、仓单、订单质押融资等供应链金融业务；②注重发挥核心企业存货监管能力、底层货物分销处置能力，汇集验收交割、在库监控等交易信息，打造动产智能监管大数据平台；③鼓励以“银企信息系统直联+物联网+区块链技术”创新方式，打通银行、核心企业、仓储监管企业等系统间信息接口，引入企业征信、信用评级等各类市场化机构，动态更新业务数据并形成电子化标准仓单和风险评估报告；④鼓励以区块链和物联网设备为基础，形成存货质押监管技术统一标准，利用新一代信息技术，确保货物权属转移记录等信息的有效性；⑤稳妥规范开展供应链金融资产证券化

续表

相关政策	供应链金融相关举措
2022 年 1 月 23 日，中国人民银行、市场监管总局、银保监会、证监会《金融标准化“十四五”发展规划》	①加强产业链供应链金融标准保障；②推动供应链交易数据与金融机构共享的流程、接口、使用、安全等数字信息管理技术标准建设；③加强统一的动产和权利担保登记公示系统的数字化和要素标准建设，支持金融机构通过接口方式批量办理查询和登记业务，提高登记公示办理效率；④制定银行间电子认证互通互认等标准，助推提升供应链融资结算线上化和数字化水平
2022 年 9 月 20 日，银保监会、中国人民银行《关于推动动产和权利融资业务健康发展的指导意见》	①银行应该以核心企业为主导，在供应链各环节进行订单形成、库存调度、流转分销和信息传递，发展基于供应链的应收账款融资和存货担保融资业务，并积极开发数字供应链金融产品，全方位支持供应链金融服务。②对于上游企业供应链融资业务，核心企业应付款至专户；对于下游企业，应推动核心企业协助增信和提供相关信息。③鼓励和支持全国性银行采用类似“一点对全国”等方式通过其在核心企业所在地的分支机构来管理与提供供应链融资业务，以确保符合法律法规要求并提高融资效率，扩大供应链融资的覆盖面和可及性。④以线上方式作为主要手段，来开展贷款申请人的“三查”（信用、借款人和担保物核查）工作，提高贷款审批的效率和准确性，并简化传统的面对面核查流程，确保线上核查工作的可靠性和安全性，从而更好地服务于广大贷款申请人。⑤支持银行利用企业生产交易、仓储物流等核心数据与公共数据交叉验证，拓展供应链信用评价的范围，实现对动产和权利融资各环节信息的动态掌握。⑥有条件的银行可以利用真实的交易数据和大数据信息建模，通过在线审批来对供应链上的中小微企业进行贷款审批，提高审批效率和准确性，降低贷款风险

近年来，国家不断加大对供应链金融的扶持力度，出台了一系列政策，推动了供应链金融的进一步发展，上述供应链金融政策主要体现在以下几个方面：其一，建立完善的供应链金融运行机制，包括加强供应链金融基础设施建设和金融监管机制，以此来提高供应链金融的效率、稳定性和安全性。鼓励金融机构、核心企业和第三方机构加强信息协同与共享工作。其二，鼓励金融机构深入挖掘供应链金融市场，丰富供应链金融产品和业务模式，规范发展供应链存货、仓单和订单融资等业务，同时优化结算业务等。其三，明确加强供应链金融风险管控，建立健全供应链金融风险评估体系，加强总体风险管控、核心企业风险管理、真实性审查、合规管理及信息科技系统建设，不断加强供应链金融相关数据收集与分析。其四，鼓励推进供应链数字化，支持各金融机构探索以数据为核心的供应链

融资模式，完善数字化风控体系，提高供应链的信息透明度与风险防范能力。其五，加大供应链金融对中小企业的支持力度，为符合条件的中小微企业提供低成本、高效率的金融服务，促进普惠金融发展。

（二）河南省供应链金融的相关政策与举措

2022 年 2 月 23 日，河南省人民政府发布了《河南省“十四五”现代供应链发展规划》，明确打造高效协同、安全可控的现代供应链体系的方向，对发展供应链金融提出了具体的要求。政策显示，供应链金融发展成效明显，供应链网络得到不断优化。截至 2021 年末，供应链金融实现企业融资超过 700 亿元，其中中小微企业占比超过 90%。发展规划从四个方面明确了发展供应链金融的方向。其一，发挥供应链核心企业关键作用，包括建立全省供应链核心企业名单，加强金融机构与核心企业合作，创新应收账款融资、存货融资、预付款融资等现代供应链金融服务，推动供应链核心企业设立供应链金融服务公司，构建大中小微企业共生共赢的产业生态。引导核心企业与中征应收账款、“信豫链”等融资服务平台对接，促进服务便利化。其二，做强做优供应链金融服务机构，包括推动金融机构设立供应链金融专营机构、特色分支机构、事业部等，引导证券公司规范推进供应链相关融资服务，鼓励保险机构发展各类信用保证保险，支持政府引导基金、国有企业、社会资本发起设立供应链金融产业基金，鼓励各级政府出台相关政策措施，引导金融机构提供适合供应链企业特点的产品和服务。其三，提升供应链金融运行效率。建立各级信用信息共享平台、政务信息平台的互联互通。依托金融资产交易中心搭建全省统一的供应链票据平台，主动接入上海票据交易所。推进区块链融资平台试点建设，推广“资本项目收入支付便利化”等新业务场景。其四，优化供应链金融发展环境。依托“信豫链”搭建省供应链金融公共服务平台，完善供应链金融结算、监管服务体系。鼓励金融机构深入开展信息挖掘、信用评估、交易执行、风险预警等业务。鼓励地方建设供应链金融示范区，加强对供应链金融的风险监控，通过建立全面的风险防控体系，将债项评级和主体评级相结合，促使金融机构和供应链核心企业共同管理风险。

七、融资租赁

融资租赁是指出租人以资金帮助承租人购买所需的设备或资产，同时将该设备或资产出租给承租人并收取租金。这种租赁方式通常适用于高价值、长寿命和易于保护的资产，如飞机、船只、工业设备和房地产等。融资租赁最早起源于20世纪50年代的美国，随着商业和科技的发展，这种租赁方式在全球范围内得到了广泛应用。相比传统的银行贷款，融资租赁具有更加灵活的还款方式和更低的首付要求，对企业的资本成本也更为友好。同时，对于设备制造商和经销商来说，融资租赁可以提高其销售额和市场份额。然而，融资租赁也存在一些缺点和风险，例如租赁费用可能较高，承租人需要承担额外的维护和修理费用，以及在经济不景气时承租人难以完成租金支付等问题。1988年，国际统一私法协会在《国际融资租赁公约》中对融资租赁的定义进行了规定，提出融资租赁交易是指出租人根据承租人的规格要求及其所同意的条件同供货人缔结一项供货协议，据此，出租人获得工厂、资本货物或其他设备，并同承租人缔结一项租赁协议，授予承租人使用该设备的权利，以补偿其所付的租金。《中华人民共和国民法典》则规定金融租赁合同是出租人根据承租人对出卖人、租赁物的选择，向出卖人购买租赁物，提供给承租人使用，承租人支付租金的合同。国际会计准则委员会在1982年颁布的《国际会计准则第17号——租赁会计》中将融资租赁定义为出租人在实质上将属于资产所有权上的一切风险和报酬转移给承租人的一种租赁。我国融资租赁起步于20世纪80年代末90年代初，随着国家对外开放和产业的快速发展，融资租赁得到了迅猛发展。2007年后，我国政府开始加大对融资租赁市场的扶持力度，推出了一系列相关政策和法规，以促进融资租赁行业的健康发展。截至目前，我国融资租赁行业已经成为世界上最大的市场之一，拥有众多龙头企业和知名品牌，广泛应用于各个领域，如航空、铁路、海运、汽车、能源等。同时，我国的融资租赁模式也在不断创新和演变，例如结合互联网金融、绿色金融等新兴领域，为实体经济提供更加优质、高效的融资服务。

（一）国家融资租赁的相关政策与举措

国家融资租赁的相关政策与举措见表6-12。

表 6-12　国家融资租赁的相关政策与举措

相关政策	融资租赁相关举措
2020 年 3 月 23 日，《中国银保监会非银行金融机构行政许可事项实施办法》	明确了金融租赁公司法人机构设立的条件，包括发起人条件和其他审慎性条件，以及筹建和开业流程
2020 年 5 月 26 日，银保监会《关于印发融资租赁公司监督管理暂行办法的通知》	①从经营规则、监管指标、监督管理、法律责任等方面对从事融资租赁业务的有限责任公司或者股份有限公司（不含金融租赁公司）实施融资租赁业务进行规范；②加强对融资租赁公司的扶持政策，引导它们在促进装备制造业发展、帮助企业进行技术升级改造以及推进设备进出口等方面发挥作用
2020 年 6 月 30 日，银保监会《金融租赁公司监管评级办法（试行）》	对金融租赁公司的监管进行级别与档次的评级，包括 5 个级别 7 个档次，分别是 1 级、2 级（A、B）、3 级（A、B）、4 级和 5 级，级数越大表明评级越差，越需要监管关注
2021 年 5 月 19 日，国务院国资委《关于进一步促进中央企业所属融资租赁公司健康发展和加强风险防范的通知》	①明确融资租赁公司的主要经营业务和特点，充分发挥融资租赁在企业资本结构优化、满足市场需求等方面的作用；②融资租赁公司经营活动符合法律、法规和监管要求，遵守商业道德和社会责任，融资租赁公司还应积极推进行业自律、加强与监管机构的合作和沟通，提高整个行业的发展水平和声誉；③通过整合资源、提高效率和降低成本等手段来优化行业结构，提升行业的竞争力和发展潜力；④加强对融资租赁公司的管理和监管；⑤持续加强对融资租赁公司的风险控制和预防措施；⑥加大对融资租赁公司风险处理的力度，采取更有力的措施来应对可能出现的风险情况；⑦建立和完善对融资租赁公司进行问责的机制，以确保其合规经营和有效运作，并能够承担相应责任
2021 年 8 月 2 日，国务院《关于推进自由贸易试验区贸易投资便利化改革创新若干措施的通知》	明确开展融资租赁公司外债便利化试点，在全口径跨境融资宏观审慎框架下，允许注册在自贸试验区符合条件的融资租赁公司与其下设的特殊目的公司（Special Purpose Vehicle，SPV）共享外债额度
2021 年 12 月 30 日，银保监会《金融租赁公司项目公司管理办法》	①明确通过项目公司开展融资租赁交易的租赁物范围；②明确项目公司设立地点、设立资格条件、设立原则及业务范围；③要求金融租赁公司、专业子公司建立健全管理制度及机制，实施全面风险管理；④明确项目公司对应关系、股权转受让、清算关闭、境外管理型项目公司职能、层级等具体要求；⑤明确银行保险监督管理机构的监管责任
2022 年 2 月 11 日，银保监会《关于加强金融租赁公司融资租赁业务合规监管有关问题的通知》	引导金融租赁公司找准市场定位、实现差异化发展。推动金融租赁公司转型发展，加强构筑物作为租赁物的适格性监管，引导分步压降构筑物租赁业务，开展融资租赁业务合规性专项现场检查，全面落实属地监管职责

（二）河南省融资租赁的相关政策与举措

河南省融资租赁的相关政策与举措见表 6-13。

表 6-13 河南省融资租赁的相关政策与举措

相关政策	融资租赁相关举措
2016 年 10 月 13 日，河南省人民政府办公厅《关于促进融资租赁业发展的实施意见》	①培育融资租赁市场主体；②加快重点领域融资租赁业务发展，积极推动产业转型升级；③大力发展跨境融资租赁；④支持融资租赁企业创新发展；⑤推进融资租赁产业集聚发展；⑥优化发展环境；⑦强化风险防控，完善行业监管机制；⑧提高融资租赁企业风险防控能力
2020 年 3 月 2 日，河南省地方金融监管局、国家税务总局河南省税务局《关于做好融资租赁企业有关工作的通知》	①重点支持符合国家和河南省鼓励的发展方向或政策导向产业，以及推动产业转型升级的融资租赁企业；②鼓励和支持在河南自贸试验区设立融资租赁公司，在符合相关规定前提下，开展飞机、工程机械、大型设备等融资租赁业务
2020 年 11 月 24 日，河南省地方金融监管局《关于融资租赁公司设立分支机构有关工作的通知》	规范融资租赁公司分支机构设立工作，对分支机构的设立条件、需要提交的材料、报送程序进行具体的规定
2023 年 3 月 2 日，河南省人民政府《中国（河南）自由贸易试验区 2.0 版建设实施方案》	①开展融资租赁公司外债便利化试点，通过放宽外债准入限制和优化外债管理政策等措施，为融资租赁公司发展提供更加便利的外部融资渠道；②在自由贸易试验区内注册的符合条件的融资租赁公司以及其下属的 SPV 可以共同使用一定额度的外债来开展业务；③引导融资租赁公司集聚发展

（三）政策解读

中国融资租赁政策由规范、支持、发展到监管不断演变。国家在“十一五”规划中提出规范发展融资租赁公司等非银行金融机构，在“十二五”规划中提出更好地发挥租赁等金融服务的资产配置和融资服务功能，在“十三五”规划中提出大力发展融资租赁业务，又在《金融标准化“十四五”发展规划》中提出强化对于融资租赁等业务的监管标准化。

近年来，首先，国家关于融资租赁的政策主要以规范性的政策为主，包括中国银保监会《非银行金融机构行政许可事项实施办法》《关于印发融资租赁公司监督管理暂行办法的通知》《金融租赁公司监管评级办法（试行）》等，具体内容包括融资租赁公司与金融租赁公司的设立、经营、风险管理、监管及法律责任等方面；其次，政策还包含了对融资租赁的支持，简化自贸区内融资租赁业务的操作流程，提高业务办理效率；最后，金融租赁作为融资租赁的重要组成部分，是政策重点关注的领域。金融租赁公司作为金融机构，存在一定的经营风险，颁布了监管评级办法、项目管理办法及加强业务合规监管的通知，加强对融资租赁公司的风险防控和监管，确保融资租赁公司的经营稳健。

为了发挥融资租赁服务实体经济发展，促进经济稳定增长和转型升级的作用，首先，河南省人民政府在 2016 年发布了《关于促进融资租赁业发展的实施意见》，该意见明确了河南发展融资租赁的总要求与总方向，明确发展融资租赁的重点任务包括培育融资租赁市场主体、加快重点领域融资租赁业务发展、大力发展跨境融资租赁、支持融资租赁企业创新发展与推进融资租赁产业集聚发展，同时提出了要优化发展环境与强化风险防控；其次，河南在 2020 年发布了《关于做好融资租赁企业有关工作的通知》与《关于融资租赁公司设立分支机构有关工作的通知》，对融资租赁公司设立分支机构及企业工作进行明确规定，并依据这两个政策发布了一系列关于融资租赁的办事指南；最后，河南融资租赁政策还包括放宽外债准入限制和优化外债管理政策等措施，为融资租赁公司发展提供更加便利的外部融资渠道，着力推动融资租赁公司的优化整合等。

八、离岸金融

离岸金融是指在一个国家或地区以外的特定法律管辖范围内进行的金融业务活动。其历史可以追溯到 20 世纪 60 年代，当时一些国际商业银行开始在英属开曼群岛等地建立离岸分支机构，主要为跨国公司提供避税、资产保护和投资等服务。在 20 世纪 80 年代和 90 年代，随着全球化和信息技术的发展，离岸金融业务规模不断扩大，并涵盖了更多领域，如基金管理、证券交易、保险业务等。许多国家和地区相继开放了自己的离岸金融市场，如伯利兹、塞舌尔、毛里求斯等。其包含两个方面的特征：一是交易货币的游离性，即交易货币是游离于货币发行国境外的；二是交易主体的游离性，即货币的供求者并非货币发行国的居民。

1981 年，美国设立了 IBF，对非美国居民开展美元存贷业务，美元作为本国货币仍然可以在美国开展离岸交易，打破了离岸金融交易货币的游离性，这就使得传统的离岸金融已经无法涵盖离岸金融的内涵，必须对离岸金融的概念进行重新理解。国际货币基金组织将离岸金融定义为在一个国家之外的特定法域内进行的金融活动，这些法域通常受到较少监管和透明度限制。这些金融活动包括银行业务、证券交易、保险业务和基金管理等。

（一）国家离岸金融的相关政策与举措

国家离岸金融的相关政策与举措见表 6-14。

表 6-14　国家离岸金融的相关政策与举措

相关政策	离岸金融相关举措
1997 年 10 月 23 日，中国人民银行《离岸银行业务管理办法》	①明确离岸银行业务是指银行吸收非居民的资金，服务于非居民的金融活动；②规定离岸银行业务包括外汇存款、外汇贷款、同业外汇拆借、国际结算、发行大额可转让存款证、外汇担保、咨询或见证业务以及国家外汇管理局批准的其他业务，并对其实行分离型管理以及风险单独监测；③设立单独离岸账户（Offshore Account，OSA）
1998 年 5 月 13 日，国家外汇管理局《离岸银行业务管理办法实施细则》	①离岸银行业务的定义和范围；②离岸银行业务的审批程序和条件，并规定了不得从事的业务；③离岸银行账户的开立、使用、销户和变更等管理要求；④离岸银行业务的资本金、准备金和外汇管理要求；⑤离岸银行业务的报告和监督要求；⑥对违反规定的惩罚措施
2009 年 7 月 13 日，国家外汇管理局《关于境外机构境内外汇账户管理有关问题的通知》	①允许境内中资和外资银行为境外机构开立 NRA，对银行和非银行机构进行区别，并按照跨境交易管理境内机构和境内个人与 NRA 之间的外汇收支；②境外机构可以通过 NRA 进行境内外收汇、划转以及向境外支付等操作，并由境内银行直接办理客户指令等；③所有资金收支和账户余额变动均需按国际相关规定执行
2010 年 9 月 2 日，中国人民银行《境外机构人民币银行结算账户管理办法》	①规定境外机构可以申请在银行开立银行结算账户（人民币 NRA），用于依法开展的各项跨境人民币业务；②要求境外机构银行结算账户一般不得用于办理现金业务，账户内资金不得转换为外币使用
2014 年 5 月 21 日，中国人民银行上海总部《中国（上海）自由贸易试验区分账核算业务实施细则（试行）》和《中国（上海）自由贸易试验区分账核算业务风险审慎管理细则（试行）》	①明确 FT 账户为规则统一的本外币账户，区内主体和境外机构可根据需要开立；②明确 FT 账户与境外账户、境内区外的非居民机构账户，以及 FT 账户之间的资金流动按宏观审慎的原则实施管理；③对 FT 账户与境内（含区内）其他银行结算账户之间的资金流动，根据“有限渗透+严格管理”的原则，按跨境业务实施管理；④对同一

续表

相关政策	离岸金融相关举措
2014 年 5 月 21 日，中国人民银行上海总部《中国（上海）自由贸易试验区分账核算业务实施细则（试行）》和《中国（上海）自由贸易试验区分账核算业务风险审慎管理细则（试行）》	非金融机构的 FT 账户与其一般账户之间的资金划转，应按业务实施细则规定的四个渠道办理；⑤细化了 FT 账户资金兑换的具体政策安排，对已实现可兑换（包括经常项目和直接投资相关）的业务，FT 账户内资金可自由兑换；⑥中国外汇交易中心、上海清算所等机构可在获准后，向自贸区内及境外提供各类跨境金融交易及清算结算服务
2019 年 3 月 15 日，国家外汇管理局《跨国公司跨境资金集中运营管理规定》	跨国公司办理跨境资金集中运营业务时，可以选择开设境外成员企业的 NRA 进行资金管理，并允许境内银行在一定额度内自由运用该资金。超过该额度的部分需要使用短期外债余额指标，并且也可以进行一定比例的结售汇
2022 年 12 月 31 日，中国人民银行、国家发展改革委、商务部、国务院国资委、银保监会、国家外汇管理局《关于进一步优化跨境人民币政策　支持稳外贸稳外资的通知》	境外投资者可直接将境内人民币利润再投资，无须开立人民币专用存款账户，方便快捷。个人人民币银行结算账户可以接收港澳同名汇款，境外机构人民币银行结算账户可以接收境外资金。同时，境外机构人民币银行结算账户的收入范围扩大了，可以接收从境外同名账户汇入的人民币资金

（二）政策总结

首先，我国明确关于离岸金融的政策只有 1997 年中国人民银行发布的《离岸银行业务管理办法》与 1998 年国家外汇管理局发布的《离岸银行业务管理办法实施细则》，其余政策并未明确为关于离岸金融的政策，但实质上政策规定的内容属于离岸金融的范畴。其次，政策涵盖范围较分散，不是单个领域的再细化，而是新领域的不断开拓，政策规定各领域内容同时发展，包括了 OSA、NRA、FT 账户三个体系的发展规定。最后，相关政策表明了离岸金融发展要从内外分离型逐步转变成为内外渗透型，政策正在不断放开限制，不断加深对跨境业务管理的有限渗透。

九、私募基金

私募基金作为一种投资工具，通常由一些较小的、熟悉的、专业的投资者通过非公开方式（未向公众募集资金）组成的基金。私募基金起源于 20 世纪 50 年代的美国，最初主要服务于富裕人士和机构投资者。在 2000 年后，随着中国证券市场逐渐开放和资本市场改革的推进，私募基金开始在中国兴起。但是，由于监管政策的不完善和市场乱象，私募基金在中国也曾经历过一些波折。2014 年，证监会颁布的《私募投资基金监督管理暂行办法》中规定私募基金“是指中华人民共和国境内，以非公开方式向投资者募集资金设立的投资基金”，并对私募基金的注册、信息披露、管理等方面做出了规定，私募基金发展进入了更为规范化的阶段。当前，私募基金已经成为全球范围内重要的投资工具之一，其产品类型和策略越来越多样化，主要包括私募证券投资基金、私募股权投资基金、创业投资基金以及其他类别私募投资基金四个类型。

（一）国家私募基金的相关政策与举措

国家私募基金的相关政策与举措见表 6-15。

表 6-15　国家私募基金的相关政策与举措

相关政策	私募基金相关举措
2020 年 12 月 30 日，证监会《关于加强私募投资基金监管的若干规定》	①对私募基金业务名称、业务范围等的规范要求；②对私募基金管理人出资人（股东）的规范要求；③明确私募基金募集过程中的 10 项禁止行为；④明确私募基金管理人及从业人员的 13 项禁止投资活动；⑤明确私募基金投资活动的禁止行为等；⑥细化私募基金提供借款、担保的要求
2021 年 1 月 31 日，中共中央办公厅、国务院办公厅《建设高标准市场体系行动方案》	鼓励银行及其理财子公司与证券基金经营机构、创业投资基金和产业投资基金等合作，研究完善保险机构投资私募理财产品、私募股权基金、创业投资基金、产业投资基金和债转股的相关政策
2021 年 9 月 18 日，银保监会《关于资产支持计划和保险私募基金登记有关事项的通知》	①保险资产管理机构可以发起设立资产支持计划，需要进行初次申报核准，并在后续的产品发行时进行登记；②规定对保险资产管理机构的下属机构发起设立保险私募基金的监管；③保险资产管理机构或其下属机构承担设立产品的合规风控主体责任，在产品设立和登记过程中履行相关职责；④登记机构的主要职责是确保产品的登记材料完备、合规，并符合相关法规和规定，而不是对产品的投资价值和风险做实质性判断；⑤银保监会加强对产品登记工作的业务指导和监督，依法采取相应监管措施，不断完善事中事后监管
2022 年 2 月 18 日，证监会《证券基金经营机构董事、监事、高级管理人员及从业人员监督管理办法》	为了加强行业发展，需要通过优化管理、强化规范以及建立责任制度等措施来确保人员任职符合分类原则，落实“零容忍”要求，压实经营机构主体责任，打造健康发展的行业基础

续表

相关政策	私募基金相关举措
2022 年 6 月 2 日，中国证券投资基金业协会《私募投资基金电子合同业务管理办法（试行）》	①规定了电子合同的定义、适用对象、服务机构的公示和入会，以及私募基金当事人对电子合同业务服务机构的尽职调查；②规定了电子合同服务机构的登记要求和登记材料；③规定了电子合同业务内容和服务协议的必备条款、电子合同业务服务机构应履行的各项义务；④明确协会的自律检查和持续评估
2022 年 6 月 24 日，中国证券投资基金业协会《私募基金管理人登记和私募投资基金备案业务办事指南》	①明确私募基金管理人登记业务办理；②明确私募基金管理人重大事项变更业务；③明确私募基金管理人申请主动注销登记；④明确私募基金备案业务办理；⑤明确私募基金重大变更业务办理；⑥明确私募基金清算业务办理；⑦明确私募基金反向挂钩政策申请
2023 年 2 月 24 日，中国证券投资基金业协会《私募投资基金登记备案办法》	强调了对私募基金管理人及其关键主体的规范要求，包括登记规范标准、业务规范和自律管理。此外，还提到了加强信息披露和报送等事中事后监管，实施差异化自律管理以及治理“伪、劣、乱”私募等措施，旨在遏制行业乱象，净化行业生态，提升行业获得感

（二）河南省私募基金的相关政策与举措

河南省私募基金的相关政策与举措见表 6-16。

表 6-16　河南省私募基金的相关政策与举措

相关政策	私募基金相关举措
2018 年 8 月 7 日，河南省发展改革委等 3 部门《关于促进郑州龙子湖智慧岛私募基金集聚发展的通知》	①规划建设私募基金集聚区；②积极引进优质私募基金管理人；③引导支持私募基金健康发展；④发展私募基金关联产业；⑤培育吸引私募基金人才；⑥加强私募基金协同监管
2021 年 10 月 27 日，郑东新区管委会《关于印发郑东新区促进私募基金发展扶持办法的通知》	①按照资金实缴规模等级，分别给予 50 万～800 万元不等的落户奖励；②对年度地方经济发展贡献达到 50 万元的私募基金类企业，对地方实际贡献超出 50 万元部分分别给予 70%～85%的奖励；③对年度税前工资薪酬 30 万元及以上的高级管理人员，按照其个人年度地方经济发展贡献，给予前三年 80%、后两年 70%的奖励；④对年度经济发展贡献达到 30 万元的中介服务机构给予 5 万元奖励；⑤对在中原科技城租赁办公用房的私募基金类企业，根据其管理的私募基金实缴规模，分别给予 50%～100%的资金补贴；⑥对私募基金类企业给予政府引导基金配套出资、一站式入驻服务等多方面支持

续表

相关政策	私募基金相关举措
2021 年 12 月 30 日，河南省人民政府《河南省促进天使风投创投基金高质量发展实施方案》	①发展天使风投创投主体。鼓励设立政府母基金，支持设立市场化母基金，支持国有企业和产业龙头企业进军创投行业，争取外商投资股权投资试点。②推动创新资本与实体经济融合。实施“基金入豫”专项行动，强化项目投融资对接，打造区域股权市场“基金板”。③打造良好市场环境。建设天使风投创投机构集聚发展平台载体，推动金融机构产品和服务创新，提供优质政府服务，优化股权投资领域信用环境，举办行业培训和创投峰会等活动。④营造良好政策环境。加强法治保障，出台扶持政策，集聚优秀人才，打造特色园区
2022 年 1 月 12 日，河南省人民政府办公厅《河南省建设高标准市场体系实施方案》	①深入实施“引金入豫”工程，支持金融机构、政府引导基金、股权投资基金等参与上市公司并购重组；②支持私募基金在中原龙子湖智慧岛（中原基金岛）集聚发展，加快郑州、洛阳私募基金集聚区建设
2022 年 12 月 30 日，河南省发展改革委、商务厅等七部门《河南省合格境外有限合伙人试点暂行办法》	明确的试点企业包括外商投资股权投资企业和外商投资股权投资管理企业两类，明确了外商投资股权投资类企业的准入条件、投资领域、投资方式等

（三）政策解读

从整体来看，我国近年关于私募基金的政策趋向于严格监管。2021 年，证监会发布了《关于加强私募投资基金监管的若干规定》，这是其自 2014 年发布《私募投资基金监督管理暂行办法》之后，再次明确私募基金行业的监管规范。这一监管规定再次强调了私募基金的监管要点，在总结私募基金行业的监管经验和典型问题的基础之上，进一步细化了相关监管要求，严格控制私募基金的风险。同时，可以看到近年来国家关于私募基金的政策主要在规范与监管方面。政策明确了私募基金业务的登记、备案方法与指南以及电子合同的管理，明确了私募基金管理人的登记要求，同时也明确了保险私募基金登记的相关要求，在此期间还发布了《证券基金经营机构董事、监事、高级管理人员及从业人员监督管理办法》，对证券基金从业人员实行规范监管，相关政策详细规定了加强事中事后监管的要求，严格控制私募基金增量风险，妥善化解存量风险。

河南关于私募基金的政策主要在于促进私募基金的发展方面。2018 年河南省发展改革委等 3 部门发布了《关于促进郑州龙子湖智慧岛私募基金集聚发展的通知》，从七个方面明确促进郑州龙子湖智慧岛私募基金集聚发展的方向。河南省人民政府发布了促进风投创投高质量发展的实施方案以及建设高质量市场体系的实施方案，规定对私募基金的补贴与奖励方式，支持私募基金参与上市公司并购重组，再次明确促进龙子湖智慧岛集聚发展；南阳市和郑东新区相关部门也发布了关于私募基金的支持与奖励政策，以补贴奖励提升私募基金发展的积极性，以政策引领私募基金高质量发展。

十、交叉性金融

交叉性金融（Cross-asset Finance）指的是将不同种类的资产或金融产品组合起来，从而形成一种新的金融工具或策略的领域。这些资产可以是股票、债券、商品、汇率、利率等不同类型的金融产品，通过交叉性金融的组合，可以帮助投资者实现风险分散和收益最大化。常见的交叉性金融产品包括对冲基金、衍生品、结构性金融产品等。交叉性金融的发展和演变可以追溯到 20 世纪 70 年代和 80 年代，投资者开始意识到通过将不同种类的金融工具组合在一起可以实现收益和风险的平衡。在此基础上，出现了一系列新型金融工具和策略，如股票期权、债券期权、期货期权等。其中，最显著的例子是证券化，即将资产转化为可以交易的证券。此外，还有衍生品、资产管理、保险等领域的交叉融合。交叉性金融的发展使金融产品更加多样化和灵活化，同时也带来了风险的增加和监管的挑战。

国内首次出现交叉性金融这一概念是在 2005 年中国人民银行发布的《中国金融稳定报告（2015）》中，其提出交叉性金融是金融创新与金融业发展的必然结果，存在着跨机构、跨市场与跨境风险；霍江川、丁梦依（2014）将交叉性金融定义为跨两个以上金融市场或跨两个以上金融行业的业务；曾刚（2016）则认为，“交叉性”的金融活动近似于广义的综合化（或混业）经营的概念，可分为机构层面的金融交叉与业务产品层面的金融交叉两大类；江西银监局课题组和李虎（2017）认为，交叉性金融业务是在分业监管环境下逐步发展起来的一类具有金融创新性质的业务，主要指两类或两类以上金融机构出于提供相互便利、提高经营收益、提升向其他金融市场渗透能力等目的，通过发挥各自比较优势，组合各自金融产品而形成的具有交叉属性及合作性质的金融业务。在国外，对于交叉性金融并没有形成特定的称谓，仅仅将其看作影子银行信用中介功能的一种表现形式，该业务将金融实体和活动形式进行分解从而实现特定的金融功能。

综上所述，交叉性金融可以定义为跨货币市场、资本市场、外汇市场、保险市场等两个以上金融市场，或者跨银行、证券、保险、信托等两个以上的金融行业，或者跨信贷业务、同业业务、理财业务等两个以上业务产品的金融业务。简单来说，交叉性金融指的是跨市场、跨行业或跨区域的金融业务。

（一）国家交叉性金融的相关政策与举措

国家交叉性金融的相关政策与举措见表 6-17。

表 6-17　国家交叉性金融的相关政策与举措

相关政策	交叉性金融相关举措
2017 年 4 月 7 日，银保监会《关于银行业风险防控工作的指导意见》	①加强银行同业业务的管理，包括整治同业业务、完善内部管理架构等方面，具体措施包括加强交叉性金融业务管控、控制业务增量、实行总部统一管理和集中审批、制定合作机构名单和产品投资目录等。②加强对交叉性金融业务的监管，建立监测台账，防止多层嵌套，根据基础资产性质准确计量风险，足额计提资本和拨备。其中，穿透式管理指的是深入了解底层资产情况进行管理，不进行多层嵌套指的是限制通过复杂结构来掩盖风险等问题；处理已有的风险，针对多层架构、复杂程度高的业务进行整改计划，对于风险较高的同业投资业务，要采取应对策略并制定退出时间表；要严格查处违规行为，特别关注同业业务多层嵌套、针对特定目的的投资未充分了解底层资产、未将最终债务人纳入授信范围和集中度风险管理，以及不足的资本拨备计提等问题
2018 年 1 月 14 日，银监会《关于进一步深化整治银行业市场乱象的通知》	重点整治：违规开展同业业务、违规开展理财业务、违规开展表外业务、违规开展合作业务
2018 年 4 月 9 日，国务院办公厅《关于全面推进金融业综合统计工作的意见》	①建立交叉性金融产品统计，有效统计监测跨行业、跨市场、跨部门金融活动；②制定和落实金融机构资产管理产品统计制度，有效统计资产管理产品规模、关联性、进入实体经济和金融市场的资金结构、杠杆率、收益率和期限结构等重要监测指标，全面有效监测银行业、证券业、保险业金融机构资产管理产品，反映产品之间的关联性、发现金融风险的传染性、实现资金链条的穿透性；③过渡期按照数据报送模板采集数据，建立资产管理产品统计信息系统，最终实现逐个产品常规直报。在资产管理产品统计基础上，制定交叉性金融产品统计制度，扩展交叉性金融产品统计监测，识别风险传染渠道

续表

相关政策	交叉性金融相关举措
2019 年 5 月 8 日，银保监会《关于开展“巩固治乱象成果　促进合规建设”工作的通知》	持续推动对交叉性金融业务的重点整治：①理财业务。发行新产品存在风险隔离不到位、池化运作、相互调节收益、刚性兑付、投向限制性领域、违背投资者适当性原则或违规销售等问题；过渡期内，未制订理财业务整改计划，未严格执行整改计划，老产品投资新资产未能优先满足国家重点领域和重大工程建设续建项目以及小微企业融资需求，老产品发行规模违规突破存量产品的整体规模；结构性存款不真实，通过设置“假结构”变相高息揽储。②同业业务。同业资金经过多层嵌套违规投向限制性领域；同业业务违规接受或提供第三方担保、兜底承诺；同业代持、互持或充当资金通道导致资金空转；通过同业投资或吸收保险资管计划等虚增一般存款；通过同业绕道虚增资产负债规模、隐匿业务风险。③表外与合作业务。表内外风险交叉传染，表内外资金相互承接出现风险的业务；委托贷款资金来源、用途不合规，风险隔离不到位；代销业务违规销售或实质承担信用风险；与非持牌机构业务合作不规范；网络借贷资金存管相关业务不规范；违规为无放贷业务资质的机构提供资金发放贷款
2019 年 12 月 30 日，银保监会《关于推动银行业和保险业高质量发展的指导意见》	①充分运用现代科技丰富监管手段，加强资金流向监测，提升跨行业、跨市场、跨境交叉性金融风险的识别、防控和化解能力；②逐步清理压缩不合规的表外理财非标资产投资、表内特定目的载体投资、同业理财等业务规模，严控银信类通道业务；③按照业务实质实施一致性、穿透式、全覆盖风险管理，严格适用相应的风险分类、资本占用和拨备计提等要求；④保险机构要继续清理多层嵌套投资、关联交易加杠杆等违规行为
2020 年 5 月 18 日，中共中央、国务院《关于新时代加快完善社会主义市场经济体制的意见》	建立现代金融监管体系，全面加强宏观审慎管理，强化综合监管，突出功能监管和行为监管，制定交叉性金融产品监管规则
2020 年 6 月 23 日，银保监会《关于开展银行业保险业市场乱象整治“回头看”工作的通知》	开展交叉性金融业务等领域违法违规问题排查。①对于银行机构：理财业务过渡期整改不到位，未严格执行整改计划，理财老产品、同业理财、保本理财产品规模反弹，存量资产整改进展缓慢；母公司向理财子公司划转理财产品存在产品不合规、程序不规范、利益输送、调节风险指标等问题；理财新产品存在池化运作、投资非标资产出现期限错配、相互调节收益、刚性兑付、投向限制性领域、净值计量不准确、信息披露不到位、违背投资者适当性原则或违规销售等问题；结构性存款不真实，通过设置“假结构”变相高息揽储或进行套利，同业融入和融出资金规模超过监管规定比例；同业业务交易对手选择及授信管理不审慎；同业代持、互持或充当资金通道导致资金空转；同业资金通过多层嵌套等方式违规投向限制性领域；同业业务违规接受或提供第三方担保；委托贷款资金来源、用途不合规；违规销售代销

续表

相关政策	交叉性金融相关举措
2020 年 6 月 24 日，银保监会《关于开展银行业保险业市场乱象整治“回头看”工作的通知》	产品，代销不合规的金融产品，违规开展为本行授信项目提供融资或承接本行表内外资产的“假代销”业务。②对于非银行机构：信托公司非标资金池业务清理进展缓慢；存量非标资金池业务底层资产到期后继续滚动发行；直接或通过分期发行、开放式、多层嵌套等方式变相新增非标资金池业务；通过非标资金池承接不良资产，隐匿风险；对非标资金池业务资金来源、底层资产、实际资金用途和实际风险承担情况未进行有效穿透式管理等；协助银行等其他金融机构规避宏观调控政策和监管规定，隐匿风险、调节数据；合作机构准入管理不健全，合作相关方权责界定不清晰；为不具有金融业务许可资质的第三方机构变相开展金融业务提供通道服务；未制订年度去通道、去嵌套整改计划并按期落实；同业通道业务未按穿透原则向上识别最终投资者和资金来源、向下识别底层资产等
2021 年 6 月 7 日，银保监会《关于开展银行业保险业“内控合规管理建设年”活动的通知》	对于影子银行和交叉金融领域的业务问题，需要深入挖掘其内控合规缺陷，明确风险控制点、控制要求和应对措施，以建立有效的风险防范机制。同时，还需要完善激励机制设计，鼓励企业加强内部管理，保障客户权益；加强对内控合规管理建设的指导监督、推动问题整改问责、统筹日常监管工作和加强与纪检监察部门联动等方面，提升企业的内部管理水平和风险防范能力，确保企业健康稳定发展，并维护市场秩序和投资者权益；深入开展内控合规管理建设的教育宣导，强化教育培训，强化行业自律，强化典型示范；扎实抓好内控合规管理建设活动的组织保障，加强组织领导，深化自查自纠，构筑监管合力
2021 年 7 月 5 日，银保监会《关于银行业保险业常态化开展扫黑除恶有关工作的通知》	加强金融市场监管和风险防范。银行保险机构应当将打击涉黑涉恶犯罪活动作为首要任务，并与整治金融乱象和化解重大风险相结合，通过强化内部风险管理、完善制度体系、加强信息共享等措施，持续整治市场乱象，构建健康、稳定、可持续的金融市场环境。要在前 4 年整治市场乱象工作的基础上，继续对宏观政策执行、影子银行和交叉性金融业务风险、创新业务等重点风险领域开展深入整治，严查风险隐患及违法违规行为

（二）政策解读

基于交叉性金融业务具有跨行业、跨市场、跨领域的特征，其风险更为隐蔽复杂，国家关于交叉性金融的政策主要在于监管方面。自 2017 年开始，中共中央、国务院以及银保监会开始大力整治银行业保险业乱象，不断加强风险防控，重点监管交叉性金融业务等领域。政策从银行业和非银行业两个角度切入，主要对交叉性金融中的理财业务、同业业务以及表外与合作业务进行重点关注，严格防控交叉性金融业务风险。

第三节　河南自贸区新型金融业态行业实践与案例

河南自贸区金融创新虽然取得了长足的进步，但结合 RCEP 新金融服务规则和前文的实证分析，河南自贸区金融创新力度和效果距离对标的国际高标准经贸规则还有一定的差距，本着可复制可推广的原则，深入解读行业创新实践和业内典型案例，结合河南自贸区经济基础和产业发展趋势，以及河南自贸区的功能定位，就可以得出河南自贸区新型金融业态发展的思路和方向，创新河南自贸区金融业态并拓展其服务功能。

一、科技金融创新案例分析

（一）现阶段金融机构科技金融产品及服务

现阶段金融机构科技金融产品及服务见表 6-18。

表 6-18　现阶段金融机构科技金融产品及服务

金融机构	科技金融产品及服务
中国工商银行	①推出“创新积分贷”专属信贷产品；②提供配套大额存单、资金池、代理国库集中收付（银财通）定制化产品以及存款、理财、结算服务；③通过“以贷引投”和“以投引贷”等方式，提供“债权+股权”的一体化融资方案；④设计相关知识产权质押融资产品，盘活科技企业“智力”资产；⑤支持将高新区内优秀科技企业纳入中国工商银行“梧桐计划”，提供培训辅导、资本市场对接和产业资源引入等增值服务
中国银行	①提供科技型中小企业贷款、设立科技创新基金、提供科技保函，对科技企业上市进行辅导，以及支付结算、贸易融资、经营性贷款等综合服务；②依托“企业创新积分制”试点，设计“中银创新积分贷”专属产品；③探索投贷联动新模式，如“贷款+直接投资”“贷款+远期权益”等；④率先推广“银行跟贷支持科技型中小企业的风险缓释资金池”“银行与企业风险共担的仪器设备信用贷”等试点政策；⑤通过配套存款、结算、大额存单、资金池、公募理财、私募理财、公募基金等定制化方案提供综合金融服务
中国建设银行	①科技型中小企业股权融资计划：提供股权投资、债券投资、并购重组等一系列专业化金融服务，帮助科技型中小企业实现股权融资；②科技金融综合服务平台：为科技型企业提供融资咨询、风险管理、法律服务、会计审计、知识产权保护等全方位的一站式金融服务；③科技企业生态链融资：以核心企业（或上下游企业）的信用为基础，向生态链企业提供贷款、保理、融资

续表

金融机构	科技金融产品及服务
中国建设银行	租赁等多样化融资产品；④科技成果质押融资：针对高科技成果及其相关产业化项目，提供专业融资服务，解决科技成果转化中的融资瓶颈；⑤高新技术企业贷款：为高新技术企业提供定向融资支持，包括研发贷款、产业化贷款、项目贷款等
中国农业银行	①创新推出“专精特新小巨人贷”，通过信用方式授信实现信贷支持；②推出有针对性的“保理 e 融”“应收 e 贷”等链捷贷产品；③为“专精特新”中小企业定制专属融资租赁方案
中信银行	①设计出“投贷联动积分卡”科创金融拳头产品；②郑州分行通过构建科创智能风控体系，创新推出全线上、纯信用“科创 e 贷”普惠信贷产品
郑州银行	①设立政策性科创金融事业部，建立“三专五单独”运营机制，推出“科技人才贷”“认股权贷款”“上市贷”等专属信贷产品；②联合河南省科技厅推出“科技贷”产品，与郑州市科技局联合推出“郑科贷”产品

（二）科技金融案例：“科技贷”

1. “科技贷” 业务

近年来，河南积极响应国家科技创新的号召，针对科技型中小企业陆续推出各种扶持政策，科技型企业数量高速增长，特别是针对高新技术企业集聚的自贸区，各商业银行推出了一系列科技金融产品，针对科技型中小企业轻资产、抵押难等问题，河南省科技厅联合河南省财政厅推出了“科技贷”业务，经过近年的不断发展，“科技贷”业务模式已经相对成熟。

“科技贷”主要是指合作银行为解决河南省内高新技术和科技型中小企业短期流动资金需求提供的短期贷款业务。它是银行服务科技企业的一次创新服务突破，其创新点在于建立了新型的银政企合作共担机制，设立了科技信贷准备金，为科技贷款的损失进行补偿。深化了与商业银行的合作，商业银行负责贷前审查、贷后管理、风险化解和贷款追偿等各个环节的服务，并按照市场化的原则，引进了第三方专业机构的服务。

“科技贷”的管理服务主要包含三大主体：河南省科研生产试验基地管理服务中心、合作银行、专业机构和科技型企业。河南省科研生产试验基地管理服务中心是受托管理机构，河南省科技厅与河南省财政厅会根据实际情况对其展开检查与绩效评价等工作，其主要职责是与合作银行、专业机构签署业务合作协议并对其进行绩效评价，对“科技贷”业务进行申请受理、备案、交流培训、政策宣传和统计分析，受理合作银行损失补偿申请、组织专家评审、坏账核销等，负责科技信贷准备金的监督管理、动态分配调整以及开展科技金融在线服务平台日常运维工作。合作银行主要负责“科技贷”业务的尽职调查、授信审批、贷款发放、贷后管理、风险化解以及逾期贷款的催收和追偿等工作，其必须按照政府的规定给予“科技贷”业务专项信贷规模，建立绿色审批通道，提高业务效率。专业机构的主要职责在于发挥科技金融专业技能，运用市场化方式推动“科技贷”业务发展，把控业务的整体风险。

“科技贷”业务的发放流程如下：河南境内的国家高新技术企业、科技型中小企业等科技企业在河南省科技金融在线服务平台申请“科技贷”业务，由合作银行与专业机构按照程序和相关要求对提出申请的科技企业开展尽职调查和审核工作，并对通过审核的业务向河南省科研生产试验基地管理服务中心进行备案，经过形式审查后确认纳入“科技贷”业务管理，合作银行即向科技企业发放贷款。

“科技贷”业务的风险管理主要有三个方面的特点：首先，在“科技贷”的运行机制中形成了三方主体相互监督制约的局面，对业务操作全流程备案以确保操作有迹可循，保证贷款风险可控；其次，在贷款条款细则中明确规定了企业资产质押比例、贷款补偿金额上限以及年贷款损失率等，减少潜在风险，避免发生逆向选择等问题；最后，该业务开展的每一个环节都有明确的监管要求，政府会定期对受托机构开展检查与评价，专业机构要定期开展对企业的实地调查监控，针对不同企业事件制定企业风险预警信号，保证“科技贷”业务不断顺利开展。

河南省财政厅成立科技信贷准备金，该准备金一方面可以作为合作银行向科技企业放款的资金来源，另一方面能够对损失进行补偿，提高银行参与“科技贷”业务的积极性。在损失发生之后，对合作银行“科技贷”业务的实际损失进行不超过 60%的补偿（按照企业规模 2000 万元以下、2000 万~5000 万元、5000 万~1 亿元、1 亿元以上，分别给予 60%、50%、40%、30%的补偿），单笔不超过 500 万元，河南省财政厅按照每年“科技贷”余额 10%~15%对科技信贷准备金的规模进行动态调整。为了解决科技型中小企业轻资产和抵押难题，河南省人民政府特别鼓励银行开展无抵押、无担保的纯信用贷款，对这种情况下产生的损失按最高 60%的比例进行补偿。

2. 存在的问题

截至 2022 年 9 月，河南省“科技贷”业务已经累计实现放款 110. 16 亿元，支持高新技术企业和科技型中小企业 2019 家，该业务已经成为河南支持科技企业的标志性科技金融产品，但该业务仍然存在着许多问题。

首先，“科技贷”业务主要是短期贷款业务，不能满足科技型中小企业的资金需求。“科技贷”业务主要是为了满足高新技术企业与科技型中小企业对短期流动性资金需求而设立的，其最高期限为 12 个月，虽然企业可以根据自己的资金需求进行续贷，但续贷期仍为一年，并且不同的合作银行对续贷条件的要求也不尽相同。众所周知，科技型中小企业现金流特征与传统企业和成熟企业不尽相同，前期研发大量的资金投入是不可避免的，如果以短期经营性贷款投入科技研发过程中，不仅会造成资金期限错配，财务风险大大增加，而且银行在一年期进行抽贷，还会对企业造成巨大的还款压力，导致企业科研项目无法正常进行，从而影响相关企业的正常生产经营。

其次，“科技贷”运行机制引入专业机构这一主体，增加了科技型中小企业的贷款成本。因为科技型中小企业具有轻资产、高投入、投资回报周期较长等特征，引入专业机构能够在一定程度上解决信息不对称问题，促进企业获得银行融资贷款，但是，获得贷款的企业需要在支付银行贷款利率的同时额外支付给专业机构 1%的咨询费用，使得“科技贷”融资成本提高，抑制了企业利用“科技贷”的积极性。

最后，“科技贷”的风险补偿机制限制了该业务的整体规模。科技型中小企业普遍具有轻资产、高研发投入、高风险、长投资回报期等特点，银行并不倾向于投资该类型的企业。当前“科技贷”业务量较多、增长较快的很大一部分原因在于政府对于风险的补偿。河南省财政厅为“科技贷”拨款建立了科技信贷准备金，当损失发生之后，政府将依照企业营业收入的情况对商业银行的损失进行差别化的补偿，那么随着业务量的增加，风险补偿准备金将无法覆盖所有贷款，可能出现风险缺口，这将直接影响“科技贷”业务的可持续性，拓展“科技贷”风险补偿准备金来源是下一阶段必须考虑的问题。

二、文化金融创新案例分析

（一）现阶段商业银行文化金融产品及服务

现阶段商业银行文化金融产品及服务见表 6-19。

表 6-19　现阶段商业银行文化金融产品及服务

金融机构	文化金融产品及服务
中国建设银行	推出“线上平台云贷”“速贷通”“创业贷”“税易贷”
中国工商银行	推出“经营快贷（法人）”、“文化 e 税贷”、“文创 e 享通”、“文创 e 抵通”项目贷款、项目搭桥贷款、流动资金贷款、并购贷款等信贷产品
交通银行	推出小企业智权融资业务“智融通”、“创业快贷”、小微“广告贷”、线上抵押贷（“普惠 e 贷”个人版）、“普惠 e 贷”（企业版）、线上税融通（“普惠 e 贷”企业信用版）
中国民生银行	发行“信托/理财/基金”等准投行产品、“短期授信+商贷通”、“订单融资+理财+中小企业结合债”
广发银行	文创税银通、“抵押 E 贷”、“担保 E 贷”、创业担保贷
华夏银行	“文创银税通”“文创银保通”“文创保速通”“文创暖心续贷”“文创增信贷”
杭州银行	推出“新三板诚信贷”“企业股权质押融资”“风险池贷款”“银投联贷”“基金宝贷款”
北京银行	推出“投贷通”“文创普惠贷”“创意设计贷”“文园贷”“银税贷”

（二）文化金融案例：河南自贸区开封片区艺术银行金融服务中心

1. 设立河南自贸区开封片区艺术银行金融服务中心

2020 年 12 月，河南自贸区开封片区成功申建综合保税区，2021 年 8 月，开封片区成功入选第二批国家文化出口基地，开封片区作为全国 67 个自贸区片区中唯一以发展文化产业为主的片区，正不断推动特色产业对外开放与创新发展，取得了一系列的创新突破。

开封经开数字文化投资有限公司成立于 2019 年，位于开封片区商务核心区域，是一家依托河南自贸区开封片区建立的一家国有独资公司，主要业务包括文化旅游、艺术品交易、文化艺术金融、跨境电商、国际贸易等。该公司致力于利用大数据推动开封数字文化产业的国际化发展，在开封片区、郑州海关的支持下，于 2020 年 7 月建立了河南自贸区国际艺术品保税仓，这是中原地区第一座国际艺术品保税仓，也是全国第一座集艺术品仓储、保税展示、拍卖交易、金融等多重功能于一体的艺术品保税仓，也是全国第二家设在海关特殊监管区域外的艺术品保税仓。

依据开封片区“文化金融、艺术品交易，打造文创产业对外开放先行区”的功能定位，河南自贸区国际艺术品保税仓不断探索艺术金融的新模式，致力于创新文化金融产品及服务，开封经开数字文化投资有限公司以艺术品资产化为基础，以打造具有强大资源配置能力的艺术资产交易金融体系为目标，设立了河南自贸区艺术银行金融服务中心。该中心围绕开封片区数字文化产业国际化发展的定位，积极与各金融机构开展业务合作，搭建了艺术品与金融市场的桥梁，充分利用自贸区内的政策红利与保税仓平台优势，构建艺术金融生态体系闭环，打造中国艺术金融中心、国际艺术金融高地。

艺术银行金融服务中心自设立后不断创新，积极与多家金融机构进行业务合作，极大地促进了文化与金融的融合发展。首先，其与全国首家文化艺术银行——中原银行开封自贸区文化艺术支行合作，推出了文化艺术品消费贷专属产品“原艺贷”以及线上信用类贷款产品“艺分期”，充分利用银行对文化艺术行业的支持，进一步助力文化艺术品消费；其次，艺术银行金融服务中心为交易者提供有关艺术品金融市场的各种咨询服务，并联合鉴定机构、收藏机构、拍卖行等专业机构为交易者提供艺术品投资指南，并为交易者提供专业的投融资服务，助力文化产业发展；最后，艺术银行金融服务中心还为金融机构提供专业的艺术品价值咨询服务，破除文化艺术品信息壁垒，提高金融机构参与文化金融的积极性。

2. 分析总结

艺术银行金融服务中心的设立是集政策、保税、服务三大优势于一体促进文化艺术品金融发展的创新。该中心不仅能够享受自贸区优惠政策的红利，还能够享受保税仓的平台保税服务，而其自身又能够兼顾金融机构与文化艺术品交易者，提供符合各方需求的专业服务。其创新主要体现在以下三个方面：

首先，艺术银行金融服务中心能够把握市场动向，推出符合实际需求的金融产品及服务。其与多家银行签订战略合作协议，不断与各金融机构开展合作，创新推出了河南中小微文化企业线下贷款产品及文化艺术品消费贷专属产品等，不仅切实支持了各类文化企业的发展，还为艺术银行金融服务中心系统化、规模化的金融产品提供了机构保障。

其次，艺术银行金融服务中心从供需两端入手，打通了文化艺术品金融的产业链条。该中心不仅负责对接金融机构，为金融机构寻找需求艺术品金融服务及产品的相关群体，还负责对接艺术品购买群体，掌握其融资需求并帮助其降低融资成本，为双方建立起联系桥梁，将整个文化艺术品金融产业链条打通，以金融促进艺术品与资金的高效流转。

最后，艺术银行金融服务中心能够提供专业的咨询服务与投融资服务，破除金融机构与艺术品交易者信息壁垒问题。它是一个综合服务中心，既包含艺术服务，又包含金融服务，不仅能够为金融机构提供专业的艺术品价值咨询服务，还能够为艺术品购买者提供关于艺术品金融市场的咨询服务，极大程度地解决了金融机构与艺术品购买者双方信息不对称的问题，进一步促进了文化与金融融合发展。

三、绿色金融相关案例

（一）现阶段金融机构绿色金融产品及服务

现阶段金融机构绿色金融产品及服务见表 6-20。

表 6-20　现阶段金融机构绿色金融产品及服务

金融机构	绿色金融产品及服务
国家开发银行	发挥政银合作优势，推进绿色信贷、绿色债券、绿色投资、绿色表外融资等产品和服务
中国工商银行	项目营运期贷款、营运资金贷款与特定资产收费权支持贷款等
中国农业银行	上海市分行筹组国内首笔人民币可持续发展挂钩国际银团贷款，推行绿色债务融资工具、生态修复贷款、清洁能源产业贷款、绿色交通贷款、可再生能源补贴确权贷款、绿色节能建筑贷款、合同管理未来收益权质押贷款等产品

续表

金融机构	绿色金融产品及服务
中国银行	绿色债券是中国银行首推的绿色金融产品，旨在为环保项目提供资金支持，并通过对接国家和地方政府的环境政策，加大对环保产业的投资力度；针对环保、清洁能源领域的企业提供专项信贷支持；为企业提供碳排放权的配额认购及碳排放权交易平台服务；提供固定资产、责任保险等绿色保险服务，覆盖节能环保、新能源等领域；通过环境风险评估、环境监测等手段，帮助客户识别、评价和应对环境风险。此外，中国银行还积极参与国家和地方政府的环保、清洁能源及可持续发展项目，并提供相关金融支持和服务
中国建设银行	在境内外同步发行多币种环境社会和公司治理（Environmental，Social and Governance，ESG）主题债券，推行绿色存款、绿色债券、PPP 贷款、可再生能源补贴确权贷款、高标准农田贷款、节能贷、碳中和贷等产品
交通银行	“绿+信贷”、绿色并购、绿色债券、碳资产抵质押融资等
浦发银行	绿色债券、碳中和债、绿色项目营运期贷款、可再生能源补贴确权贷款、绿色并购贷款、绿色资金撮合业务、绿色信用卡等
招商银行	绿色信贷、绿色债券、绿色消费、绿色理财、绿色基金、绿色租赁、绿色承兑、绿色再贴现、绿色信用证、绿色并购融资、绿色市场交易、绿色托管
农村信用合作社	“樱桃红”产品、“林易贷”产品、食用菌产业“双改项目”设备贷、“林木贷”产品、“绿色信贷”产品、绿色种养贷等
郑州银行	流动资金贷款、固定资产贷款、政府采购贷款、法人账户透支、经营性收费受益权融资、碳排放权配额质押贷款、“E 税融”、“科技贷”等
中国太平洋财产保险股份有限公司	新能源汽车商业保险、企财险、环境污染责任保险、农田水利设施财产险、太阳能发电站收入补偿保险、产品质量保证保险等

（二）绿色金融案例：人民币可持续发展挂钩国际银团贷款

1. 人民币可持续发展挂钩国际银团贷款

2022 年 3 月 29 日，中国农业银行上海市分行作为银团独家牵头行、代理行、可持续发展协调行，临港集团全资子公司上海临港海外发展有限公司作为全球协调人，大华银行和华侨永亨银行作为主要参团银行，联合赤道环境评价有限公司作为 ESG 指标第三方独立评估机构，在临港新区筹组了上海首单人民币可持续发展挂钩国际银团贷款，该笔银团贷款总金额 6 亿元，期限为 3 年，主要用于支持临港集团的流动资金需求。

可持续发展挂钩贷款作为一种贷款产品，其利率与借款人的可持续发展表现相关。这些表现可以是与环境、社会和公司治理相关的指标，如减少温室气体排放或提高员工福利。可持续发展挂钩贷款旨在鼓励借款人采取可持续发展举措，并为这些举措提供财务激励。该工具也是当前全球推动绿色低碳领域发展的重要经济手段之一，其中可持续绩效目标包括温室效应气体减排、能源的使用效率情况或 ESG 绩效表现。与传统的绿色、社会或可持续发展债券或贷款相比，可持续发展挂钩贷款不限制资金只能使用于绿色低碳方面，借款人在所筹资金使用方面具有更大的灵活性。它还可以通过设定激进的可持续绩效目标，扩大贷款人可持续贷款组合，促进借款人对提高企业可持续发展的承诺，从而保证双方持续为环境保护与绿色低碳经济转型做出贡献。同时，可持续发展挂钩贷款原则于 2019 年由贷款市场协会、亚太贷款市场协会和贷款银团贸易协会共同发布，并于 2021 年 7 月更新，其详细说明了可持续发展挂钩贷款的五个关键组成部分，包括选择关键绩效指标、可持续发展绩效目标的校验、贷款特点、信息披露与审查，为可持续发展挂钩贷款提供了一个自愿的、高层次的原则框架。

人民币可持续发展挂钩国际银团贷款的创新主要体现在以下四个方面：第一，该贷款对标了全球三大贷款行业协会联合颁布的可持续发展挂钩贷款原则标准，为临港集团创新设置了绿色建筑、科创企业孵化、清洁能源产业布局等可持续发展绩效目标体系与贷款利率和企业自身可持续发展表现情况动态挂钩的价格调节机制；第二，人民币可持续发展挂钩国际银团贷款丰富了可持续发展挂钩贷款的内涵，补充后的可持续发展挂钩贷款内涵包括气候变化、环境保护、消除贫困、促进性别平等、保护劳工权利等维度，对绿色、社会或可持续发展贷款进行有效补充，在更大范围内支持了企业生产经营的资金周转；第三，其在签约前取得了外部专业评估机构出具的可持续认证，引入专业评估机构，全面地选择了可持续发展绩效目标的维度，实现了 ESG 标准三个指标范畴的全覆盖；第四，创新引导银团结构，设计打造了“离岸+FT+临港新片区分行”的境内外资金联动模式，吸引外资金融机构参团，不断拓宽境内外资金渠道。

2. 分析总结

上海首单人民币可持续发展挂钩国际银团贷款是临港集团探索运用国际前沿的可持续金融工具坚持产金融合发展理念的一次创新实践，是推动临港新片区制度型开放试验田优势与国际绿色金融发展趋势融合的一次全新突破，促进了社会与经济的共同发展。

首先，基于借款人的可持续性绩效的衡量，贷款行会对借款企业实行一定的利率折让或者利率惩罚，鼓励与促进企业发展绿色低碳领域，同时节省企业融资成本，促进企业低成本发展绿色低碳领域，具有很强的经济效益。其次，该可持续发展挂钩贷款对标亚太区贷款市场工会《可持续发展挂钩贷款原则》，创新了可持续发展绩效目标体系。如果临港集团在贷款期内将可持续发展绩效目标全部实现，则预计能在2024年之前，在临港新片区新增绿色建筑不低于200万平方米，新增入园的“专精特新小巨人”数量不低于30家，氢能产业发展新增招商不低于30个。这为其他地区推进金融支持绿色低碳领域发展提供了借鉴，促进各个地区经济与环境保护的可持续发展。最后，其创新打造了“离岸+FT+临港新片区分行”的境内外资金联动模式，打通了自贸区与离岸市场之间的通道，为自贸区内绿色创新企业进入海外市场、满足绿色产业贸易结算与跨境投融资汇兑的便利化提供了一个有效的渠道，为其他自贸区开展可持续发展挂钩贷款跨境业务提供借鉴经验，促进其他自贸区绿色低碳领域跨境金融的发展，形成各地区可复制可推广的典型案例，实现绿色金融的全面发展。

四、跨境金融相关案例

（一）现阶段金融机构跨境金融产品及服务

现阶段金融机构跨境金融产品及服务见表6-21。

表6-21　现阶段金融机构跨境金融产品及服务

金融机构	跨境金融产品及服务
中国银行	依托“中银跨境e商通”为浙江义乌与沙特办理首单跨境人民币支付业务；西藏分行办理了对尼泊尔跨境人民币直接投资款项汇出业务；作为全球协调人协助国泰君安证券股份有限公司发行首单非银金融机构“玉兰债”；发行全球首笔可持续发展再挂钩债券；依托中国外汇交易中心平台，与两家交易对手达成境内首笔挂钩美元新基准利率有担保隔夜融资利率（Secured Overnight Financing Rate，SOFR）的浮动利率拆借交易；海南省分行成立了自贸港首只合格境内有限合伙人基金——海南平安某证券投资基金；办理首笔中欧班列国际铁路联运提单融资业务；落地首批国家外汇管理局跨境金融区块链服务平台保单融资试点业务

续表

金融机构	跨境金融产品及服务
中国工商银行	发布“春煦行动”跨境人民币服务方案，全面提升跨境人民币服务水平；上海市分行与上海跨境电子商务公共服务有限公司签署战略合作协议，建设“跨境e电通”服务平台；推出企业网银跨境人民币发薪服务；联合“单一窗口”推出“跨境汇款”“进出口单证结算”“国际贸易融资”“关税保函”“跨境贷”“三方协议签订”“用户绑定”“预约开户”“外汇牌价展示”等多项金融服务；与国际贸易“单一窗口”成立金融服务联合创新实验室；支持金砖国家新开发银行发行70亿元熊猫债；在“全球中期票据发行计划”下，发行全球多币种碳中和主题境外绿色债券；推广“数贸e链通”平台；上线跨境电商外汇支付首单业务；北京分行为北京自贸区内企业办理了首笔跨境资金集中运营业务；广东分行开办了FT账户业务；广东分行为异地投保客户办理跨境金融服务平台信保保单融资业务；四川分行办理了跨境金融区块链平台出口信保保单融资业务
中国邮政储蓄银行	与星展银行（香港）携手开办“跨境理财通”业务；设立了三个“中国—东盟货币业务中心”，成立了跨境劳务金融服务中心；芜湖市分行推出跨境企业模式小微易贷
中国农业银行	开设本外币合一银行结算账户；由农银国际控股有限公司（以下简称农银国际）协助，香港分行成功发行2年期25亿元人民币境外债券；农银国际协助醴陵市渌江投资控股集团有限公司发行3年期10.65亿元人民币高级无抵押自贸区债券；农银国际助力江苏东方盛虹股份有限公司全球存托凭证成功登陆瑞士交易所；农银国际协助国家开发银行香港分行成功发行双币种境外债券
中国建设银行	从结算融资、跨境撮合、金融直播等多方面向客商提供“金融云服务”；搭建本外币合一跨境资金池，新增人民币入池；成功发行国际市场美元二级资本债券；开设跨境人民币贸易融资转让服务平台；建银国际（控股）有限公司助力中国船舶集团（香港）航运租赁有限公司发行5亿美元绿色和蓝色双认证债券；青岛市分行开展跨境金融服务平台境内运费外汇支付便利化业务；四川省分行上线“跨境电商贷”创新普惠金融产品；珠海横琴分行成功落地合作区首笔跨境金融服务平台“银企融资对接”试点业务；广东省分行发布“悦出海”跨境金融服务品牌；广西分行与南宁市政府共同成立“丝路互联”金融创新中心，实现了首发人民币NRA离岸划转业务、跨境人民币同业融资业务、境外项目人民币贷款业务、境内信贷资产跨境转让等金融创新；广西分行创新推出了跨境快贷和信保融资系列产品；广西分行自主研发服务跨境劳务合作的“丝路薪资汇”创新产品
交通银行	发行全国首单金融机构ESG自贸区离岸债券（明珠债）；为公司上线企业版人民币跨境支付系统（Gross-border Interbank Payment System，CIPS）标准收发器；“中债-交行长三角ESG优选信用债指数”成功应用于全市场首只开放式ESG主题债券基金；推出“在岸+离岸+跨境”金融服务方案，提供跨境直贷、代付、“跨融通”等业务模式；推出“交银湾通”粤港澳大湾区金融服务品牌；发布《海南自贸港跨境金融服务方案》；安徽省分行落地贸易外汇收支便利化试点业务；交银租赁在临港新片区成功落地国内首单自贸区SPV跨境设备租赁；澳门分行成功发行粤澳合作主题债券

（二）跨境金融案例：FTF 账户对接股权激励的专属服务模式

1. FTF 账户对接股权激励的专属服务模式

2019 年，中国人民银行与国家外汇管理局颁布了《境内上市公司外籍员工参与股权激励资金管理办法》，根据该办法，浦发银行与国信证券股份有限公司在 2020 年成功为上海韦尔半导体股份有限公司办理了境外个人自由贸易（Free Trade Foreign individual，FTF）账户对接股权激励的专属服务模式，这是该办法颁布后，第一个通过 FT 账户落地的业务。

上海韦尔半导体股份有限公司是自贸区内 A 股上市公司，其在国内集成电路设计领域排名前三，为了加快企业的发展，进一步提升企业在行业内全球领先的地位，该企业计划实施国内股票期权激励计划，但由于公司在国际化发展的初期开展了海外并购业务，这次的股权激励计划对象包含了众多外籍员工，为了满足外籍员工批量开户、收付资金及汇兑便利的需求，浦发银行与国信证券股份有限公司携手为其定制了 FTF 账户对接外籍员工的股权激励的专属服务方案。在具体的操作中，企业的外籍员工可将其境外账户中参与股权激励计划的资金汇入 FTF 账户中，并通过 FTF 账户完成该资金的结汇，将已结汇的资金汇划到该外籍员工在券商开立的证券账户内，基于此，外籍员工可以通过证券账户直接办理激励股票的行权交易，从外籍员工开通账户到最终业务落地仅需要 2 个工作日。

2. 分析总结

首先，FTF 账户对接股权激励的专属服务模式拓展了 FTF 账户的服务功能与使用场景。上市公司的外籍员工通过 FTF 账户就能实现跨境收付款、自由汇兑、股票行权交易等，提升了商业银行跨境金融服务能力，探索出了一种 FT 账户进一步适用于资本市场开放的新模式。其次，实现了 FT 账户与证券账户的对接，优化了 FTF 账户、银行与券商三方存管功能。该模式对系统进行优化，实现了银行账户的批量开立，上市公司的外籍员工能够便捷地实现从境外资金汇入、结汇、三方存管银转证、股权激励计划行权交易、三方存管证转银到跨境汇出业务的全流程直通办理，解决了当前传统非居民个人借记账户的政策限制。最后，该模式是助力科技型企业的自贸区特色服务，能够促进上海科创中心的建设，也为其他自贸区为境外人才提供跨境金融服务带来成功案例与经验，同时，基于此FTT账户的新模式，能够助力科技上市企业吸引境外人才，加快企业的研发进度，促进科技产业的发展，强化我国高端产业的引领作用。

五、数字金融相关案例

（一）现阶段金融机构数字金融产品及服务

现阶段金融机构数字金融产品及服务见表6-22。

表6-22　现阶段金融机构数字金融产品及服务

金融机构	数字金融产品及服务
中信银行	针对跨境电商平台上从事出口贸易的商家提供“信银致汇”；针对居民医保的使用，推出“医保电子凭证”；通过与政府采购中心系统对接，以政府采购的中标订单为基础，为普惠型小微企业提供“政采e贷”；推出无界数字信用卡，包括中信银行无界数字信用卡标准版、中信银行Huawei Card和中信银行颜卡“牛气冲天”无界信用卡；推出了基于场景搭建的数字化产品“信用贷”“银税贷”“抵押贷”“经营贷”“税易贷”等
恒丰银行	推出“好快”数字化金融产品，包括“好牛快贷”“好商快贷”“好仓快贷”“好粮快贷”“好园快贷”“好人快贷”“好房快贷”等
中国农业银行	发布企业平台5.0版，针对不同客群配置多个企业网银专属版本；完善企业掌银功能；推广掌银政务专区，加快各省市政务平台与掌银政务专区对接；整合推出“中国农业银行企业微银行”
中国银行	全新推出中银理财、境内外币汇划、大额存单、数字人民币代发等产品
上海银行	天津分行创新推出以区块链技术为支撑、以前海联合交易中心仓单为质押物的电子仓单融资业务
中国邮政储蓄银行	完成了首笔数字人民币支付非税电子票+区块链业务落地；打造新一代对公数字金融服务平台，满足各类对公客户在不同场景下的需求
中国工商银行	建立数据库敏捷化交付平台；打造“工银星云”“工银磐石”等一系列企业级技术平台；推出了基于场景搭建的数字化产品“科创贷”“兴农贷”“光伏贷”等；推出“工银e社保”“数字乡村”“教培云”“工银云医”；研发“e企保”区块链电子保函平台，实现电子保函线上服务模式
兴业银行	上海分行推进“未来银行”工程建设，利用数字化技术，持续优化移动支付结算场景
广发银行	从客户体验出发，上海分行为客户提供“智能外呼”“电子证照”等多个特色流程服务优化项目

（二）数字金融案例：天津自贸区中心商务片区数字人民币保理业务

1. 天津自贸区中心商务片区数字人民币保理业务

天津自贸区中心商务片区主要以发展金融创新等现代服务业为重点。随着数字人民币开始在各个地区开展试点，2022 年 4 月，云链（天津）商业保理有限公司与中国工商银行天津市分行探索落地了数字人民币与保理业务结合的新模式，探索了“数字人民币+贷款发放+保理业务”的供应链金融场景，缓解了多家中小微供应商现金流紧张的问题。

该数字人民币商业保理业务是中企云链“云信”产品的创新与叠加应用，它是首个运用数字人民币通过商业金融机构进行贷款发放的成功实践，标志着具有真实商业交易的数字人民币贷款成功落地。“云信”是一款在云链金融平台上流转的基于债权债务转让的企业信用票据，同时也是一种付款承诺函，通过中企云链平台，大型企业集团可以将旗下优质企业的信用转化为一种金融服务产品，该产品具有流转、融资和配置灵活等特点，为用户提供便利，并将债务支付通过“云信”票据生命周期管理在云链金融平台上进行周转使用，并提供全过程互联网服务。

2. 分析总结

商业保理数字人民币试点业务依托产业实体与供应链金融，是深化数字技术在金融领域应用的一种新型数字化融资方式。首先，该试点业务探索出了数字人民币应用的新场景。随着数字人民币试点的推进，各试点地区不断探索和实践数字人民币在各领域的应用场景，并取得了一定的创新成果，涵盖了多个领域，但此数字人民币保理试点业务是国内首个通过数字人民币实现商业保理的业务，开拓了数字人民币的应用场景。其次，该试点业务为开展融资流转提供了新的场景。通过数字人民币，借助中企云链金融平台，实现了商业银行为产业链、供应链上下游中小企业开展保理业务的便利化。再次，打造了数字货币推进普惠金融发展的新样本。该试点业务利用数字人民币创新赋能供应链金融保理业务，为中小企业开创了新的金融服务模式，为普惠金融发展提供了新的发展方向。最后，该试点业务也为其他自贸区开展数字人民币新业务提供了新的借鉴经验。

六、供应链金融相关案例

（一）现阶段金融机构供应链金融产品及服务

现阶段金融机构供应链金融产品及服务见表 6-23。

表 6-23　现阶段金融机构供应链金融产品及服务

金融机构	供应链金融产品及服务
中国银行	以赊销为付款方式的交易中，在基础交易及应付账款无争议的前提下，为卖方提供无追索权的贸易融资业务“融易达”；推出“国内商业发票贴现”，为卖方提供贸易融资、应收账款催收、销售分户账管理等服务
中国工商银行	预付款融资、订单融资、账期融资、仓储质押融资、应收账款质押融资、应收账款保理、库存融资、供应链综合授信等。同时，还提供供应链信息平台、风险管理等相关服务
交通银行	基于订单的融资：为供应商提供订单融资，帮助其加速生产和交付；仓储货押融资：为供应商提供仓单质押和存货抵押融资，提高其流动性；固定资产融资租赁：为企业提供设备、机器等固定资产的租赁融资服务；供应链管理：通过供应链融资与信息技术相结合，协调供应链各环节，并提供供应链管理咨询服务；应收账款管理：提供应收账款融资、催收、保理等一揽子服务，提高客户资金使用效率
招商银行	推出“商票贴现”，利用商票的“零成本”支付属性助力供应链条“零成本”交易；基于供应链核心企业对其无争议应付账款的承诺，为核心企业及上游供应商提供“付款代理”；为以国内信用证为结算方式的国内贸易卖方提供“国内信用证议付”
浦发银行	采购融资：为企业提供短期融资，用于支付供应商货款；应收账款融资：为企业提供融资，将其应收账款折让给银行以获取资金；预付融资：为企业提供资金，用于提前支付供应商货款；供应商管理：协助企业优化供应商结构、降低采购成本并提高效率；应收账款管理：协助企业提升应收账款管理水平，降低坏账风险；全程物流融资：为企业提供全程物流融资服务，解决货物运输过程中的资金问题；电子票据融资：通过电子票据平台为企业提供融资服务
中国建设银行	预付卡管理：通过为企业提供预付卡发放、兑付、对账等一站式服务，简化企业采购流程，提高采购效率；应收账款管理：通过向企业提供应收账款质押融资、应收账款催收等服务，优化企业资金周转；仓单融资：通过以仓单作为抵押物，为企业提供短期融资支持，解决企业库存周转难题；成本核算：通过为企业提供成本测算、成本控制等服务，帮助企业降低采购成本，增强市场竞争力；风险管理：通过为企业提供风险评估、风险监控等服务，帮助企业规避风险，保障供应链稳定运行

续表

金融机构	供应链金融产品及服务
北京银行	应收账款融资：为企业提供应收账款抵押贷款，解决其短期资金周转问题；保兑仓融资：采用“先货后款”的方式，为企业提供库存融资支持；供应商融资：为企业的供应商提供贷款，帮助其改善现金流，提高企业供应链的稳定性；预付款融资：为企业提供资金，使其能够向供应商提前支付预付款，以换取优惠价格或者长期信任；物流融资：为物流公司提供贷款，帮助其扩大规模，提高效率，以更好地满足企业的需求
中国邮政储蓄银行	引入大数据风控、客户画像、交易背景自动核查、电子签约、人工智能识别等功能模块，上线基于区块链的供应链核心系统 1.0
中信银行	额度授信：向供应商或经销商提供基于其交易历史和信用记录的授信额度，以便它们更容易地获得资金支持；应收账款融资：为供应商或下游企业提供融资，以抵押其应收账款；保理：中信银行可作为保理公司，为供应商提供应收账款管理及财务风险管理服务；仓单融资：为企业提供基于商品储存在指定仓库的融资支持；账户管理：为企业提供在线账户管理服务，帮助其更好地管理现金流；全球贸易融资：为企业提供进出口贸易融资支持，帮助其进行跨境贸易
贵州银行	根据贵州省医药集中采购平台的信息流、物流和资金流信息，运用“大数据+互联网”技术，为平台企业量身定做“药采贷”，为企业提供最高额度 5000 万元的贷款

（二）供应链金融案例：天津经开区农业保理数字化服务平台

1. 厚沃云平台（信用管理平台）

新希望（天津）商业保理有限公司成立于 2014 年 8 月，位于天津自贸区经开片区内，是新希望集团有限公司全资控股子公司，是我国“三农”领域第一家商业保理公司，也是首个全产业链条商业保理公司。针对传统农业供应链分散化、链条长、信用体系差等痛点，创新农业供应链场景下的新供应链金融模式，利用科技手段专门建立了农业保理数字化服务平台——厚沃云平台，该平台是一个信用管理平台，通过将资产端的核心企业与资金端的银行、保理公司、担保公司等（类）金融机构连接在一起，同时促进它们与供应链核心的商流、物流、资金流、信息流相关的智慧物流、财税、贸易等平台企业合作，从而构筑供应链生态大数据的闭环。依托该平台后台大数据中心，可以实现提前审批、线上操作等，业务总流程最长不超过 10 分钟。同时，依托该平台为中小微农企以及农场主创新推出饲料场景“好养宝”产品，为其提供专业的饲养方案和融资服务，该产品上线 2 年时间累计放款突破 50 亿元，服务客户近 3 万名。

2. 分析总结

厚沃云平台是聚焦农业供应链场景下的现代供应链金融的创新，其创新点主要体现在以下几个方面：首先，融资具有操作便利性。其采用智能大数据风险控制机制，利用后台大数据中心，可以实现农企完全线上操作与授信提前审批，所耗时间短，为客户提供便捷的融资体验，大大提高了企业的融资效率。其次，实现了完整的贷前、贷中和贷后的全面风险管理。该平台利用金融科技手段促进农业发展，依托大数据，能够有效地解决传统农业融资难、信息不对称、风险管控难、客户对接难等核心问题，实现完整全面的风险管理。再次，依托该平台创新打造了“好养宝”等产品且取得了较好的效果，为其他金融机构提供了支持农业供应链发展的新方案。最后，实现了对农业供应链上头部企业、饲料厂和养殖户的全面金融服务，有效拉伸带动农业实体的销售增长，加大金融支持农业发展的力度。

七、融资租赁相关案例

（一）现阶段融资租赁产品及服务

现阶段融资租赁产品及服务见表 6-24。

表 6-24 现阶段融资租赁产品及服务

自贸区/公司	融资租赁产品及服务
福建自贸区厦门片区	①厦门海关联合天津和杭州海关制定了“厦门报关、天津入账、杭州落地”的方案，实现全流程“链式通关”；②支持华夏金融租赁有限公司设立厦门片区首家绿色租赁设备类 SPV，实现“融资+融物”；③区内芯鑫融资租赁（厦门）有限责任公司以紫光展锐（上海）科技有限公司的技术专利作为租赁标的开展融资租赁业务，以售后回租赁方式投放 14.5 亿元，是厦门片区首个大额无形资产融资租赁项目；④自贸区支持厦门航空融资租赁有限公司完成综合保税区首单带租约飞机资产包交易

续表

自贸区/公司	融资租赁产品及服务
天津自贸区	①芯鑫融资租赁（天津）有限责任公司与江苏长电科技股份有限公司完成了天津首单无形资产租赁业务；②开展全国首单融资租赁公司外债便利化试点业务；③创新完成全国首单“融资租赁+汽车出口”业务；④开展了全国首单跨境飞机资产交易业务；⑤首发中国（东疆）融资租赁行业发展指数，新增行业分项指数和样本企业涉诉情况及发债情况两个创新模块；⑥全国首单租赁企业可持续发展挂钩债券在天津落地；⑦大唐融资租赁有限公司成功发行全国银行间债券市场首单融资租赁行业乡村振兴债券
上海自贸区	①交银金融租赁有限责任公司创新自贸区 SPV 设备租赁模式；②中航国际融资租赁有限公司基于上海自贸区临港新片区平台开展国产 ARJ21 客机融资租赁项目；③浦银金融租赁股份有限公司创新发挥多点“融物”优势，助力产业链稳定运转——上海中谷物流股份有限公司集装箱及集装箱船直租项目；④上海国金融资租赁有限公司依托创新举措开展船舶融资租赁项目
湖南自贸区	开展湖南自贸区“融资租赁+高端装备出口”首单试点业务
中关村科技租赁股份有限公司	①启动“城市合伙人”模式将服务侧变成租赁公司合伙人；②创新知识产权融资租赁业务结构，在北京首次推出知识产权融资产品；创新开展租投联动业务

（二）融资租赁案例：融资租赁公司和商业保理公司信用担保保全机制

1. 出台融资租赁公司和商业保理公司信用保全试点企业遴选推荐规程

天津港东疆片区作为我国北方国际航运中心和国际物流中心的核心功能区，致力于打造国家租赁创新示范区，将融资租赁作为发展重点，不断创新。为了规范天津港东疆片区融资租赁业务开展，提升天津港东疆片区的法治化营商环境与诚信建设水平，东疆保税港区管委会与天津自贸区人民法院等司法机关通过府院联动机制，出台了覆盖融资租赁公司与商业保理公司的信用保全试点企业遴选推荐规程，探索信用担保保全机制。该规程将“信用”设置为核心标准化遴选条件，并从多个维度对企业资信进行考察，包括存续时间、实缴资金、资产状况、失信惩戒、信用公示、纳税信用与监管评级以及信用承诺等。之后，东疆保税港区管委会将遴选通过的融资租赁公司和商业保理公司名单报送相关法院，由法院根据实际情况自主决定企业是否具有信用保全担保机制的适用性，同时对适用企业开展指导工作。信用保全试点开展以来，通过信用担保保全机制，企业无须提供财产或保险担保，从而减少资金占用、提高保全审查和移送效率，并降低融资租赁诉讼成本。截至 2022 年上半年，已经实现了超过 500 件信用保全案件，涉及的标的物总价值超过 2 亿元，为企业节约了上千万元的直接经济成本，同时保全审查和移送效率提高了 3 倍以上。

2. 分析总结

首先，提升了融资租赁法治化服务环境。通过构建政府与法院的联动合作机制，在全国范围内最先创新融资租赁公司和商业保理公司自身信用担保保全机制，出台了试点企业遴选推荐制度化规程，打造区域化、法治化营商环境，助力融资租赁新金融领域的深化改革与扩大开放。

其次，极大地降低了融资租赁与商业保理企业的诉讼成本。融资租赁和商业保理公司通过信用担保保全机制，在申请诉讼中财产保全时，无须向法院提供财产或保险担保等，极大地缩短了诉讼保全的期限，提高了保全实施效率，同时减少了企业资产的占压及付出资金的成本，提升了区域内相关企业的获得感。

最后，助推了信用中国的建设。该信用担保保全机制是以“信用”为核心设置标准化遴选条件，一方面能够引导从事融资租赁企业的经营合规性，促进融资租赁产业健康发展；另一方面能够加强信用管理，从而营造良好的信用环境，助推我国诚信建设水平提升。

八、离岸金融相关案例

（一）现阶段金融机构离岸金融产品及服务

现阶段金融机构离岸金融产品及服务见表 6-25。

表 6-25 现阶段金融机构离岸金融产品及服务

金融机构	离岸金融产品及服务
平安银行	打造离岸金融五大产品体系：①离岸投融资，包括离岸并购贷款、中概股私有化金融服务、跨境银团贷款、境外债券投资；②离岸贸易融资，包括开证（进口信用证、转让信用证、背对背信用证）、押汇、贴现、福费廷、保理等多种产品；③离岸跨境融资，为中国境内注册企业（除房地产企业、地方政府融资平台）提供的跨境融资服务，即发放外债贷款，境内企业可按需将外债贷款结

续表

金融机构	离岸金融产品及服务
平安银行	汇使用，并锁定远期汇率购汇还款；④离岸资金管理，包括离岸资金管理、外汇及资金交易；⑤离岸同业金融，包括离岸受托代付、福费廷转卖、同业存款及同业拆借、非银行金融机构授信及存款
交通银行	推出离岸存款业务，包括离岸活期存款、离岸普通定期存款与离岸通；离岸贸易结算，包括进口信用证、背对背信用证、进口代收、非融资性保函、信用证通知、出口信用证交单、出口跟单托收、转让信用证；离岸外汇买卖；离岸全球代发业务；离岸同业合作，包括进口代付、同业拆借、信贷资产转让、假远期信用证偿付业务；离岸授信，包括内保外贷、外保内贷、外债融资、离在岸联动全球授信；离岸客户服务“银信通”；上海分行在全国独创推出境外机构账户一体化方案；疫情期间快速推出“外贸贷”产品，支持临港新片区产业链、供应链稳定；开展境内贸易融资资产跨境转让和离岸转手买卖业务；在临港新片区落地离岸金融中心、跨境银团中心、全球簿记中心，支持临港新片区跨境业务创新发展；首单落地临港新片区试点境内贸易融资资产跨境转让业务

（二）离岸金融案例——明珠债

1. 海通证券成功发行全国首单券商上海自贸区离岸债券

2023 年 4 月 17 日，海通证券成功发行了全国首单券商上海自贸区离岸债券，也称明珠债，发行规模达 40 亿元，期限 3 年，发行利率 3.4%，由海通银行、海通国际证券集团有限公司、上银国际有限公司、交通银行与浦发银行（香港分行）担任联席全球协调人，由兴业银行、中国民生银行、中国工商银行、南洋商业银行作为联席簿记管理人，由中央国债登记结算有限责任公司（以下简称中央结算公司）作为登记托管清算机构，通过跨境业务联动创新融资产品，拓宽了公司融资渠道，降低了公司融资成本，同时优化了公司负债结构。明珠债是上海清算所为了贯彻落实中国政府与上海市政府关于支持浦东发展离岸交易、跨境贸易结算与海外融资服务，构建与上海国际金融中心相匹配的离岸金融体系的战略部署而推出的一款债券产品，是在上海自贸区离岸市场发行的、由中央结算公司登记存管的固定收益类证券，包括企业外债和境外主体发行的债券。它为支持浦东发展、促进跨境贸易和海外融资服务，构建与上海国际金融中心相匹配的离岸金融体系提供了重要的融资工具。海通证券全国首单券商上海自贸区离岸债券的成功发行实现了三项“首创”：一是全国首单以券商为信用主体发行的明珠债，二是创造了明珠债最大发行规模，三是全国首单应用中央结算公司区块链数字债券发行系统的明珠债。

2. 分析总结

首先，完善了人民币债券离岸市场的建设。海通证券全国首单券商上海自贸区离岸债券的成功发行，为其他证券公司发行明珠债提供了成功的实践经验，为自贸区离岸债券提供了新的发展方向，切实促进了自贸区离岸人民币债券市场的发展。其次，彰显了证券公司在离岸债券市场的发行实力，提升了境外投资者参与我国债券市场的积极性。此次明珠债的规模之大前所未有，获得了市场的高度认可，发行后境外投资者踊跃参与认购投资，促进了离岸债券市场的高质量发展。最后，极大地发挥了金融基础设施的专业优势。该自贸区离岸债券是在全国首个应用中央结算公司区块链数字债券发行系统进行发行的明珠债，中央结算公司的区块链数字债券发行系统是利用区块链技术针对数字债券发行业务设计的，具有可追溯性、安全性与监管便利性，是中央结算公司区块链创新应用的重要成果，该明珠债的发行是海通证券积极运用金融科技赋能债券发行的创新举措，发挥了境内金融基础设施的专业性与集聚功能，实现了金融基础设施的实际运用创新。

九、私募基金相关案例

（一）现阶段私募基金创新

现阶段私募基金创新见表 6-26。

表 6-26　现阶段私募基金创新

自贸区片区	私募基金创新
福建自贸区厦门片区	①设立包括古地石基金小镇的私募基金平台，出台覆盖私募股权母基金、私募证券基金、私募股权基金、员工持股平台等基金全生态链扶持政策组合拳；②修订福建自贸区厦门片区产业引导基金管理办法，取消单笔投资限额；③修订福建自贸区厦门片区企业上市扶持政策，与市级政策叠加；④建立私募基金法务沙龙及私募基金与产业对接长效机制

续表

自贸区片区	私募基金创新
福建自贸区福州片区	①建成国内首个私募基金综合服务平台“海峡基金业综合服务平台”；②建成基金小镇，形成私募投资机构的集聚，促进基金规模不断扩大
安徽自贸区合肥片区	①高新区块设立安徽首个私募股权投资专业服务站——金融小镇服务站；②探索成立“私募投资基金服务中心”，为私募基金提供“募投管退”的全链条服务；③开展“金融小镇日”，由专职人员在特色窗口为私募投资机构提供现场服务

（二）私募基金案例：上海私募股权和创业投资份额转让平台

1. 推出私募股权和创业投资份额转让平台以及配套政策

2021 年 7 月，中共中央与国务院发布了《关于支持浦东新区高水平改革开放打造社会主义现代化建设引领区的意见》，其中提出“在总结评估相关试点经验基础上，适时研究在浦东依法依规开设私募股权和创业投资股权份额转让平台，推动私募股权和创业投资股权份额二级交易市场发展”；2021 年 11 月末，证监会正式批复同意在上海区域性股权市场开展上海私募股权和创业投资份额转让试点；2021 年 12 月 2 日，依托上海股权托管交易中心，上海私募股权和创业投资份额转让平台开始试运营；2022 年 6 月，上海市金融监管局、上海证监局、上海市国资委、上海市市场监督管理局、上海市财政局、上海市税务局六委局联合出台了《关于支持上海股权托管交易中心开展私募股权和创业投资份额转让试点工作的若干意见》，支持各类国有基金份额通过上海股权托管交易中心开展转让试点，支持上海股权托管交易中心依法依规开展有限合伙企业财产份额托管、质押登记等业务；到 2022 年 9 月 21 日，历经 9 个多月试运行的私募股权和创业投资股权份额转让平台正式启动，截至当天，平台上线了 22 单基金份额（含份额组合），累计成交 15 单，成交总份数超过 12 亿份，成交总金额超过 12 亿元。

私募股权和创业投资股权份额转让平台在开展私募股权和创业投资份额托管、转让、质押登记等业务过程中，通过专线连接政务外网获取工商大数据中心法人库的相关数据进行信息比对、核验，开创了基于大数据技术对基金份额交易风险进行防控。同时，该平台已经上线了基金份额估值服务系统，一期在 2023 年 6 月 30 日试运行，相关的系统优化与升级仍在不断进行中。

2. 分析总结

第一，破解信息不对称难题，拓宽了私募股权/创业投资的退出渠道。私募股权/创业投资的退出难、时间长一直都是突出痛点，该平台的建立丰富了私募基金的退出方式，服务私募股权投资基金的有限合伙人对份额托管、转让、退出的合规性与流程规范性需求，同时还促进了私募基金与区域性股权市场的融合发展。

第二，开创了二手份额转让基金（Secondary Fund，S 基金），即私募股权二级市场基金的新机遇。对于 S 基金，一直以来都存在标的匮乏、定价困难、成本不可控以及专业性服务不足等痛点，私募股权和创业投资股权份额转让平台将成为私募基金退出、接续、流转的重要平台，为探索 S 基金领域产品与服务创新提供新路径。

第三，在全国首先形成了国有基金份额转让的规范性、制度性、系统性安排。在上海区域性股权市场推出私募股权和创业投资份额转让平台，促进私募股权/创业投资的流通转让，与此同时，上海相关部门不断出台配套支持政策，不断推进国有基金份额有序流通、转让和退出。

第四，初步建立起基金份额转让市场生态体系。搭建了一体化的私募基金综合服务平台，将质押登记、询价招商、挂牌转让、非公开协议转让、交易见证等服务融为一体，同时落实证监会要求，持续规范私募基金入场与培育工作。

第五，形成可复制可推广的先进经验。在监管机构及行业主管部门指导下，开设私募股权和创业投资股权份额转让平台，率先试点完成了基金份额组合转让与基金份额+直投股权组合转让案例，为其他地区开展基金份额转让提供新的借鉴经验。

十、交叉性金融服务相关案例

（一）现阶段交叉性金融服务创新

现阶段交叉性金融服务创新见表 6-27。

表 6-27　现阶段交叉性金融服务创新

自贸区	交叉性金融服务创新
上海自贸区	①基础设施不动产投资信托基金试点项目落地；②中国外汇交易中心推出外汇市场主经纪业务模式，中国银行、交通银行成为首批银行间人民币外汇市场主经纪商并均已达成；③上海银保监局牵头成立全国首家专业性、行业性独立第三方调解组织上海银行业保险业纠纷调解中心；④首单由中央结算公司、中国银行和交银租赁联合实施，涉及自贸区外币融资担保品管理业务；⑤中国工商银行、中国建设银行、中信银行等率先在自贸区临港新片区境内开展办理了境内贸易融资资产跨境转让业务；⑥中国银联推出境外人士短期入境支付旅行通卡
福建自贸区	①跨境电商汇总报关清单银行结算，依托“单一窗口”跨境电商汇总报关功能，将跨境电商小额琐碎申报清单汇总并发送至商业银行，由银行为企业办理线上收汇结算；②融资租赁+国内信用证项下福费廷，利用银行资金，租赁公司只要在国内信用证下提供相符的单据证明其在售后回租合同下履约，就能够支取全额租金；③银行直联两岸电商平台跨境人民币服务，建立“两岸 e 账通”系统，将银行业务系统与两岸优购电商平台直接对接，提供安全便捷的跨境人民币结算服务；④“银关保”企业增信担保，企业通过保险公司等第三方机构为其向银行提供增信，取得银行出具的税收保函，凭此向海关办理担保通关手续，形成“企业申请—保险承保—银行授信—海关受理”的增信担保模式
广东自贸区	①中国工商银行广东分行联动工银澳门创新推出“工银琴澳通”跨境金融服务，包括琴澳商事通、琴澳结算通、琴澳投融通、琴澳跨境通、置业通、社保通、薪汇通、服务通、账户通、消费通、跨境理财通、加按通共 12 项服务；②粤港澳大湾区三地间搭建跨境税费智能联办新模式，提供境内外涉税费业务远程办理、视频咨询实时连线、涉税费疑难实时处理等“云端办税服务”
天津自贸区	①浦发银行天津分行为天津创源生物技术有限公司办理外债开户及资金跨境业务，金额300 万美元，年利率约 3.2%；②天津银行以出口信用保险赔款权益转让为增信方式，为市某重点联系外贸综合服务企业提供便利化出口融资；③浙商银行天津分行与境外持牌支付公司对接，以银企直联方式创新出口电商跨境人民币在线收款模式；④中企云链（天津）金融服务有限公司联合工商银行天津市分行成功落地“数字人民币+贷款发放+保理业务”供应链金融场景；⑤天津市中小企业融资担保中心和中国银行天津自贸区分行成功

续表

自贸区	交叉性金融服务创新
天津自贸区	为天津尚粮网络科技有限公司办理一笔政府性融资担保项下远期锁汇业务，金额约为 15 万美元，实现了天津市范围内政府性融资担保支持中小微企业汇率避险增信服务的创新突破

（二）交叉性金融案例：“涉外保函+特险融资”保险融资产品组合

1. 天津自贸区推出“涉外保函+特险融资”保险融资产品组合

华科五洲（天津）海洋工程有限公司（以下简称华科五洲）成立于 2015 年，是一家主要从事海洋工程技术开发与设备制造的公司，也是天津市 2021 年第一批入库的科技领军企业。其在 2022 年收到了沙特业主 4 座海工平台生产建造的订单，但是海工平台建造周期较长，如果业主违约，将会给企业带来巨额亏损，同时该公司是一家轻资产的科技创新型企业，加之成立时间较短，融资渠道有限，接单出现难题。

基于此，中国信保天津分公司第一时间调取沙特业主的资信报告，通过自身行业研究优势，对该项目进行风险研判，为华科五洲承保特定合同保险来保障买方的违约风险。同时，中国农业银行天津市分行凭借此特定合同保险保单为华科五洲办理涉外保函，并且在无抵押、无担保的情况下为其提供融资服务。中国信保天津分公司与中国农业银行天津市分行联合助推该订单，创新出“涉外保函+特险融资”保险融资产品组合，缓解了华科五洲建设海工平台的资金压力。截至 2023 年 3 月末，中国信保天津分公司为华科五洲的信用保险承保保额总计超过 1.47 亿美元，中国农业银行天津市分行为该企业办理涉外保函已累计 2556 万美元，发放特险融资款项 9640 万元。

2. 分析总结

第一，根据实际情况，创新了“银行+保险”融资模式，助推科创型民营企业发展。该“涉外保函+特险融资”保险融资产品组合从企业特点和订单实际情况出发，脱离了常规融资路径依赖，不仅满足了客户办理涉外保函需求，而且为企业提供稳定的支付采购现金流，有效缓解了科创型民营企业在日常经营中融资方式单一、规模不足以及建设期融资难等问题。

第二，该模式的创新破解了科创型民营企业对于海外订单“有单不敢接、有单无力接”的难题，为服务科创型民营企业发展开辟了新路径。这一模式将保险担保与银行融资有机结合，是银行与保险公司在承保买方违约风险下为科创型民营企业提供特险融资业务的首次合作，为科创型民营企业融资开拓了新的模式，降低了企业的接单风险，促进企业高质量发展。

第七章

RCEP框架下河南自贸区金融服务生态系统的构建

在自然界中，陆地和水体中存在着各种生物聚群，其物种组成和功能各异，这样的生物聚群，即生物群落，包括群落内所有生物个体及个体间的相互作用。这种相互作用的存在，使群落整体远远超过其内部所有个体简单相加的总和。所有生物有机体都需要物质（如碳、氢、氧、氮、磷等元素）来构建其各种分子和组织结构，并且需要能量来维持其各种生命活动（如代谢、运动、生长、繁殖等），这些物质和能量通常通过食物、水和空气等外部来源获得，这不仅对单个有机生物体，而且对它们在自然界中形成的种群和群落而言，都是如此。生态系统一词用来表示生物群落及其所处的非生物环境。因而，生态系统一般包括初级生产者、分解者和食碎屑者、死有机质库、植食动物、食肉动物以及物理、化学环境。生态学家尝试通过研究各种生物间的相互作用来解释生物群落复杂的结构和特征。生态系统生态学也与群落结构和行为密切相关，但其更侧重群落的物质循环和能量流动。与之类似，在经济和社会领域，无论是知识生态系统、商业生态系统还是创新生态系统，虽然有不同的运行逻辑，但生态系统的进化和发展都离不开种群以及与环境之间物质和能量的交换和传输，包括信息交流、成员交易、服务支持等，系统联结的通道越多，交互区域越大，沟通界面越活跃，创新就越容易产生，价值创造也就越多。近年来，随着数字经济和数字技术的快速发展和商业应用，平台化和平台经济已经成为一种主要的商业模式，数字平台生态系统作为商业生态系统的一种特殊形式，是系统成员之间相互进行商品、服务和信息交换的主要途径和场所。因此，本部分首先分析数字平台生态系统的价值共创机理，其次构建河南自贸区金融服务生态系统，最后以价值创造、价值共享和价值评价为主线分析了河南自贸区金融服务生态系统的治理。金融服务生态系统能否有效服务实体经济、服务于贸易和投资便利化，取决于金融服务生态系统各个成员是否在系统中找到合适的生态位，是否有丰富的异质性生态资源，是否有足够的激励相互进行物质和能量交换，是否共同维护平台的生态秩序和生态品质，是否通过共生和共创为该生态源源不断地输出价值。

第一节　数字平台与平台生态系统

一、数字平台

平台研究的最初议题是企业内部的产品开发和技术研发（Meyer，Utterback，1992；Gawer，2009），随着互联网经济的发展和平台经济的兴起，以双边（多边）市场理论以及网络外部性理论作为主导性研究架构的平台研究文献迅速增多。按照Rochet和Tirole（2003）、Armstrong（2006）等学者的定义，平台属于多边市场的范畴，是平台成员之间相互进行商品、服务和信息交换的生态系统，Cusumano等（2013）认为平台是不同的组织和个人资源共享和价值共创的基础。Tiwana等（2010）进一步将数字平台定义为基于软件系统的可扩展代码库，包括一个核心模块、多个使用核心功能和接口的附加模块，核心和多个附加模块通过这些接口交互。数字经济的发展离不开数据驱动、平台支撑和网络协同，随着新的客户跟踪技术、沉浸式社交设计以及数据分析技术的广泛应用，信息传输成本大大降低，平台在数字经济时代获得了全新的规模、内涵和影响力。主要有市场交易平台（Rochet and Tirole，2003；Parker et al.，2017）、技术创新平台（Tiwana et al.，2010；Tilson et al.，2010）和信息传输平台（Reuver et al.，2018；Constantinides et al.，2018）等。学者们普遍认为平台是介于公司与市场中间的组织形式，是市场的具化（徐晋，2014），平台兼具自组织与他组织的二重性（吴义爽，2019），王节祥等（2018）甚至认为平台是兼具市场、科层乃至政府特征的新型组织。

二、平台生态系统

平台生态系统由一个中心平台和周围的生态系统组成，其中中心平台提供核心服务和基础设施，而周围的生态系统则提供与核心服务相关的应用程序、工具、插件、应用程序接口（Application Programming Interface，API）等。这些应用程序和工具可以直接在中心平台上运行，并且能够相互协作共同提供更加完整和多样化的服务。平台生态系统通常通过开放API 和软件开发工具包（Software Development Kit，SDK）来鼓励第三方开发者和合作伙伴参与开发和集成新的应用和功能，从而进一步增强生态系统的功能和价值。同时，平台生态系统还提供了一系列支持和服务，如培训、技术支持、市场推广等，以帮助开发者和合作伙伴快速构建和推广它们的应用程序和解决方案。平台生态系统的好处包括：增强了平台的吸引力和竞争力，提升了用户体验和价值，扩大了市场规模和影响力，促进了创新和合作等。站在生态共生的角度，平台生态系统是指数字平台的各个共生单元，包括平台领导者、互补者、开发者和用户等，通过共生界面相互进行物质和能量交换，进而实现共生、互生和再生的演进过程。按照Hein 等（2020）学者的研究，平台生态系统由平台所有权、数字平台的价值共创和用户多归属行为三部分构成。

（一）平台所有权

平台所有权指的是掌握和拥有一个平台的法律所有权。这意味着平台的管理、运营和收益归属于所有者。通常，平台所有权可以通过商业合同、知识产权或公司股份等方式来明确。平台所有权不仅指数字平台的合法拥有人，还牵涉平台内部是采用集中还是分散的权力分配模式以及平台参与人之间的相互关系。依据平台权力集中度的不同，可以分为由单一所有者集中控制（例如苹果的 ios 系统）、由一组利益相关者共同拥有（如Cloud Foundry）、去中心化的市场和社区集合体（如区块链平台 district0x）。在单一集中的权力模式下，只有平台所有者才有权力定义、制定和维护平台的治理规则和机制，这种模式有利于平台所有者有效制定执行和动态调整平台的可持续发展战略；Cloud Foundry 作为世界领先的云应用程序开源平台，取得成功的一个重要原因就是其由会员共同拥有，在开源社区的支持下，Cloud Foundry 会员共同推动着平台创新和平台生态系统的健康发展；区块链平台 district0x 是典型的去中心化自治组织，district0x 网络代币 DNT是有股权的代币，有表决权的股份可以用来参与决定一个地区品质的各个过程，包括地区品牌、公认的行为准则、辅助模块的集成，以及一个地区创造的收入如何使用或分配等。

（二）数字平台的价值共创

目前学术界关于价值共创的理论主要有基于用户主导的逻辑（Prahalad，2004）和基于服务主导的逻辑（Vargo，2004）。随着数字技术与管理实践的不断协同，用户在价值创造中的角色发生了根本性改变（Agrawal and Rahman，2017），数字技术的快速发展不仅使用户的个性化需求更容易被感知和传递，也使用户能够更积极、更主动地参与平台的价值创造过程，数字平台通过不断创新的商业模式为价值共创提供了多样化的合作场景。用户体验对于企业在数字平台情景下的成功非常重要。通过与用户交互并提供良好的用户体验，企业可以提升用户参与度和忠诚度，并吸引更多的用户加入数字平台。这些用户的加入可以帮助企业创造更多的价值，从而促使其不断推出新的产品和服务，实现与用户共同创造价值的目标。不仅如此，双方的互动越频繁，数字平台的动态能力和资源整合能力越强，市场竞争优势越大，价值创造的范围就越广。

（三）用户多归属行为

在双边市场平台中，多归属指用户可以同时选择一个或多个平台，单归属则是指用户只能选择一个平台。平台用户的归属行为实际上描述了用户与数字平台进行价值共创时的自由度（Ye and Kankanhalli，2018）。多归属意味着用户有比较高的自主权，他们与平台的关系比较松散（Boudreau，2012），用户的多归属行为是一种普遍现象，如用户可以同时选择京东、淘宝、百度等。单归属意味着用户与平台基于共同的价值结成了紧密的战略合作伙伴关系（Danneels，2003），如开放手机联盟（Open Handset Alliance，OHA），OHA 成员包括手机制造商、手机芯片厂商和移动运营商几类，共同开发名为安卓的开放源代码的移动系统并和 ios 等其他系统竞争。多归属有利于平台之间的竞争，从而扩大市场规模并丰富平台的内容。单归属更有利于形成高度互信的合作伙伴关系。实际上，纯粹的单归属或多归属平台并不多见，更多的是部分多归属（Poolsombat and Vernasca，2006）。以安卓为例，它一边通过多归属的开发人员来丰富安卓市场的应用，另一边在 OHA 中维持单归属以改进核心操作系统。

三、数字平台的特点

数字平台不仅是双边和多边交易的场所，还是协作平台、创新平台和信息平台，这意味着需要更多方的协同、更多的社会资源参与、更密集的互联网分布式计算以及更开放的组织体系，这与传统工业经济时代相对单链条的简单封闭模式完全不同。具体来说，数字平台呈现出多元性、开放性、动态性、技术性和社会性特征。

（一）多元性

平台生态系统既包括平台所有者，也包括互补者、开发者以及价值共创过程中的其他参与者（Courtois and Timmermans，2018），另外还包括政府、社区和其他监管机构。这些异质性参与者通过商品、服务、信息和技术等相互交流与合作，因此平台必须突破企业之间原有线性交易的逻辑，为合作伙伴提供一个多样化合作的渠道，建立和维持一个健康和活跃的生态社区，确保平台与其参与者之间的可持续关系，为参与者提供灵活、可靠、个性化的体验，在利益相关者之间建立更开放、更积极的对话机制和沟通机制，充分激发参与者的创造力和参与度，并在价值共创和共同治理过程中实现合作共赢，这样才能最大化各方的收益。

（二）开放性

交易费用理论认为，公司和市场是两种可以相互替代的资源配置方式，市场通过非人格化的价格机制发挥作用，而公司则通过权威机制发挥作用，作为两种互补的契约安排，两者的结合程度取决于市场交易成本和企业内部交易成本的对比。随着基于互联网技术、大数据技术和信息传输技术的数字平台的兴起，多边市场的巨大网络效应使得市场参与者的信息搜集更加便利、供需匹配更加精确、谈判和缔约变得更加容易，这极大地降低了各个交易阶段的成本（Lobel，2018）。数字平台作为介于市场和企业之间的组织形式，表现出典型的边界的不确定性和开放性特征。

（三）动态性

数字平台的动态性指的是数字平台本身及其所处的市场环境不断变化

和演进的特征。数字平台作为一个开放、连接各方的网络，其用户、技术、商业模式、法律法规等方面都具有较高的变化性。数字平台需要随时更新和调整自身的功能、服务和策略，以适应快速变化的市场需求和用户行为；同时也需要关注监管政策、竞争对手和技术趋势等外部因素的变化，及时做出相应的反应和调整。数字平台动态性的存在为新的商业机会、创新模式和合作伙伴提供了更多可能性。在目前平台经济迅速发展和数字化转型的背景下，所有企业都面临着技术指数级的增长和持续创新的压力，消费者的需求也在快速变化，因此平台的商业模式需要不断调整和创新来适应基于大数据和算法交易的快速决策（Gong et al.，2020），平台主体之间及其与社会系统之间的关系也在迅速变化。因此，数字平台需要动态适应“个人与个人之间”“个人与平台之间”“平台与社会之间”的关系，使得平台生态系统变得更加复杂。

（四）技术性

数字平台的技术性指的是平台所依赖的技术架构和技术能力，包括但不限于软件、硬件、网络、数据库、算法、安全等方面。这些技术组成了数字平台的基础设施，并为用户提供各种功能和服务。数字平台的技术性还包括平台的开发、维护和升级等方面的技术能力，以确保数字平台的持续稳定和可靠运行。在数字化时代，数字平台的技术先进性越来越重要，对于企业的数字化转型和竞争优势具有关键意义。数字平台利用区块链、大数据、人工智能和物联网等现代信息技术在资源提供者、用户、互补者、第三方之间建立信任。同时数字平台具有更强大的连接能力、更广泛的连接范围、更高效的交易撮合算法和更加多样化的产品和服务，因此也产生更强大的网络效应。平台模块化的结构设计和数据支撑大大降低了交易成本和管理成本，数据整合和数据挖掘能力使其能够为客户提供精准化、个性化、综合性的产品及服务，通过共享信息和技术大大降低了研发成本，加快了产品和服务创新的速度。数字技术的透明和安全为管理者和投资者、其他利益相关者、监管机构、战略合作伙伴、供应商和服务提供商之间提供完全网络化交流的保障，有助于从根本上解决大多数利益相关者之间的信息不对称问题。

（五）社会性

数字平台的社会性指的是数字平台对于社会、经济、文化等方面的影响和作用。数字平台不仅是一种技术工具，还是社会、经济活动的重要载体和参与者，它在改变人们的生产方式、生活方式、消费习惯等方面发挥着重要的作用。数字平台可以促进信息交流和知识共享，提高效率和便利性，推动产业升级和经济发展，还可以促进社会公平和包容性。但与此同时，数字平台也面临着数据隐私、信息安全、网络犯罪等问题，需要平台运营方和相关机构共同努力解决。因此，在数字化时代，数字平台的社会责任和社会影响逐渐成了企业和政策制定者考虑的重要因素之一。无论是市场交易平台还是技术创新平台，其在某种程度上都是为了解决某些社会问题或满足某种社会需求，数字平台的发展离不开大规模社会化分工和网络协同，数字平台网络效应的显著增加也对社会产生正的外部性或负的外部性。同时，数字平台更是数字经济社会越发重要的核心基础设施，其广泛的服务已经构成了现代社会发展的方方面面，数字平台的建设过程，是社会平台化的过程，也是社会组织和社会运行全面嵌入或锁定在数字平台公司的过程。

四、平台生态系统的价值共创机制

数字平台的价值共创机制是指通过数字技术和平台模式，让不同的参与方（如用户、供应商、合作伙伴等）在平台上进行互动和协作，共同创造并分享价值。这种机制基于数据分析和智能化算法，实现了信息的高效流通和资源的优化配置，从而提高了各方的效率和收益。同时，数字平台还能够通过开放 API 和生态合作，促进跨界合作和创新，推动产业链的协同发展和升级。成功的数字平台能够促进平台生态系统的价值共创。系统成员之间高效便捷的交易是价值共创机制有效发挥作用的基础（Tiwana，2014），只有为实现交易便利化做尽可能多的准备和付出才能真正使数字平台成为创新的温床。数字平台的价值共创机制可以从两个方面来说明：一方面，数字平台有效实现了双边（多边）参与者之间的精确定位和互惠成交（Evans，2012）；另一方面，数字平台有创新创造机制（Tiwana，2014），平台所有者通过向参与者提供开发工具等方式来促进平台的协同创新和价值增值。

在论述价值共创机制之前，首先要界定何谓数字平台生态系统的价值。在服务生态系统中，很多文献都强调通过创新来产生价值。站在生态系统层面，价值的创造不能局限于创新，而是应该关注杠杆的概念，数字平台生态系统既是创新的杠杆，也是产出的杠杆，还是交易的杠杆。创新杠杆是基于对平台资产、接口和标准的利用或重复利用的集合，从而推动了创新和互补经济，促进了新的商品和服务的创造。生产杠杆也是基于对平台资产、接口和标准的利用或重复利用，并通过共享实现规模经济和范围经济。交易杠杆基于市场定价机制和市场准入机制，并通过生态系统的网络效应提高了交易效率，降低了商品和服务交换中的搜索成本。数字平台的价值创造主要通过知识溢出机制、网络的外部性和数据资源生成与整合来实现。金融服务平台的价值创造机制如图 7-1 所示。

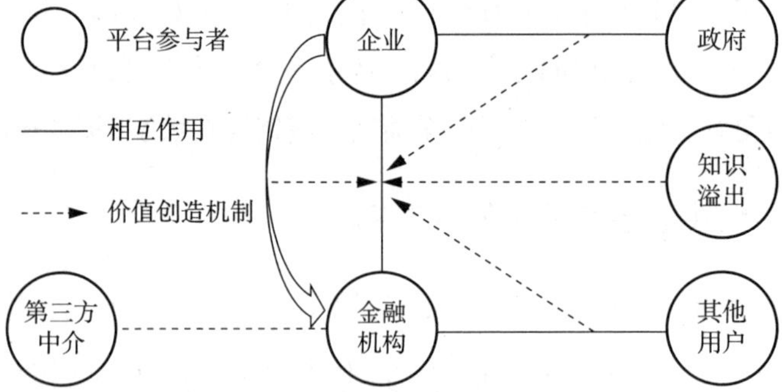

图 7-1　金融服务平台的价值创造机制

第一，知识溢出机制。这种机制通过资源提供者和用户之间的学习互动来实现。知识溢出不仅提高了资源提供者的资源质量，也让用户能够更有效地利用资源，增强了用户的资源整合能力，并从资源整合中获取新的效用。知识溢出由数字产品、服务和数字基础设施所驱动，数字化提高了相互交流和沟通的透明度，数字基础设施越开放，不同受益人的组合越多，知识传递越快，知识溢出越多。实现这种溢出的是数字产品和服务的可重新编程性，例如爱思普（SAP）云平台通过提供独特的内存数据库和应用服务使客户能够快速开发新应用或扩展现有应用。沃尔玛利用 SAP 云平台，实现了对供应商的实时评分和基准测试，并生成报告，进而将可持续发展的最佳实践整合到核心业务中。基于 SAP 云平台灵活地创建应用，秘鲁生鲜巨头甘博仙（camposol）公司能够及时地为农民提供可据以采取行动的数据。捷豹路虎基于 SAP 云平台打造一致的用户体验，赢得广大客户和品牌簇拥者的好评。同时，数据的同质性意味着一个交易中的数据可以在其他交易中重复使用，这就为价值共创提供了条件和支撑。数字平台模块化的结构和功能上的灵活性可以让资源应用在任何特定领域。

第二，网络的外部性。网络外部性是由经济学家阿瑟·C. 庇古（Arthur C. Pigou）在 20 世纪初提出的概念，他认为网络外部性是指网络中的一个用户的行为会影响到其他用户的效用和价值。网络外部性可以分为正向外部性（当一个用户的增加使得其他用户获益）和负向外部性（当一个用户的增加对其他用户造成损失）两种类型。网络外部性是市场失灵的原因之一，它导致市场上存在某些外部成本或收益，这些外部成本或收益没有被正确考虑。政府可以通过政策措施来纠正网络外部性带来的负面影响，比如通过税收、补贴、管制等手段来调节市场。网络外部性还可以分为直接网络外部性和间接网络外部性。直接网络外部性是指一个人的行为对其他人的价值产生直接影响。例如，在同一社交媒体平台上，用户之间可以直接相互交流和分享信息，这种交流和分享行为对其他用户的使用体验和价值产生直接影响。而间接网络外部性则是指一个人的行为对其他人的价值产生间接影响。例如，在某个城市中使用电动汽车的人越来越多，推动了充电设施的建设和电动汽车技术的改进，这些变化可能不仅会改善当前使用电动汽车的人的体验，也能带来更清洁的环境和更低的空气污染水平。直接网络外部性和间接网络外部性都是指一个人的行为对其他人的价值产生影响，而这种影响并不通过市场价格体现，它们之间存在联系和相互作用。在某些情况下，直接网络外部性可以促进间接网络外部性的出现。间接网络外部性也可以影响到直接网络外部性的强度和性质。

网络外部性主要产生于网络的系统性、互补性和共享性。影响网络外部性的因素主要有网络规模、关联强度、作用频率和网络开放性等。网络规模越大，网络外部性就越大。网络各个节点的关联强度越高，相互的作用越大，网络外部性就越大。作用频率是指各用户之间相互发生作用的次数，在一个网络中，如果用户之间经常联系，发生相互作用的次数越多，网络外部性就越大。网络开放性首先是对其他用户的开放，其次是对其他网络及产品的开放。网络开放性可以促进信息和服务的共享，从而产生正外部效应，如创新、竞争和社会福利的提高等。另外，限制网络开放性可能导致负外部效应，比如垄断和不公平竞争，这些都会损害消费者和整个社会的利益。因此，网络开放性通常被视为强制实施反垄断和公平竞争政策的必要条件之一，以确保网络生态系统的公正和有效运作。从中可以看出，某种程度上开放在价值共创机制中发挥了调节作用，这种机制被递归性所强化，因为不仅可以通过额外的互补者来增加价值共创，而且随着数字技术的发展，互补提供者的数量也可以增加。

第三，数据资源生成与整合。共同创造价值而产生的资源及其随后的整合是由数据的同质性实现的，而数据的同质性是数字生态系统内生成能力的基础。很多平台提供了规则协议的模块化结构，以及有形和无形的资源，这些资源可以很容易地交给参与者进行交换，交易的便利化使平台成员能够交换知识以共同创造价值，同时也能获取它们共同创造价值的一些手段，因为所有数字设备和应用程序都可以类似方式访问数据，所以这些数据的新用途可在生态系统内的新组合中找到。这些资源本身可能很有价值，有时这些副产品成为供应商创造价值的主要来源。例如，谷歌、推特、Meta 和许多其他公司的案例表明，这种生态系统价值共创机制可能非常强大，迫使生态系统参与者免费提供与受益人的主要互动，以最大限度地增加用户数量，从而积累所需的副产品。价值创造机制并不是孤立的，它们可以相互作用推动生态系统的形成，如果生态系统内部的直接和间接外部性足够强大，它对生态系统的参与者将产生足够的黏性，并阻止竞争对手进入同一领域，说服新的参与者加入而不是成为竞争对手，这将带来用户互动的增加和更多的资源共享，从而产生正反馈效应，促进生态系统的指数级增长和进化。

第二节　河南自贸区金融服务生态体系的构建

如何推动 RCEP 新金融服务规则释放出更大红利，借助 RCEP 生态圈进一步扩大开放，为更多河南企业融入国际市场创造条件，河南决意把河南自贸区郑州片区打造成 RCEP 示范区，并以此为抓手，引领全省制度型开放体系建设。结合《建设河南省 RCEP 示范区工作方案》和《中国（河南）自由贸易试验区金融服务体系建设专项方案》，河南自贸区金融服务生态系统建设要以制度创新为核心，以风险防控为底线，大力探索创新金融服务，逐步搭建与国际规则、规制、标准和管理相衔接的金融制度框架，构建多元融资、服务高效、一体联控的金融服务体系，提升平台的效能，促进投资自由化、贸易便利化和管理法治化。目前河南自贸区金融创新无论是在政策方面，还是在产品和服务方面都取得了巨大的进步，金融对外开放稳步推进，金融服务功能不断增强，极大地助力了自贸区的建设。具体到自贸区金融服务生态系统建设，以下几个方面还需要进一步完善和加强。

第一，进一步加大与 RCEP 成员国金融服务领域的开放与合作，把河南自贸区金融服务生态系统置于 RCEP 更大的服务生态圈中。RCEP 在金融领域开放上做出了更高水平、更加全面、更加深入的承诺，特别是新金融服务规则的提出，为自贸区金融机构和 RCEP 成员国金融服务领域全方位、多层次的合作建立了公平、透明、开放和互惠的合作框架和机制，为河南自贸区金融制度性创新和金融产品和服务的多样化选择提供了广阔的空间，也为河南自贸区深度融入 RCEP 金融生态系统提供了坚实保障。河南自贸区要完善与东盟地区的金融市场合作与风险分担机制，建立河南自贸区与 RCEP 成员国双边或多边合作基金、合资证券公司、合资保险公司等，为跨境企业、跨境投资和贸易提供便利化融资和风险控制的新手段。加大自贸区金融机构与 RCEP 在直接保险、再保险、转分保、保险中介、货币支付、担保和承诺、证券发行、资产管理、货币经纪等业务领域的合作与交流。加强河南自贸区与 RCEP 成员国数字经济和金融科技等方面的合作，促进跨境电商和供应链金融跨区域、跨生态、跨部门虚拟化和数字化。进一步降低自贸区金融机构的准入门槛、实行金融服务负面清单制度，扩大业务范围。引进 RCEP 成员国银行入驻自贸区，引进中外合资的证券公司、融资担保和小贷机构，推动融资担保公司、小贷公司和国内外相关机构的业务合作以解决科技型中小企业的融资增信问题。外资金融机构的进入既可以丰富多层次、宽领域、广覆盖的自贸区金融服务体系，外资金融机构借助母国优势也可以提供更加丰富的金融产品，并通过竞争和合作机制提升内资金融机构的产品竞争力和服务效能。同时要进一步完善 RCEP 框架下金融服务的互联互通，改善自贸区营商环境，促进自贸区金融服务的提质增效。河南自贸区金融服务数字平台生态系统的构建如图 7-2所示。

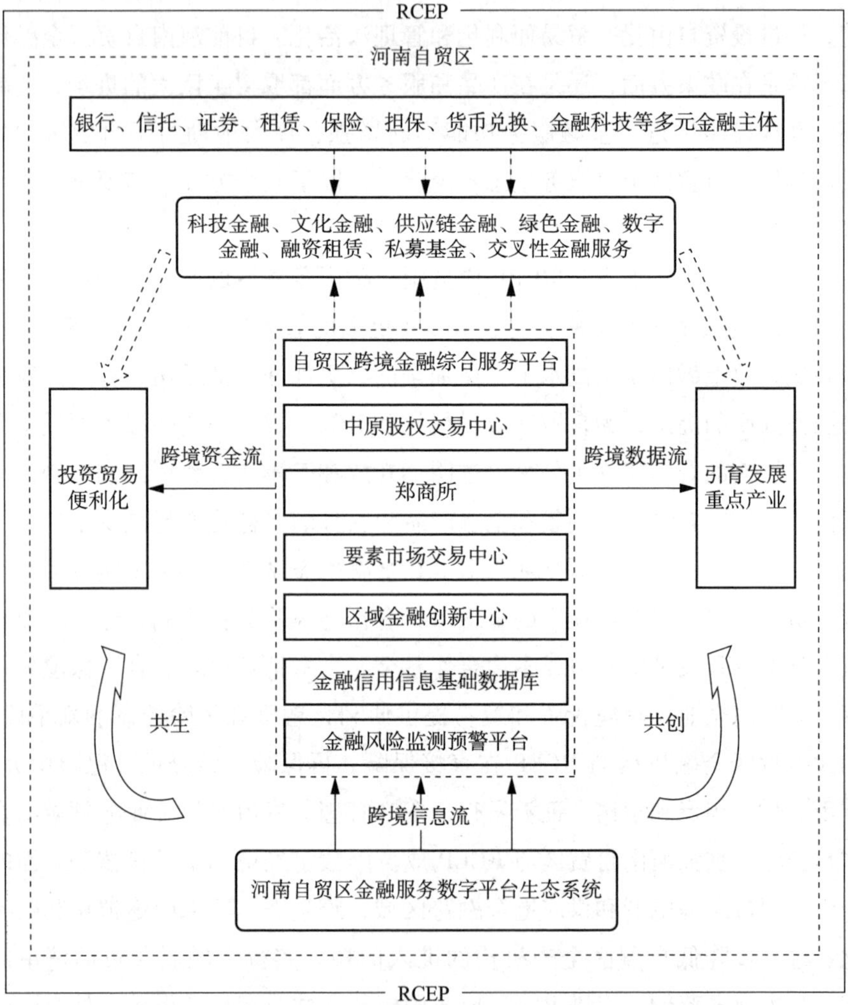

图 7-2　河南自贸区金融服务数字平台生态系统的构建

第二，完善自贸区金融机构服务体系。进一步完善商业银行、信托、证券、保险、再保险、担保、再担保、融资租赁、货币兑换、金融科技等多元化金融主体，建立符合自贸区发展定位的金融机构体系。河南本土银行业金融机构需要进一步做大做强，形成良好的金融集聚和辐射效应，满足自贸区企业多样化的金融需求。对于入驻自贸区的银行业金融机构来讲，为更好地提高服务质量和效率，建议设立专门从事自贸区创新金融服务的特色支行，为自贸区企业提供综合化、一站式的金融服务；基于河南自贸区的战略定位，需要进一步完善支持自贸区高端产业发展和枢纽交通的非银行类金融机构，包括企业集团财务公司、汽车金融公司、消费金融公司、金融租赁公司以及和跨境电商密切相关的第三方支付机构的入驻，培育和壮大本土非银行类金融机构；完善河南自贸区的投资银行体系，支持中原证券股份有限公司、中原期货股份有限公司通过增资扩股的方式做大做强，增强在同行业的竞争力。完善自贸区的保险和担保机构体系，包括财产保险、人身保险、多式联运物流专业保险、再保险、自保机构、相互保险等保险机构，有效发挥保险机构的风险防范和保障作用；大力发展基于互联网和大数据的新型金融科技公司，包括供应链金融公司、跨境电商金融服务公司、金融大数据公司、物流金融公司等，围绕自贸区现代物流、跨境电商、创意设计、文化传媒、装备制造等重点发展的行业和领域开展个性化的金融服务。

第三，拓展金融机构的服务功能和服务半径，提高服务质量。建设集结算、支付、结售汇、融资、征信、保险、汇兑、咨询于一体的自贸区跨境金融综合服务平台，简化服务流程，提高服务质量。建立跨境投融资服务中心，提供包括本外币借款、发债、股权投资、货币市场融资、公司并购、资本市场融资、融资担保、小额贷款等在内的一站式金融服务。鼓励银行通过外汇 NRA 为企业开展跨境贸易融资、内保外贷、跨境担保等业务。支持企业开展境外市场化融资和境外项目人民币贷款，以境外资产和股权、采矿权等权益为抵押获得贷款。进一步拓宽人民币跨境使用的范围，在借鉴其他自贸区经验的基础上，积极推进本外币合一银行账户体系试点。通过优化标准、规则和流程，实现本币账户与外币账户在开立、变更和撤销等方面的统一，以提高金融服务效率和便利性，使企业能够根据自身的外汇需求和汇率的国际变动情况，实现本外币账户的自由兑换，降低融资成本和汇兑风险。探索建设境内境外互动、本币外币互动、内企外企互动的人民币离岸业务在岸结算区域交易中心。支持跨境企业集团在境内外成员企业之间开展跨境人民币资金的调剂和归集。鼓励和支持大宗商品贸易和境外承包工程等重点领域使用人民币结算，不断扩大人民币在贸易投资中的使用。支持保险机构发展出口信用保险，进一步降低出口信用保险费率，鼓励发展再保险业务。支持商业保理企业适当拓宽业务范围，探索发展商业保理服务跨境电商新模式。创新离岸金融业态，发展离岸保险、离岸并购等业务。金融创新是传统金融要素再组合或衍生出新的产品或业态，要进一步拓展科技金融、文化金融、供应链金融、绿色金融、融资租赁、私募基金和交叉性金融等特色服务的创新空间，促进自贸区金融产品服务功能的拓展或新业态的产生。促进金融科技的应用，充分利用现代数字技术如大数据、人工智能、云计算等，为企业提供更具特色的场景化金融服务，并提高服务精准度。争取数字货币试点，推动央行数字人民币在跨境贸易、跨境旅游等场景中的应用。引导非银行支付机构为跨境电商提供支付服务，推动跨境电商线上融资及担保方式创新。

第四，完善和拓展服务投资贸易便利化和引育发展重点产业的自贸区服务平台体系的功能，形成网络协同效应，促进金融产品和服务的创新。提升中原股权交易中心的功能，包括融资功能、上市培育功能、并购转让功能、股权托管功能、定价评估功能、私募债发行和转让功能等，加强中原股权交易中心和商业银行、证券公司、私募基金等不同类型金融机构的合作与交流，提升中原股权交易中心的辐射能力和金融资源的集聚能力，使中原股权交易中心真正成为自贸区中小微企业的孵化器和助推器。

进一步提升郑商所作为金融服务平台的辐射能力、定价能力、服务能力和资金聚集能力。郑商所是经国务院批准成立的国内首家期货市场试点单位，全国五家期货交易所之一，也是中西部地区唯一的期货交易所。自 1990 年 10 月 12 日成立以来，郑商所从原有的农产品期货发展成为产品覆盖粮、棉、油、糖、果和能源、化工、纺织、冶金、建材等国民经济重要领域的期货及衍生品交易所。截至 2022 年 3 月 30 日，郑商所已上市 23 个期货，包括全球首个鲜果期货苹果、国内首个化工品期货 PTA、国内首个危化品期货甲醇等，以及6个期权产品，品种工具体系覆盖粮食、油脂油料、建材化工、特色农产品、化纤纺织、能源金属等国民经济重要领域。此外，郑商所还制定出中国第一部期货交易规则，为我国期货交易机制奠定了基础。无论是河南自贸区的发展规划还是郑州示范区建设，都要依托郑商所，发展新的交易品种，为实体企业提供有效的价格预期和风险管理工具。加大郑商所与商业银行及其他金融机构的合作力度，创新标准仓单买断式回购等融资工具，降低企业的融资成本。继续依托重点期货品种，构建产业链系列化品种体系，提升大宗商品价格的影响力，推动郑商所成为国内外具有重要影响力的期货及衍生品交易所，提升在国际金融市场的参与度和话语权，力争建设成为综合化、现代化、具有国际影响力的商品期货交易中心。

积极推进自贸区要素市场交易中心建设，使工程招投标、政府采购、土地、劳动力、产权、数据服务、数据报告、API、数据应用等数据要素进场交易，探索建立数据要素市场体系，促进要素的合理流动，提高要素的配置效率。继续推进数据确权、数据的标准化、资产化和商品化体系建设，创新数据交易模式，完善数据流通体系，推动更多的数字企业建立重点领域数据资源池，不断壮大数据市场规模，实现产业的数据化和数据的产业化，最终实现数据从资源到资产再到资本的价值转化。

促进不同平台的相互开放与合作。首先整合河南省金融服务共享平台、河南省科技金融在线服务平台、河南省金融产品网络服务平台、河南省小微金融服务平台等综合性金融服务平台为河南省区域金融创新中心。其次增强平台的交易功能，通过交易数据整合和挖掘、资源抽取和融合，打造统一的数字金融产品大数据平台。制定平台合作与共享机制，吸引不同类型的金融机构、会所律所等中介机构、咨询机构、培训机构、政府等加入，积极接入其他平台如公安、税务、银行、政府的数据库资源，促进资源池共享，建立数据资源社会化运行模式，实现不同金融机构和平台之间的共生共创，并由多样化的金融服务衍生出研究开发、创业孵化、技术转移、知识共享的服务生态圈，建立多维多源多体的自贸区金融服务体系，实现自贸区金融服务的网络效应和生态效应。

进一步加强金融信用信息基础数据库建设、开放和接入，打造一流的营商环境。金融信用数据库既是征信平台，也是生态系统的重要组成部分，良好的信用环境不但可以降低系统性风险，还可以促进生态系统成员的合作与共享、降低交易成本，促进价值共创。以后要进一步整合不同部门、不同行业、不同地区的信用信息数据库，建立统一的信用信息平台。同时大数据、互联网、云计算技术的广泛运用和推广，为传统的征信行业带来了新的契机，在大数据时代，信用信息不但成为跨境电子商务健康运行的基础设施，大数据也丰富了信用信息的数据来源，不再局限于传统的金融领域，而是基于交易数据、公共事业数据、社会信用数据、互联网公司等多方面的数据来源，改进了信用评价方式，提升了信用处理能力，促进了信用资源的融合和共享，成为信用体系建设的有效支撑和创新信用体系的突破口。

第三节　河南自贸区金融服务生态系统的治理研究

目前，从政府到企业都认识到数字平台在多边连接、资源聚合、系统规划等方面不可取代的功能，但能够有效协同平台的不同主体并产生整合效应的平台生态系统并不多。河南自贸区金融改革的力度非常大，但创新系统的集成度仍然不够，整体改革往往只涉及某些部门或某方面效率的提升，缺乏整体的系统规划和全局性考量，改革的碎片化特征比较明显。河南自贸区各式各样的金融服务平台有很明显的自上而下的制度建构的痕迹，普遍存在缺乏有效的沟通规则和协同机制，缺乏清晰的商业模式和共生动力机制，产品和服务单一，数据处理和项目发现能力弱等问题。如何让平台主体通过价值共创过程为生态系统源源不断地输出价值，让平台真正成为平台主体之间交流沟通、信息传递、能量传输、共生共创的载体，需要进一步剖析自贸区金融服务生态系统的治理，提升平台的系统性、集成性和协同性，进一步增强平台的网络效应，提高平台的效能，促进平台生态的健康发展和产品服务的持续创新。

一、数字平台生态系统治理的一般逻辑

就数字平台来说，由于其连接的多主体性和强烈的外部性，如果仅考

虑平台自身的治理很难解决平台出现的所有问题。因此平台治理实质上是多主体治理，其治理的关键目标是建立一个多赢的合作机制以提高平台各方价值共创的效率（Kapoor，2018），降低价值共创过程中的风险和不确定，既包括正式的制度约束，如法律、规则、监控和惩罚等，也包括非正式的制度约束，如开放、共享、文化，信任、道德和价值观等。两种制度相互补充、相互加强、相互作用，既提高了价值共创的效率，也保证了价值共创的连续性，在价值共创的早期和开始阶段，应以平台权力分配、平台规则确定、平台收益分配等正式机制为主，在价值共创的中后期阶段，应以信任、共享等非正式机制为主（钟琦等，2021）。

Tiwana（2014）区分了平台治理的三个维度：决策权、控制权和定价权。决策权主要为平台参与者设定目标及实现目标的路径，主要包括两类：一是平台决策权和应用决策权；二是战略决策权和实施决策权。决策权的实施需要区分不同平台的性质和功能，合理设计用户界面接口，控制生态系统的内部接口；控制权主要是建立相应的机制来确保所有平台参与者的行为都符合平台目标，包括输入控制、输出控制、过程控制和关系控制；定价权主要指双边市场价格结构和策略，价格结构决定了平台价值创造和价值分享机制，价格策略则是为了快速实现平台的网络效应所采取的价格激励措施。

Schreieck 等（2018）从治理结构、平台访问和控制、价格机制、边界资源、信任机制和外部关系等六个方面讨论了平台治理机制。平台治理结构有集中的也有分散的，集中治理由于缺乏有效的制衡机制，可能导致平台所有者最大化自身的利益，从而损害其他利益相关者的权利，也可能因为缺乏直接的沟通而影响平台的效率。目前平台分散治理主要包括协同治理、合作治理以及去中心化治理等模式。分散治理将平台的决策权分配给平台各方，从而限制平台所有者的行为（Cheibub et al.，2010），这可以消除组织中的权力层级和决策瓶颈，使复杂的治理过程清晰化，有利于平台成员之间的价值共创和价值分配；边界资源是管理平台生态系统价值共创的工具、法规或其他资源（Eaton，2015），如 API 和 SDK，它们是培育平台生态系统的重要元素。Gawer（2014）描述了数据作为边界资源的重要性。数据是平台的核心资源，目前几乎所有成功的平台生态系统都是由数据驱动的。信任机制是平台生态系统成功的先决条件，它包括平台所有者与互补者之间以及整个生态系统成员之间的信任。外部关系主要指如何实现不同生态系统成员之间的互动与沟通（Benlian et al.，2015）。

Schwarz（2017）从微观、中观和宏观三个层面研究了不同平台的治理机制，微观层面是指平台不同个体在平台上的互动，中观层面则侧重于不同平台生态系统之间的关系，宏观层面主要从社会层面研究平台的各种外部效应，但在治理实践中，这三者往往是交互的，并没有一个明确的界限。因此，站在不同的治理层次，平台治理的基础是不同的。在微观层面上，更强调用户之间的交互，这时平台自身的规则就比较重要。在中观层面主要是不同平台之间的数据互通和信息管理，也是目前平台治理中比较复杂的部分。在宏观层面上则主要受国家政策、法律和法规的制约。

二、基于价值共创的河南自贸区金融服务生态系统治理

河南自贸区数字平台生态系统由银行、保险、证券、担保等多元平台主体参与，它们通过相互协作与沟通，共同致力于河南自贸区投资贸易便利化和引育发展河南重点产业和企业，在科技金融、文化金融、供应链金融、融资租赁、私募基金、交叉性金融业务等方面创新产品和服务，提高服务质效，促进自贸区产业结构升级，促进河南自贸区高质量发展战略的实现。这些系统成员参与形式多样、关联因素众多、层次错综复杂，要使这样复杂的系统健康有序地运行，仅靠监管者或平台运营者的努力是远远不够的，它需要所有系统成员共同参与、共同治理。平台运营者需要有足够的价值主张和价值内容来吸引投资者、开发者、合作者、用户等系统成员加入进来，并通过建立各种规则来增强成员之间的合作与信任、建立协调和纠纷解决机制，降低成员的机会主义行为，引导系统成员各自的价值取向与平台价值观相契合。生态系统不同的金融机构也要在系统中找到适合自己的生态位，有丰富的异质性生态资源，有足够的激励相互进行物质和能量交换，共同维护平台的生态秩序和生态品质，通过共生和共创为该生态源源不断地输出价值。

（一）河南自贸区金融服务平台生态系统价值创造机制

针对目前金融服务平台普遍存在的信息孤岛和数据碎片化等问题，第

一，要改革和完善平台架构，搭建统一的河南自贸区金融服务云平台，畅通不同类型的金融机构、中介机构和自贸区管理部门的信息传输、数据共享等工作通道，提高数据资源的利用水平。第二，打造债权融资、股权融资、增值服务、政策咨询等数字化金融服务体系，债权融资包括政策性贷款产品、市场化贷款产品和其他创新金融产品。股权融资包括天使投资、创业投资、私募股权投资、产业投资基金等。增值服务包括培训教育、大数据服务、企业征信服务、第三方中介服务等。第三，建立河南自贸区金融服务平台、郑商所、中原股权交易中心、要素市场交易中心、区域金融创新中心和金融信用信息基础数据库等基础平台的互联互通与合作交流机制，这些平台共同构成河南自贸区金融服务生态系统的重要成员，要进一步提升这些平台的资源集聚和辐射能力、业务合作和产品交叉创新能力。第四，数字平台不仅是协同治理的灵活场所和便捷工具，还代表了治理结构从传统科层制向扁平化转型的方向，这就涉及政府组织结构的重构和政府角色的转换。政府要打破部门间的封闭和壁垒，完善信息共建共享机制，探讨跨部门、跨系统、跨层级、跨业务合作沟通协调方式，探索线上集中办公模式，提高综合行政事务的管理能力，敏捷回应企业的合理诉求。第五，不同平台的运营者需要投入大量的资源来吸引最优质的金融机构、市场中介和第三方机构加入自贸区金融服务生态系统，为了实现这个目标，平台运营者需要为这些机构的创新提供便利和激励，并尽最大可能留住优质的机构，这就需要增加平台的黏性。对这些机构来说，一个透明、互动频繁、有清晰规则和有效资源整合能力的平台更有益于价值共创。

Bharti 等（2015）归纳了影响价值共创的五类因素：交互环境、资源、合作生产、感知收益和管理架构。就河南自贸区金融服务平台而言，创造诚信、互助、合作的平台文化和平台环境是自贸区金融服务平台价值共创重要的驱动因素，很多商业模式的成功都源自其特有的创新社区和创新文化；清晰的商业模式是价值共创的重要驱动因素，河南自贸区金融服务平台不能局限于展示平台，而应该定位于综合交易服务平台，并努力实现产业的数据化和数据的产业化，共同推动平台数据的沉淀、再生和平台价值的增值；数字平台打破了传统的封闭、层级和授权，它们在一个开放、包容和创新的组织环境中，所有的利益相关者基于共同的价值围绕平台相互协作、共享和共赢，自贸区金融服务平台必须突破企业之间原有线性交易的逻辑，为合作伙伴提供一个多样化合作的渠道，确保平台与其参与者之间的可持续关系，为参与者提供一个灵活、可靠、个性化的体验，与利益相关者建立更开放、更积极的对话机制和沟通机制，充分激发参与者的创造力和参与度，并在参与者之间建立互信。自贸区金融服务平台必须打破原有的平台边界，创造一个扁平、开放和包容的组织环境，充分利用系统成员异质性资源，围绕其核心价值实现价值共创，进而形成一个开放、包容的平台生态系统来保证互补品的生产和服务的创新。

（二）河南自贸区金融服务平台生态系统价值共享机制

平台的价值分配机制一定是透明和公允的，要保障每一个利益相关者的利益，除核心成员之外，每一个参与价值共创的利益相关者都有权力参与利益协调和分配规则的制定，利益分歧或缺乏信任是价值共创最大的障碍，信任应该建立在明确的参与和奖励规则之上，确保每个参与者的付出都能够得到合理的回报，价值创造成果由所有人共享，否则很难吸引互补者源源不断地加入平台。对于河南自贸区金融服务平台而言，不同类型的金融机构一定要找准适合自己的生态位，开发适合自己风险偏好和风险控制能力的金融产品及服务，并与其他不同类型的金融机构有效合作，错位竞争，共同致力于结构化、组合化金融产品和服务的研发和创新，避免出现低水平的同质化竞争。同时，平台所有者要在一定程度上放开平台的控制权和决策权，让平台真正成为平台成员之间相互进行商品、服务和信息交换的生态系统。平台要建立清晰、透明、公开的利益协调和价值分享规则，确保每一个参与者获得的收益与其承担的风险是匹配的，所有的合作都是互利共赢的。最后，要建立平台的声誉机制，包括平台领导者的声誉机制、平台的适当性准入机制，还应考虑非正式的道德和价值约束。通过这种方式，政府、企业和用户等不同主体的责任得到了明确，数字平台成为不同利益相关者相互连接和持续互动的主体。

（三）河南自贸区金融服务平台生态系统价值评价机制

如何评价平台生态系统是否治理良好，Iansiti 和 Levien（2004）提出了生态系统健康的概念。孙耀吾、陈云（2021）运用扎根理论、文献研究和专家访谈的方法建立了测量平台生态系统健康水平的合作伙伴关系、稳健性、创新性和财务绩效等四个维度，19 个题项的量表。边界资源是平台向互补者转移设计能力的一个重要途径，如果平台的异质性边界资源丰富，既可以拓宽互补者的创新途径，又可以避免与平台愿景不一致的应用程序充斥平台；技术或接口的开放既可以使数据和信息在系统内外自由流动，又可用来调节互补者的进入。模块化的平台架构可以使多个互补者共担创新责任，不同的平台架构会影响到平台的演化路径和平台不同的价值主张（Tiwana et al.，2010）。由于平台的间接网络效应，应用程序的数量和种类越丰富，就会吸引越多的用户不断加入平台，从而增加平台价值交换的机会（Cennamo and Santalo，2013；Boudreau，2010）。另外，一个治理良好的平台生态系统绝不是静止的，而是动态的，能够对高度复杂和不确定的环境做出敏捷的反应（Tiwana et al.，2010；Reuver et al.，2018）。

自贸区金融服务平台应积极主动识别自贸区内企业多样化的金融需求，采用新的技术、方法和模式来解决企业的融资便利化和金融服务问题，使之成为与企业共享价值的重要渠道。一个健康可持续的平台除了要严格遵守国家的法律法规，还要树立良好的平台形象和价值观，找到企业、金融机构、所有者、互补者、监管机构不同利益最大契合点，强化金融风险底线思维，严格开展金融监管，建立良好的运营机制和健康的商业模式，最大限度地保护用户隐私和知识产权，和政府、社会、企业相互配合，共同维护平台的健康，只有为企业带来便利化、精准化、综合性的服务平台，才能够不断地引领自贸区金融服务生态系统的发展，才能够更好地服务于企业并为企业源源不断地创造价值。河南自贸区金融服务平台应按照“立足创新、服务全省、复制全国”的发展策略，进一步做大自贸区金融服务平台，深化自贸区金融服务内涵，不断完善债权融资、股权融资和增值服务体系建设，形成具有较大规模和比较优势的产品体系、基金体系和服务体系，全力打造自贸区全方位、全生命周期综合金融服务商。

数字平台已经成为当今商业、社会、文化交流的重要场所和组成部分。它改变了传统公司价值创造和价值获取逻辑，促成了商品、服务和信息在更大范围内自由流动，本部分以平台的价值创造、价值共享和价值评价为主线，系统论述了平台及平台生态系统治理的含义、特点及价值创造机理，搭建了以价值共创为基础，各方共同参与、共同治理的河南自贸区金融服务平台生态系统架构。在为平台生态系统的健康可持续发展提供有价值的实践指导的同时，也为复杂的数字化环境下平台运营的科学化、专业化、生态化提供了有益的启示。

第八章

RCEP框架下河南自贸区金融创新的风险防范与监管研究

结合《中国（河南）自由贸易试验区金融服务体系建设专项方案》，河南自贸区金融改革与创新的重点是建立符合自贸区发展定位的金融机构体系、推动投资和贸易便利化、提高金融服务的质量和效率、推进企业境内外多元化融资等。可以看出河南自贸区金融创新的出发点和落脚点都是更好地服务于实体经济，而不是纯粹的为金融而进行的改革，金融创新的目的是推动金融业态的发展和服务功能的拓展，为企业创造一个更宽松的融资环境，降低企业的融资门槛和融资成本。河南自贸区既不是一个独立的金融服务体系，也不是重点发展人民币资本项目下可兑换和离岸市场，而是相对于非自贸区采用更开放、更灵活、更简化、更包容的金融市场机制，充分释放创新潜力，服务于投资和贸易便利化，引育发展重点产业。但自贸区作为对外开放和制度创新的先导区，作为国际资本流动的前沿，不可避免地会受到国际金融市场动荡的影响和金融风险的传染，所以扎实推进全口径的宏观审慎管理框架和微观审慎管理框架是必要的也是急需的，这是分析河南自贸区金融创新风险防范与监管的前提基础和目标任务。

第一节　自贸区金融创新风险来源

一、自贸区宏观金融风险

从宏观方面看，河南自贸区处于 RCEP 和“一带一路”大经济循环系统中，外向型经济特征比较突出，国外宏观经济的大幅度波动不可避免地会影响到自贸区宏观经济和企业的稳定，国际金融市场风险也会通过自贸区传染到在岸市场。具体来说，主要有以下几个方面的风险来源：

第一，跨境资本流动风险。自贸区实现了贸易和投资便利化，并清除了影响资本流动的种种障碍。跨境资本流动包括短期资本流动和长期资本流动，长期资本的输入无疑会为自贸区带来拉动其经济快速发展的资本，便利企业的境内外投资和融资，但也可能造成所投行业的生产过剩。基于套利的短期资本流动的规模和方向无疑也会造成宏观经济和金融市场的波动，导致货币汇率风险、政策风险、市场风险和信用风险陡增，使得银行体系更加脆弱。特别是对于账户洗钱、恐怖融资和偷税等非法资本流动，更要加大防控、监测、分析体系建设，有效打击违法犯罪活动。

第二，金融风险的交叉传导。自贸区为金融创新提供了宽松的金融环境，很多金融创新属于传统业务的交叉、叠加和重新组合，这就增加了金融监管的复杂性，并为金融风险的跨区域、跨行业、跨市场传播创造了条件，如果不同的监管部门数据、监管标准和信息不统一，就会产生监管套利或监管漏洞。不同期限、不同类型的资本相互转换，也会造成资本的期限错配，并在一定程度上累积成信用风险或流动性风险，不但会影响到自贸区的金融稳定，也会向区外渗透和传播。

第三，自贸区金融服务平台的综合监管风险。自贸区金融服务平台有效地整合了资源，促进了金融资源的交叉和融合，提高了金融服务的质量和效率，成为自贸区金融服务的主要途径和方式。金融服务平台在带来创新和协作便利的同时也模糊了不同类型金融机构的业务界限，如果不同的金融机构没有建立起稳定的交流和沟通机制，金融服务的某个环节出现问题就很有可能波及其他金融机构甚至影响金融体系的稳定，譬如投贷联动直接是商业银行和风险投资部门的合作，这两类金融机构的风险偏好完全不同，如果没有有效的合作沟通机制和稳定的风险分担机制，那么很可能出现风险投资部门把投资风险转移到银行的信贷部门，从金融机构风险转化成金融系统性风险，其他诸如多式联运保险等业务创新，会降低整个金融系统的稳定性。

第四，监管套利风险。构建自贸区金融服务体系意味着监管对象增多，监管范围扩大、监管复杂性增强，同时为了给金融机构创造宽松的创新空间和创新环境，监管部门或金融机构的上级部门往往给自贸区金融机构较大的授权和操作空间，自贸区金融机构可能以追求自身业务利益最大化为目标，以制度创新的名义进行寻租或套利等业务操作，从而带来操作风险。目前跨境电商交易虚拟性、数字性增强，如果监管科技不能同步跟进，就可能出现重大的监管漏洞，从而产生系统性风险。

二、自贸区微观金融风险

从微观方面看，自贸区金融风险主要指具体的金融业务风险、金融机构的稳健性以及维护投资者和消费者的合法权益。只有微观金融不发生问题，才能降低宏观金融风险，宏观金融的稳定也会增强微观金融机构和金融业务的稳健性，两者相辅相成，很难截然分开，具体到自贸区而言，微观金融风险主要体现在以下几个方面：

其一，金融创新风险。河南自贸区金融创新主要为金融产品创新和金融业态创新。第一，目前金融产品主要向结构性、复杂性和科技性方向发展，虽然自贸区金融改革政策强调的是制度创新，但实际上一个新的金融产品或服务的问世难免会面临合规风险，即可能与国家的监管政策冲突从而面临被整改或投资者和消费者的维权。第二，市场风险，所有的金融创新都应基于市场的需求，如果不能真实反映市场的需求，那么这个创新必定没有发展前景。第三，产品的模型错误，在产品设计时忽略或遗漏了重要的风险变量，这极易引发信用风险、操作风险、市场风险和流动性风险，从而给金融机构或交易对手造成重大的损失。第四，随着现代金融业态交叉性、复杂性和科技性越来越强，极易出现交叉性风险和监管漏洞，并引发金融系统性风险，前述的影子银行系统就是典型的案例。第五，目前自贸区的主要任务是发挥改革和创新试验田的作用，其目标是成功的创新案例能够复制和推广，河南自贸区在复制其他自贸区金融创新案例时可能面临新型产品和业态的压力，河南自贸区金融机构要根据自己的风险控制能力让创新的经验和做法在自贸区生根发芽并茁壮成长，就需要提高自身的风险控制能力和水平，监管部门要建立微观审慎的风险管理框架。第六，自贸区存在许多金融业态如科技金融、文化金融、绿色金融、供应链金融等，这些金融产品和工具本身可能面临信息不对称、轻资产、环节多、评估难等固有的难题，很多金融机构在推进过程中困难重重，自贸区大规模开展这些业务会面临这些业务固有的风险。

其二，信用风险。主要体现为交易对手风险，相对于境内贸易，跨境贸易信息不对称、不同国家的监管标准不统一，极易引发信用风险控制过程中的资金流向、资金用途、产品质量等方面严格审查，从而发生信用风险。同时由于对交易对手的信用状况的掌握相对于境内交易更加困难，在跨境贸易和投资中缺乏信任，很容易造成交易的结算风险和法律风险。目前国内的金融机构大多没有建立完备的针对跨境贸易各个环节的信用评估和信用管理流程，使得跨境贸易面临的信用风险远远地大于境内贸易，监管部门监管的复杂性和要求的监管能力也更高。

其三，FT 账户风险。自贸区企业可在通过中国人民银行分账核算单元验收的银行开立 FTE 账户，境外机构可开立境外机构自由贸易（Free Trade Non-resident，FTN）账户，此外还有区内个人账户、FTF 账户、区内机构自由贸易 FTU 账户。自贸区 FT 账户是中国自贸区改革开放的重要成果之一，自贸区 FT 账户启动于 2013 年上海自贸区试点时期，用于推进人民币国际化和资本项目可兑换。这个阶段只有少数企业可以申请使用 FT 账户。2016 年，自贸区 FT 账户在所有自贸区全面推广。此后，境外投资者可以通过 FT 账户进行跨境人民币结算和外汇兑换，促进国内外贸易和投资自由化。2019 年后，为进一步提高自贸区 FT 账户服务水平，自贸区金融机构开始不断提高 FT 账户办理效率、缩短审核周期，并加强监管，加大对违规行为的打击力度。2021 年后，为支持 FT 账户更好地服务实体经济，中国政府正在探索自贸区金融创新和金融市场开放，为境内外企业提供更加便利和优惠的金融服务。

FT 账户在便利资本跨境自由流动的同时，也面临企业和个人利用 FT 账户抽逃资金或资金外逃的风险。同时 FT 账户作为境内外资本快速流动的“高速路”，很可能引发短期资本的套利行为以及成为不法分子洗钱的重要工具和途径。由于 FTE 账户可以自由兑换货币，外汇市场波动可能对账户价值造成影响。此外，如果企业或机构未能按照规定使用 FTE 账户，存在违规操作的风险，会受到监管部门的处罚。当与 FTE 账户相关的交易涉及其他相关方时，如交易对手方或银行等，也可能存在信用风险。因此，在使用 FTE 账户时，需要严格遵守监管要求，加强风险管理和控制。

其四，金融科技风险。国际金融稳定委员会对金融科技的定义为通过技术手段推动金融创新，形成对金融市场、机构及金融服务产生重大影响的业务模式、技术应用以及流程和产品。目前金融机构积极拥抱金融科技，突破传统业态，并把它作为风险管理的重要工具和手段，但任何事物都有两面性，金融科技同样也是风险的来源。第一，数据安全问题，大数据时代数据和信息已经成为最为重要的生产要素，但隐私泄露、数据存储、安全漏洞、算法模型缺陷或被恶意利用等引发的金融交易数据安全问题在数字化时代显得尤为突出。第二，金融业是生产和加工信息的产业，金融中介的主要职能是减少投资和融资之间的信息不对称，在传统的金融中介时代，信息是点对点线性传输的，在大数据时代，信息传输方式发生了根本性改变，信息传输更广泛，更具隐秘性、传染性和破坏性，由此可能产生信息披露的缺失而造成信用风险。第三，金融科技引发的合规性风险。随着大数据、区块链和人工智能的快速发展，很多金融产品已经无法用传统的金融法规明确界定，如区块链智能合约是否适用于现有的法律依然没有定论，一些基于大数据和人工智能的金融交易也很难用现有的法律法规进行明确约束，这使得金融科技的应用极易引发合规性风险。第四，金融科技使得跨行业、跨国境的信息传输更加迅速，金融危机更容易在整个行业内蔓延，再加上混业经营，资本传输的链条更加复杂，这也给传统的金融监管法规的适用性带来了极大的挑战。

第二节　宏观与微观审慎协同监管框架

宏观审慎监管以降低系统性风险为目标，微观审慎监管以保护投资者和消费者的合法权益为目的。在 2008 年全球金融危机之前，世界各国的金融监管更注重于确保银行的微观稳健性，即通过防止风险向银行转移，确保银行自身的风险管理能力。相关的监管要求主要建立在对风险真实转移认定的基础上，缺乏关注风险本身的化解状况和转移后实际承担者的稳健性，也缺乏对系统性风险的指导和要求。这使得在次贷危机向金融危机转化的过程中，债务抵押债券、信用违约交换等资产证券化产品不仅成为风险传染的媒介，也极大地放大了次级贷款的风险，最终导致包括银行业在内的整个金融系统风险的爆发。随着金融科技的发展和金融市场一体化的推进，金融机构之间的相关性加强，风险敞口日益趋同。单个金融机构自下而上的微观审慎监管可能忽视整体稳健性和对金融风险传染的防范不足，因此需要更全面的监管评估体系来评估金融系统性风险。自贸区作为金融开放最前沿的阵地，受外部金融市场动荡的影响最直接，所以自贸区金融风险的监管不应仅关注单个或部分金融机构的稳健与否，还应该在此基础上重视对金融体系整体稳健性的把握，同时，宏观审慎监管和微观审慎监管着眼于不同的监管目标，当不同监管机构对同一金融机构或市场进行监管时，可能出现监管对象重叠，导致监管冲突或者监管真空。此外，随着金融市场和金融工具的创新，监管机构需要不断跟进并更新监管工具，以确保监管的有效性和适用性。如果监管机构的监管工具不足或滞后于市场变化，则可能出现监管真空问题。因此，需要加强监管协调和合作，以确保监管的连贯性和效果。抑制一些金融机构的监管套利，增加金融系统的稳健性，需要加强宏观审慎和微观审慎监管的协调，降低冲突性，增加互补性，建立宏观审慎和微观审慎有机协同的监管框架。

一、自贸区金融创新的宏观审慎监管

自贸区金融创新是全方位的，既包括制度创新，也包括金融工具和金融业态的创新；既包括单个金融机构，也包括不同金融机构之间的不同金融的业务交叉与融合。自贸区金融服务体系是全方位、多层次复杂的生态系统，不能沿袭过去线性点对点的监管模式，而应以金融系统整体作为出发点，以不发生系统性风险为底线，建立宏观审慎的监管框架。

第一，要防范系统性风险。自贸区应把防范系统性风险作为金融监管的重中之重，加强对系统性风险的识别、评估、监控和预警，研究和开发适合自贸区的系统性风险量化识别和预警模型，确保消灭系统性风险于萌芽之中。第二，要强化跨市场跨领域监管。自贸区金融改革消除了金融机构和金融产品之间的壁垒，充分发挥市场在资源配置中的决定性作用，这样就出现了许多跨市场的金融机构和金融产品创新，这些金融机构和金融产品的快速发展对金融系统稳定性的影响越来越大，必须对这些金融机构和金融产品采用特殊性监管机制和监管手段。第三，加强对系统性重要金融机构的监管，这些金融机构一旦发生风险会直接影响金融系统的稳定。

要建立从董事会到员工全员参与的全面风险管理文化，筑牢从前台业务、中台风控、后台审计风险管理的三道防线，促进风险信息在组织内有效沟通，对风险的变化情况、风险管理框架运作的有效性进行监控，完善从风险识别到风险评估、风险应对、风险监测、风险报告的风险管理流程体系。第四，建立本外币一体化的监管体系，完善跨境资本流动监测体系。运用宏观审慎的货币政策工具对跨境资本流动进行逆周期调节，除正常的结售汇和投资性资本流动外，把人民币衍生品也纳入外汇头寸管理的范围。加强与境外监管机构的合作与沟通，密切关注跨境资本流动的规模、方向、存量、流量以及对人民币汇率和国际收支的影响。第五，探索建立专门性的自贸区金融监管机构，赋予自贸区金融监管机构更大和更灵活的监管权限，全面对标国际通行规则和先进自贸区的监管经验，建立科学的事中事后监管体系，以适应自贸区特殊的金融环境，创新监管工具和手段，更新监管理念和思路。第六，重塑和完善自贸区监管立法。自贸区的金融监管必须纳入法治化的框架，所有的金融创新必须有强有力的法治保障。目前我国还没有专门针对自贸区的监管法规，对自贸区的金融监管法律框架由国务院文件、金融业监管部门的规章、地方性法规组成，还没有反映自贸区的金融创新的特殊性和功能性的法规和监管模式，所以需要探讨如何重塑适应自贸区创新需要的监管理念、监管模式和监管立法，体现自贸区金融创新的开放性、灵活性和适应性，保障自贸区金融改革和金融监管的高效安全，进而取得最佳的监管效果。

二、自贸区金融创新的微观审慎监管

第一，规范发展各项金融业务，加强对各类创新业务的合规性监管。鼓励各类金融机构在依法合规、风险可控的前提下创新金融产品和服务。科学评估科技金融、资产证券化、数字金融、供应链金融、资产管理等创新产品与服务对商业银行风险承担的影响，建立“实质大于形式”的穿透式管理理念、原则和框架。第二，建立资本充足率和杠杆率相结合的指标框架。资本充足率是《巴塞尔协议》和各国银行业监管机构普遍认可和采用的单个金融机构稳健性指标。但资本充足率具有顺周期、评判标准单一化、计算复杂等缺点，结合杠杆率指标可以有效地冲抵这些缺陷，降低监管套利和顺周期特性，提高金融机构的稳健性。第三，完善地方金融法人机构监管框架。由于业务的激进性，近年来，地方金融法人机构成为区域性金融风险的主要来源，应完善存款保险制度、最后贷款人和微观审慎监管相结合的地方金融安全网，加强对地方性金融机构的股权结构、资产结构、业务范围、资本结构、公司高管的动态监管。第四，加强对商业银行表外业务的监管。加强商业银行表外业务的信息披露，促进不同监管机构之间的信息交流和沟通，促进监管协调，改进表外业务的监管目标、工具、手段和方法，避免出现监管漏洞。第五，完善金融机构的内控体系，建立包含控制环境、风险评估、控制活动、信息沟通和监督等要素的内部控制框架。金融机构的高管和全体员工要树立诚信的价值观和道德观，健全公司内部法人治理结构、提高公司治理水平。完善以市场风险、信用风险、流动性风险和操作风险为主的风险预防、风险评估、风险监测体系。加强经营控制、财务控制和法律控制，疏通内部沟通机制和外部沟通交流通道，监管部门要完善日常监督和专项监督、现场检查和非现场检查相结合的监管方法和手段。第六，加强金融消费者和投资者利益保护。由于资金、信息获取、专业等方面的限制，金融消费者和投资者在金融市场中处于弱势地位，使得金融机构利用消费者自身的局限性和异质性，误导或者夸大宣传产品的收益，使消费者做出错误或非理性的选择，从而蒙受巨大的损失，既影响了金融稳定，也对社会稳定造成了严重的负面影响。微观审慎的金融监管要以保护投资者合法权益为核心，建立投资者利益保护的制度和框架。按照投资者适当性原则，建立投资者分类制度，完善投资者救济制度，建立投资者保护基金制度和强制性商业保险制度，同时设立投资者利益保护工作专门机构，强化投资者利益保护职能。

三、宏观审慎监管与微观审慎监管的协同

宏观审慎监管与微观审慎监管两者的监管目标、监管手段、监管理念、监管模式以及对风险的认知都存在一定的差异，但两者的政策工具、监管对象高度重叠，微观金融机构的稳健是宏观金融稳定的基础，只有宏观金融稳定才能为微观金融机构提供一个良好的金融环境，很多情况下两者并没有非常清晰的政策界限，而且各自都有独特的信息优势，通过相互

配合，可以相互弥补相对的监管短板，相互促进，提高监管效用，实现多元化的政策目标，所以应从法律架构、政策工具、组织机构、人员配备等各个方面相互协调，降低两者的冲突性，增强两者的协调性和互补性。

第一，完善法律基础设施，推动制定金融稳定法。目前虽然我国金融监管方面的总体架构已经初步建立，形成了以《中华人民共和国中国人民银行法》《中华人民共和国商业银行法》《中华人民共和国银行业监督管理法》《中华人民共和国证券法》《中华人民共和国保险法》《中华人民共和国反洗钱法》等金融基础法律为核心，辅以各金融部门发布的行政法规、规章和规范性文件的多层次金融法律体系。同时，地方性金融法规也在这一体系中起到补充作用。但金融监管方面的立法基本上散落在上述的法律规定中，缺乏权威性的统筹安排，而且法律条文对监管机构的权责划分过于原则性，缺乏明晰的权责界限，随着金融创新和数字金融的发展，一些创新性的金融业务已经无法用原有的法律条文进行准确界定，一些重要性问题还缺乏制度规范，目前国务院正会同相关部门就《中华人民共和国金融稳定法（草案征求意见稿）》向社会公开征求意见，该法旨在建立中国金融稳定的长效机制，加强金融监管，防范金融风险，维护国家经济金融安全和社会稳定。新的《中华人民共和国金融稳定法（草案征求意见稿）》就风险识别（预警）、风险防范、风险应对等风险管理的各个环节压实了不同监管主体、地方政府和金融机构的职能边界，明晰了宏观审慎、货币政策、微观审慎的监管职能、权责范围和法律责任，统筹协调跨部门、跨行业、跨地区金融风险的综合监管机制，促使宏观审慎和微观审慎监管方面的法律规定有效衔接，建立了法治化、市场化金融风险处置机制，设立了金融稳定保障基金，可以为维护消费者和投资者的合法权益提供一定的保障，同时也可以在必要时缓解金融风险和保障国家金融体系的安全与稳定。

第二，更新监管理念，加强政策执行层面的协调配合。强化事中事后监管理念、全面监管理念、实质性监管理念、动态监管理念、功能性监管理念和市场化监管理念，拓展金融监管的广度和深度，强化过程控制和结果控制，争取覆盖金融产品和业务的全周期、全链条。加强执行层面和操作层面的制度设计，明确不同部门和人员的职责划分和权限。加强宏观审慎监管和微观审慎监管的对接和配合，定期举行联席会议。保持监管政策的全面性、动态性和开放性，及时将自贸区新兴金融业态和创新金融工具纳入监管，对其可能引发的系统性风险进行全面预估，建立基于敏捷性管理的风险防范和风险应对机制，做好压力测试，建立金融风险的预警机制和干预机制。建立统一的、全口径的国际收支和国际资本流动统计标准和监测框架，全面及时地掌握自贸区国际资本流动的方向和规模，以及对国际收支产生的影响。

第三，充分发挥监管科技在金融监管中的作用，建立自贸区金融风险监测预警平台。金融科技正在迅速推动金融创新，并正从根本上改变着中国的金融生态环境，反之，金融创新也在倒逼着监管科技的创新。大数据、云计算和人工智能技术在金融行业的广泛采用，使得金融创新的速度远远快于监管改革的速度，传统的监管模式和手段已经不足以应对金融创新的快速发展，应建立以监管科技为基础的集金融合规、场景应用和技术驱动于一体的金融风险防范体系，充分发挥监管科技在金融监管中的作用。通过科技手段实现数据的可触达、动态反馈，提高对跨市场、跨行业交叉性金融产品和服务风险的识别和防控能力，消除数据孤岛，填补监管空白，重塑监管模式；通过与国内知名的大数据平台合作的方式，建立河南自贸区金融风险监测预警平台。通过平台整合互联网舆情信息、政府行政资源数据库、金融部门数据库和企业数据库，利用机器学习、数据挖掘、图谱识别等技术手段，实现信息和监管的无缝对接，建立“电子围网”，对自贸区内金融风险进行提前预判、动态监管和及时处置。

第三节　积极探索和争取沙盒监管试点

随着数字技术的快速发展和其在金融领域的广泛应用，出现了一系列基于金融科技的颠覆性创新，它深深地改变了金融业的业务逻辑和商业模式，也给传统的监管模式和监管手段带来了巨大的挑战。2016 年 5 月，英国金融行为监管局启动监管沙盒机制，其他国家和地区的金融监管部门纷纷跟进，并探索和发展适合本国监管环境和金融行业特点的沙盒模式。随着中国金融市场规模的扩大和国际影响力的大幅提升，中国监管部门积极引进和试点金融科技监管的沙盒模式，通过试点推广的手段，促进金融科技的创新，提升我国金融产业链的核心竞争力，2019年8月，中国人民银行印发《金融科技（FinTech）发展规划（2019—2021年）》旨在以监管为主导，促进我国金融科技的发展。该规划提出了一系列措施，包括建立健全金融科技监管制度、推动金融科技与实体经济深度融合、支持金融科技企业发展等，重点支持金融科技领域基础、共性和关键技术研发以及重大应用试点示范等。为了强化金融科技的规范发展和合理应用，监管需要增强专业性、统一性、协调性、创新性和穿透性。这包括建立金融科技监管专门机构、完善监管数据共享和协同机制、推动技术创新应用于监管等措施，以确保监管跟上金融科技的发展步伐，促进金融科技健康稳定发展。规划的出台为我国监管沙盒的落地提供了政策指引和操作指南，也为沙盒监管的复制推广奠定了坚实的法律基础。2019年12月，中国人民银行正式启动中国式监管沙盒的试点工作，将北京选为首个金融科技创新监管试点，2020年4月将试点扩大到上海、重庆、深圳、杭州、苏州、雄安新区、成都、广州等科技金融发展具有巨大潜力和发展前景的重点城市和地区，探索适合我国国情、与国际规则相统一的公开透明、各方协作共管的新型金融科技监管模式，营造审慎、柔性、公平、安全、普惠、开放的金融科技监管环境，为金融业的发展提质增效，确保金融消费者权益不受损害。

一、监管沙盒的基本概念和应用方式

沙盒是计算机领域的一种安全机制，为未经过安全验证的程序测试提供一个隔离的环境，确保测试的真实、准确，最大限度地减少风险外溢。在金融领域，监管沙盒同样指一个安全空间，企业可以测试其创新的金融产品、服务、模式和机制，而监管部门在保障消费者权益的前提下，给予其柔性包容的创新空间和监管空间，减小对其监管的力度，促进创新的培育和发展。沙盒的推出主要是解决监管和创新之间的矛盾和统一问题，避免传统的监管模式对创新产品和业务的扼杀，通过鼓励金融科技在数字化信贷、智能支付、创新银行、底层技术、证券、财富与资本市场、保险科技等领域的推广和应用，增强该领域具有真实创新潜力企业的核心竞争力，通过科技赋能金融产业，通过创新解决借贷双方的信息不对称问题，增强数字普惠金融的服务能力，提升金融服务的质量和效率。监管沙盒运作基本流程如图 8-1 所示。

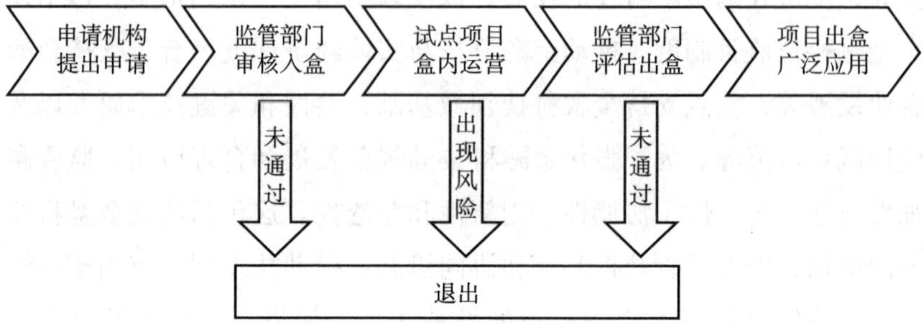

图 8-1　监管沙盒运作基本流程

2016 年，英国、美国、澳大利亚、新加坡和中国香港纷纷推出监管沙盒，其测试主体主要有金融机构、金融科技企业、本地银行和个人，测试项目主要有金融产品与服务创新，使用或结合新技术或新兴技术的产品、以新方式使用现有技术解决问题、提供便利的服务或产品、适用于金融科技方面的技术创新及新方法运用以及银行业相关业务，包括移动支付、区块链、机器人及生物认证等。测试周期一般为 6 个月到 3 年不等，测试期满或提前申请可以退出沙盒。测试一般由当地金融监管部门发起，英国为英国金融行为管理局，美国为美国联邦储备委员会、美国财政部和美国证券交易委员会等多个机构，澳大利亚为澳大利亚证券和投资委员会，新加坡为新加坡金融管理局，中国香港为香港金融管理局。在测试阶段会适当降低监管标准和监管要求，给被测试企业一个容错的空间，但不是让企业逃避监管。

从我国内地的试点情况看，测试主体主要以银行类金融机构为主，包括大中型银行、国有商业银行、城商行、保险类企业和其他传统金融机构，也包括新兴科技类企业。从项目的层面看，虽然参与沙盒的非金融类企业少于金融机构，但超过一半的项目是由金融机构和科技企业联合开发和申报的，在金融业未来的数字化转型过程中，除了加强自身的研发实力，与生态系统内科技企业合作学习共享也是一个重要的途径。从测试项目来看，主要包括数字化信贷（信贷客户的数据挖掘和整合、数字化风控技术等）、创新银行（主要采用 5G 和人工智能技术实现金融服务的智慧化）、供应链金融的数字化和线上化、小微企业智能风控模型、数字普惠金融等，依托大数据、生物识别、物联网、人工智能技术的场景化支付，以及区块链、数据网络的底层技术等。数字技术的快速发展有效解决了小微企业的信息不对称、小微金融服务产品的非标准化、贸易信息的多源化等难题，通过建立产业链知识图谱、智能风控和监控模型，打破了传统的信息孤岛，提升了金融服务的普惠性。对企业来说，通过沙盒测试，可以发现产品不可知的风险，并与监管部门和消费者互动，从而进一步完善和迭代产品，降低产品推广到市场时可能发生的不必要损失。金融机构利用沙盒机制，可以进一步完善金融信息安全，加强消费者利益保护，有效应对金融创新业态和创新产品可能带来的技术风险、信息安全风险、业务风险和操作风险，建立数智化的全面风险控制体系。

二、河南自贸区采用沙盒监管的探索

从已试点城市的基本情况来看，选中的基本是金融基础扎实、经济发达，科技创新实力比较强的城市。首先，这些城市具有突出的产业优势，金融市场较为发达，在科技资源上具有较大的优势。金融科技是智力密集型行业，离不开高端金融人才和科技人才的培养、引进和聚集，而这些城市具有明显的人才优势。其次，这些城市具有良好的政策支持配套服务，地方政府下大力气打造金融科技创新高地，如北京、上海、苏州等城市就是典型的代表。河南自贸区属于内陆自贸区，经济基础落后，新兴产业不发达，金融体系仍以传统金融机构和传统业务为主，高端金融人才和科技人才都比较稀缺，进入沙盒监管试点是城市经济金融生态发展到一定程度的必然产物，河南自贸区要争取监管沙盒试点还有许多基础性工作要做，总结主要有以下四个方面：

第一，从河南自贸区的功能定位来看，并没有打造区域金融中心的职能，也没有打造金融科技中心的提法，国家给河南自贸区金融创新的定位是服务投资和贸易便利化与培育优势产业。但河南自贸区作为中西部最重要的中心区域，目前郑州正在积极打造区域金融中心、区域科创中心，并为此采取了力度相当大的改革措施，而且河南自贸区的区位优势明显，供应链金融、贸易金融、跨境金融、文化金融、科技金融都有扎实的产业基础和极大的发展空间，河南省人民政府出台了一系列鼓励和支持政策，大力引进人才，并取得了良好的效果。河南下一步应充分利用自贸区这个制度创新平台和开放平台，加快制度改革和开放，紧紧抓住 RCEP 产业链调整的机遇，重塑河南的产业布局，提升河南产业结构，加快科技与金融的融合，促进高科技企业的发展，打造具有区域影响力的科技金融中心（平台），提升科技成果的转化效率，促进河南经济的高水平和高质量发展。

第二，积极推进传统产业的数字化转型。目前现代数字技术与传统产业快速融合已经成为必然和趋势，数字化转型不仅可以促进传统产业结构升级，还可以推动跨界融合，通过数字化赋能传统产业，提高产业效率，河南自贸区应紧紧抓住数字化转型这个机遇，用好用足数据这一最重要的生产要素，加快传统产业的数字化改造和转型，培育新的数字化产业，促进产业的数字化和数字的产业化。加快金融科技企业的引育，推动创新创业网络的建设。加快自贸区金融业的对内对外开放，积极引进外资金融机构、科技机构、中介机构，加快金融科技多元化应用场景的研究和探索，提高金融行业的效率和普惠性，通过采用新技术、打造开放平台、推进数据共享和应用等手段，可以提高金融服务的可得性和精准性，为实体经济提供更加灵活、全面和定制化的金融服务。同时，金融科技也能够带来更高效的风险控制、监管合规和反欺诈等效果，为金融稳健发展提供支撑。

第三，完善金融基础设施建设，打造区域金融科技创新高地。大力发展 5G、物联网、云计算和人工智能基础设施，打造高水平的科技金融服务平台，连接企业、政府、金融机构和相关中介，通过综合化金融服务沉淀金融数据，通过数据挖掘建立企业知识图谱，降低信息不对称和金融交易成本。提高金融基础数据库的建设标准，完善数据共建和数据共享机制；进一步发挥郑商所作为金融产品平台的作用，推动以农产品定价为基础的复合性、结构性金融产品和衍生金融产品，进一步提升郑商所的定价能力、服务能力和辐射能力，使之成为在国内国际具有巨大影响力的国际农产品期货交易中心。进一步打造“智慧岛”科创金融名片，加大政策支持和相关配套力度，提升“智慧岛”的生态品质，使之成为中部地区最重要的科创中心，成为可以在全国复制推广的“创新岛”。

第四，进一步优化科技金融生态。监管沙盒是监管部门转变监管理念，鼓励创新、鼓励竞争而采用的主动监管和数字治理模式，目的是实现监管和创新之间的动态平衡。沙盒监管的效果取决于由监管机构、金融机构、科技公司、地方政府、专业服务机构、用户等组成的科技金融生态系统的品质，这离不开生态系统成员之间的协作与沟通，离不开发达的商业生态系统、知识生态系统和创新生态系统的支撑。监管沙盒在促进科技与金融业态发展，带动科技与金融融合方面也发挥了显著的作用。河南自贸区应进一步转变监管理念，转变政府职能，强化服务能力，提高专业化监管水平，营造优质的营商环境，打造安全、透明、包容、开放、协作的科技金融生态环境。

第九章

河南自贸区金融服务体系创新政策建议

无论是从金融目的还是从河南自贸区的功能定位来看，河南自贸区金融服务的创新与发展都要服务于实体经济、服务于自贸区投资和贸易的便利化、服务于河南新兴产业的成长，这是自贸区金融改革和创新的逻辑起点和落脚点。河南自贸区具有独特的交通区位优势、市场潜力优势、载体平台优势，而且河南正在积极争取把郑州航空港经济综合实验区纳入自贸区，并以此为突破口，加快体制机制改革和创新，形成对外开放的新格局。不过相对于国内经济发达地区，河南的经济基础还比较薄弱，传统产业占比较大，农业方面还是以传统农业为主，金融体系整体竞争力、创新力不强，金融对经济的拉动作用还不显著，科技金融还需要进一步融合和共生发展，河南自贸区金融的创新发展离不开发达的经济基础，当然金融的创新也会促进河南经济的创新发展。但前者的作用更为优先和基础，所以不能一味地追求金融创新，河南自贸区金融创新的第一要务是做大做强河南的现代产业，大力发展高科技产业和新兴产业，形成在全国知名的高科技产业集群，加大创新网络建设力度，培育有利于创新创业的经济环境、政治环境、法治环境、人才环境和社会环境，破除一切不利于创新、阻碍改革的体制机制障碍，用好河南自贸区这个制度创新平台，抓住加入 RCEP 国际经济大循环这个历史机遇，提升河南在国际价值链、产业链当中的地位，争取成为内陆改革开放和创新创造的新高地，促进河南经济的高质量发展。在此基础上，通过自贸区金融服务体系的创新，有效发挥创新金融在资源配置、产业结构调整、市场培育和产业升级方面的推动作用，形成创新金融和新兴经济的有机融合和共生发展。

第一节　加大政策支持和配套力度

自 2017 年河南自贸区设立以来，包括国家税务局、中国人民银行郑州中心支行、国家外汇管理局河南省分局、国家金融监督管理总局河南监管局、河南证监局等金融管理机构发布了一系列促进金融创新的支持政策，就出口退税、跨境双向人民币资金池、跨境人民币结算账户、个人跨境人民币业务、银行跨境投融资、扩大证券期货对内对外开放、鼓励各类再保险业务的发展等方面给予明确的支持，这极大地提升了自贸区金融服务实体经济的效率，促进了自贸区金融的创新发展。这些政策支持总体上是处于操作层面和实践层面，还需要基础性和制度性的根本改革和创新，同时，自贸区作为改革的试验田，要探索可复制可推广的创新举措，打通国内国际两个市场，提高资源配置的效率，提升河南经济的国际竞争力，还需要以下几个方面的政策支持和配套：

第一，进一步减少外资和金融科技公司的市场准入限制。进一步放宽外资在某些行业的股比限制或者取消股比限制，简化企业设立手续，缩短审批时间，降低准入成本，逐步减少贸易壁垒，开展自由贸易试点，完善相关法律法规，保障外资企业的合法权益，提高外资的投资信心。加强对外资企业的服务保障，提供更优质的政策、信息和服务，吸引更多外资进入；同时为金融科技公司提供更加灵活的准入机制，提供简化的注册和营业执照申请程序，使得金融科技公司能够更快速地进入市场。吸引更多国外的金融科技公司入驻自贸区，促进创新和竞争，提供优惠的税收政策和监管环境，激励金融科技公司在自贸区进行研发、投资和扩张。与自贸区金融机构合作，推出符合自贸区需求的金融科技产品，并进行合规监管，保证金融稳定性和市场公正性。

第二，推进金融创新，放宽金融业务监管限制，更加便捷地服务实体经济。进一步加强监管科技建设，利用人工智能、大数据等技术提高监管效能，以保证金融创新在安全、稳健的环境中发展。进一步完善河南区域多层次资本市场建设，推动资本市场改革，打造更加开放、透明、规范的投融资环境，吸引更多国内外资本参与自贸区的金融创新。聚焦人才培养，加强金融科技人才队伍建设，提高行业整体素质。加大人才引进力度，吸引国内外高端金融和科技人才来自贸区从事金融创新工作。针对自贸区金融创新企业，采取差别化税收政策，减轻企业负担，提高创新动力。制定相关法律法规，保障金融科技企业的合法权益和用户的利益。加强数据安全、隐私保护等方面的标准化管理，保障用户的信息安全。

第三，推动贸易和投资便利化，打造开放型经济高地。自贸区金融创新的根本目的是促进贸易和投资的便利化，所有以此为目的的金融服务和政策服务都是创新的范围。除了前面提到的放宽外资进入限制、减少关税和其他贸易壁垒、简化行政程序、提供优惠政策，自贸区还可以推动政策创新和制度创新，增强市场活力和竞争力，促进经济转型升级，推动区域经济一体化发展。如加强知识产权保护，提升法律的透明度和司法的公正性。建立投资促进机构，为投资者提供一站式服务。引进国际先进经验和规则，增强自贸区的竞争力和吸引力。推动金融市场开放，促进跨境资本流动和投融资便利化等。

第四，推动科技创新与人才引进，加速形成以科技创新为核心的国际先进制造业集群。首先要优化政策环境，自贸区可以出台更加开放和优惠的政策，并针对科技创新和人才引进等方面给予重点支持，吸引更多的创新型企业和优秀人才到自贸区发展；其次要加强产学研合作，建立产业技术创新联盟和技术转移中心，将高校、科研机构和企业紧密结合起来，共同推动科技创新和人才培养；再次，积极推动数字经济发展，发挥数字技术在制造业中的作用，提升制造业的智能化水平，从而推动科技创新和产业升级；最后，积极开展国际交流与合作，吸引全球优秀科技创新企业和人才到自贸区发展，同时也可以借鉴国外先进的科技创新经验和管理经验，推动自贸区的科技创新和产业升级。

第二节　加快政府职能转变

自贸区政府职能转变有利于优化营商环境，吸引外资和人才。通过为企业提供更加便捷高效的服务，减轻企业负担。提高政府部门的管理水平和能力素质，提升政务公开透明度和服务质量，增强政府的公信力，为深化和全面推进依法治国，建设法治中国提供示范。自贸区可以通过以下方式转变政府职能：推动政府机构的协同工作，减少决策层级和程序，提高行政效率。建立便捷高效的营商环境，优化监管服务，减轻企业负担。推动政府的数字化转型，采用信息化手段提高政务公开透明度和服务质量。加强人才培养和引进，提高政府部门现代管理水平和能力素质。同时借鉴国际先进投资贸易协定所通行的负面清单管理制度，把它扩展到投资贸易之外的所有自贸区行政和监管部门，从根本上重塑政府角色，转变治理理念。

第一，在自贸区实行负面清单管理。负面清单管理是指对外商投资准入实行“准入前国民待遇+负面清单”制度，即除在负面清单上列出的限制和禁止的领域以外，对外商投资实行与本国企业同等待遇。其意义在于，在保护本国企业利益的同时吸引外商投资，促进经济发展。通过明确规定禁止或限制外商投资的领域，增强了对外商投资的监管和控制，防范了外资对本国产业和市场的不良影响；同时，给予外商投资在非限制领域内与本国企业同等待遇，提升了外商投资的透明度和可预期性，增强了投资者信心，推动了经济的开放和发展。目前我国要满足 RCEP 由正面清单管理向负面清单管理转变的要求，并且我国正在积极申请加入 CPTPP，在自贸区实行外商投资准入的负面清单管理已成必然，这也是国际投资贸易开放的主流和趋势。河南自贸区应抓紧按照《自由贸易试验区外商投资准入特别管理措施（负面清单）（2021 年版）》的规定，执行和公布外商投资负面清单，确定哪些行业或领域适用于负面清单，并规定和公布相应的准入条件和限制措施，以便外商了解和遵守相关规定，并加大对外商投资的监管和执法力度，确保外商投资行为符合负面清单要求，鼓励外商在负面清单之外的领域进行投资，为优先发展的领域提供政策支持。

同时，负面清单管理代表着依法治理、整体治理、协同治理和系统治理理念。“法无禁止皆可行”代表着如何处理政府与市场的关系、如何明确政府应该扮演的角色和职责，政府只能将其管制对象限定在特定领域，并规定不得干涉的行为范围，以此减少行政干预和提高市场的有效性，但监管职责不可缺少，需要加大监管力度，从事前监管向事中事后监管方式转变，在这个过程中，政府需要更好地发挥引导、监督和服务作用，使市场资源的配置更加高效和公平，保障市场主体的合法权益，加强知识产权保护，提高知识产权审查效率，加大对侵权行为的打击力度，从而优化政府职能，实现政府与市场的良性互动。河南自贸区应抓住 RCEP 这个契机，以自贸区为平台，彻底改变政府的监管理念和监管方式，除在投资领域实行负面清单管理外，把清单管理推广到政府权力清单和政府责任清单，以清单制度打破制度创新的僵局，按照依法列单、一单列尽、全国统一、重心后移的原则，转变政府职能，增强政府治理能力，转变治理理念，向数智政府方向转移，营造一个服务、透明、廉洁、法治、开放的现代政府形象，维护自贸区内良好的市场秩序和公平竞争、透明的营商环境。

第二，营造良好的法治环境。自贸区需要符合国际惯例并针对自身情况制定相应的法律和法规，确保其合法性、公正性和透明性。制定电子商务领域的法律法规，加强对电子商务市场的监管，确保市场秩序良好。建立独立的监管机构对市场进行监督和管理，并加大执法力度，对违法行为进行打击和处罚。建立有效的仲裁机制，以解决商业纠纷，提升法律透明度、公正性和可预见性。加强对仲裁员和法官的培训和监督，提高其专业水平和职业道德。推进信息化建设，加强信息共享和联合执法，提高司法效率和质量，增强公正审批的能力。加强国际司法合作，共同打击跨境犯罪和维护多边贸易秩序。推动信用体系建设，对失信企业进行严厉打击，保障市场公平竞争。加强对法律知识和法治意识的普及教育，提高公众对法律的认知和遵守意识，如通过举办讲座、研讨会、发布法律知识手册、建立在线教育平台等方式向公众宣传法律法规和法治理念。建立法律服务中心，为公众和企业提供法律咨询和法律援助服务。加强国际合作与交流，借鉴国际最佳实践，提升自贸区的法治水平。

第三，建立审慎包容的监管环境。自贸区建立审慎包容的监管环境需要针对透明度、协作性、公正性、弹性和教育培训等方面进行考虑。透明度：监管机构应制定透明、一致、明确的监管规则和标准，并公开其规章制度和政策，使市场参与者理解监管要求和监管机构的决策过程。协作性：监管机构应建立有效的监管机构和监管框架，确保监管机构的权力和责任得到明确，并与行业协会、投资者、消费者及其他利益相关者合作，以便更好地了解市场变化和风险，并制定相应的监管政策。公正性：监管机构应该公正地处理不同市场参与者之间的利益冲突，确保公平竞争和市场稳定。弹性：监管机构应根据市场状况和变化，加强风险评估和监测，灵活调整监管政策，及时发现和应对风险，防范市场风险和金融风险。教育培训：监管机构应该提供相关方面的教育培训，以帮助市场参与者了解监管要求和规则，并提供必要的技术支持，增强市场参与者的自律意识。鼓励企业和投资者遵守监管规则，同时保护其合法权益，以增强企业和投资者的信心，推动更加开放和有序的自由贸易。

第三节 推动公共服务社会化

公共服务社会化，指的是将原本由政府机构提供的公共服务逐渐转交给社会力量来完成。这包括非营利组织、私营企业、志愿者等，从而实现公共资源的共享和社会责任的分担。社会化公共服务能够促进公共服务的效率提升和创新，同时也能够减轻政府负担并增强市场竞争力。推动公共服务社会化主要有以下一般性做法：第一，建立多元化服务主体。政府可以制定相关法规和政策，明确政府与民间组织之间的合作方式和权责，鼓励和引导社会组织、企业、个人等多元化服务主体参与公共服务，以促进公共服务的社会化。政府可以给予社会组织、企业等提供公共服务的机构一定的财政支持、税收优惠等政策激励。第二，引入市场机制。政府可以鼓励和引导市场机制参与公共服务，例如采用政府采购、特许经营、PPP等方式，引导私营企业参与公共服务领域的建设和运营，并通过市场竞争机制，引入更多的竞争力量，从而提高公共服务的效率和质量。第三，推广信息技术。政府可以利用信息技术手段，例如建立公共服务信息平台，提高公共服务的透明度和可获得性。第四，加强监管与评估。政府可以建立有效的监管和评估机制，加强对社会组织、企业等从事公共服务活动的监管，确保公共服务的合规性、质量和安全。除推动公共服务社会化的一般性做法外，针对自贸区公共服务社会化，重点强调两个方面，一是大力发展中小企业服务机构；二是大力发展促进社会化公益组织发展的公益创投。

一、大力发展中小企业服务机构

中小企业是经济发展和技术创新的主要驱动力，小企业往往面临融资难、融资贵的问题，这只是影响中小企业发展的某一个方面或因素，中小企业发展需要政府和社会提供除融资支持外的全方位支持，如技术、人才、市场、管理、法律等，大力发展服务中小企业的公共服务机构或社会中介服务机构，如产品认证机构、技术检测机构、专利代理机构、信用担保机构、财务服务机构、职业技能培训机构、市场调查服务机构、法律服务机构、企业文化服务机构、招投标服务机构等，形成有利于中小企业发展的服务体系，通过了解中小企业的真实需求和问题，有针对性地提供解决方案。高效优质的服务不仅有利于提升中小企业的竞争力、创新力和可持续发展能力，也能够增强服务机构的影响力。

为鼓励发展服务中小企业的服务机构或中介服务机构，政府可以制定鼓励和支持中小企业服务机构发展的相关政策，包括减税、减免社保费、租金优惠等，来促进中小企业服务机构的发展。增加对中小企业服务机构的投入，政府可以设立专项基金，向中小企业服务机构提供贷款或补贴，以帮助它们扩大规模、提升能力。开展专业培训和技能提升活动，提高中小企业服务机构员工的业务水平和服务质量。搭建中小企业综合服务平台，为中小企业服务机构和中小企业之间、中介服务机构之间合作、沟通、交流提供一个有效的载体和渠道，促进资源整合和业务合作，有利于服务机构更精确地对接中小企业的实际需求，并提供更加精准的服务。支持中小企业服务机构探索多元化的商业模式，并提供市场准入和营销支持，帮助其扩大影响力和市场份额。服务机构也可以通过各种渠道，如网站、微信、展会等方式积极推广自己的服务，让更多的中小企业了解到自己的存在和服务。加强对中小企业服务机构的监管，规范行业秩序，提高服务机构的信誉度和可靠性，并推出激励政策，如评选优秀机构、授予荣誉称号等，吸引更多中小企业使用服务机构的服务。

二、大力发展公益创投

公益创投是一种投资模式，旨在通过为社会企业提供资金和资源支持来推动解决社会问题和创造社会价值。这种投资主要关注非营利性质的社会目标，但同时也要求所投资的企业具有商业可行性和盈利能力。公益创投的投资者通常是社会责任感强烈的机构、基金或个人投资者。发展公益创投在于促进社会公益事业的可持续发展和创新，解决社会问题和改善社会福利。公益创投为具有社会使命感的企业提供资金支持、战略指导和资源整合，帮助它们实现商业模式创新和社会价值最大化，并将社会责任与经济效益相结合。公益创投还可以吸引更多的社会力量参与公益事业，促进社会资源的优化配置和协同创新，从而推动社会的全面发展。

以下是支持公益创投发展的几种方法：第一，提供更多的政策和法律支持，如税收优惠、财务补贴等，激励更多机构和个人积极参与公益投资。为了减轻投资者的风险压力，政府可以与金融机构合作，建立风险共担基金或保险机制，降低公益创投的风险，增强投资者的信心。第二，建立更完善的公益创投生态系统。政府可以加大对社会组织的支持力度，培育更多具有商业化能力和社会影响力的社会组织，为公益创投提供更多的投资机会和项目选择。通过多种途径增加公益创投的资金来源，如引入社会资本、与企业合作、申请国家或国际机构的资助等。建立公益创投联盟，加强公益创投之间的交流和合作，整合各方资源，实现资源共享和协同发展，推动项目优化和转化。为公益创投提供专业化的培训和服务支持，提高其项目管理、运营和风险控制的能力。第三，提高公益创投的商业化运营能力。公益创投基金要建立行之有效的商业模式，与企业建立稳定的合作关系，以获得商业资源和支持。制定有效的投资标准并加以执行，加强品牌建设，提升知名度和认可度，提高公众对公益创投的认知度和信任度。第四，加强公益创投与科技创新之间的联系。公益创投可以设立专项基金，为有潜力的科技创新项目提供资金支持。建立公益创投与科技创新企业之间的合作机制，促进资源共享、技术转移和创新共赢。公益组织可以为科技企业提供公益事业的资源和渠道，科技企业可以为公益组织提供科技解决方案和技术支持。第五，探索数字化和智能化手段，促进公益事业的创新和发展。数字化和智能化手段可以通过提高公益事业的效率和透明度来促进其创新和发展。例如，利用人工智能技术对慈善机构的捐赠者进行数据分析，以更好地了解他们的意愿和行为，从而制定更有效的策略；或者通过区块链技术确保资金流动的透明度和安全性。此外，数字化手段还可以用于在线募集资金、宣传、志愿者管理等方面，从而提升公益事业的影响力和参与度。

第四节　开展金融研究

目前，从理论到政策再到实践，我们对自贸区金融的研究缺乏系统性、深入性和全面性。已有的理论研究缺乏前瞻性，对于金融这样一个特殊的行业，牵一发而动全身，盲目地追求高大上反而适得其反，离开产业基础，盲目地复制和照搬，未必会取得预想的效果。在政策层面，很多自贸区过分追逐金融创新，这不但违背了审慎监管的原则，而且忽略了自贸区金融制度创新只是自贸区制度创新的一部分，金融能否有效地发挥对经济的推动和拉动作用，还需要产业政策、财政政策、营商环境的配合，需要彻底改变监管理念，转变政府职能，创新监管手段。在实践层面，从国家到地方出台了许多关于自贸区金融创新的法律和法规，还需要对这些法律法规进行系统的梳理和解读，让它转换成企业可操作的负面清单和正面清单，让它成为能够指导企业实践的明白清单和操作指南，这样才能有效发挥法律法规和政策的正向指导作用和负向约束作用，提高企业的法律意识，改善自贸区的法治环境。鉴于目前自贸区研究现状、政策制定和实践层面的需求，未来自贸区研究可以从以下几个方面展开进一步的探索，推动理论和实践的衔接以及相关研究成果能够在自贸区先行先试。

一是自贸区金融创新研究，包括跨境金融服务创新，研究自贸区如何利用金融科技、跨境支付等手段，促进跨境贸易和投资，提升金融服务质量。自贸区货币金融创新，重点关注自贸区金融创新对货币政策的影响以及对人民币国际化的推进。自贸区金融科技创新，研究金融科技如区块链、云计算、人工智能等技术在自贸区金融创新产品和服务中的应用。自贸区金融创新的特点、机制和发展趋势，探讨如何在风险可控的前提下推进金融创新，促进自贸区金融业的可持续发展。

二是自贸区金融市场开放程度的研究，包括自贸区与国内外其他地区的政策差异分析，不同类型金融市场如银行、证券、期货、保险等市场开放程度比较，外资进入，如外资金融机构数量、资产规模、市场份额的情况对自贸区和区域经济的影响分析，自贸区金融市场对于吸引外资、降低企业融资难度和成本、推动经济发展的作用分析，不同类型自贸区金融市场的差异和竞争，如何加强自贸区与其他国家和地区的金融合作，促进跨境贸易和投资便利化，推动自贸区金融国际化等。

三是自贸区金融风险的研究，包括自贸区跨境资本流动对金融稳定性的影响，自贸区金融创新与金融风险防范的平衡、自贸区金融风险的识别、评估和控制，以及自贸区金融风险对宏观经济的影响，自贸区金融风险的政策协调与风险分担等。

四是自贸区金融政策的制定与实施研究，包括自贸区金融政策的设计与调整机制、自贸区金融政策的协调与衔接、自贸区金融政策的推进路径和模式、自贸区金融政策效果的评估机制等。

五是自贸区金融监管研究，包括监管理论创新研究、自贸区金融监管模式的设计与创新、监管科技的发展与应用、自贸区金融开放与监管、投资者合法权益保护、国际监管合作与协调等。

总之，自贸区金融研究需要从政策、市场、技术、风险和监管四个角度出发，关注自贸区金融的制度安排、市场运行、科技创新和风险防范等方面。

参考文献

AGRAWAL A K, RAHMAN Z, 2017. CCV Scale. Development and Validation of Customer Co-Created Value in E-Services [J]. Current Psychology, 1 (38): 1-17.

ARMSTRONG M, 2006. Competition in Two-Sided Markets [J]. The RAND Journal of Economics, 37 (3): 668-691.

BENLIAN A, HILKERT D, HESS T, 2015. How open is this platform? The meaning and measurement of platform openness from the complementors' perspective [J]. Journal of Information Technology, 30 (3): 209-228.

BHARTI K, AGRAWAL R, SHARMA V, 2015. Value Co-creation: Literature Review and Proposed Conceptual Framework [J]. International Journal of Market Research, 57 (4): 571-603.

BOUDREAU K J, JEPPESEN L B, 2015. Unpaid crowd complementors: the platform network effect mirage [J]. Strategic Management Journal, 36 (12): 1761-1777.

CENNAMO C, SANTALO J, 2013. Platform competition: strategic tradeoffs in platform markets [J]. Strategic Management Journal, 34 (11): 1331-1350.

CHEIBUB J A, GANDHI J, VREELAND J R, 2010. Democracy and dictatorship revisited [J]. Public Choice (143): 67-101.

CONSTANTINIDES P, HENFRIDSSON O, PARKER G G, 2018. Introduction—Platforms and Infrastructures in the Digital Age [J]. Information Systems Research, 29 (2): 381-400.

COURTOIS C, TIMMERMANS E, 2018. Cracking the tinder code: an experience sampling approach to the dynamics and impact of platform governing algorithms [J]. Journal of Computer-Mediated Communication, 23 (1): 1-16.

CUSUMANO M A, GAWER A, YOFFIE D B, 2019. The Business of Platform: Strategy in the Age of Digital Competition, Innovation, and Power [M]. Boston, MA: Harvard Business School Press.

DANNEELS E, 2003. Tight-loose coupling with customers: The enactment of customer orientation [J]. Strategic Management Journal, 24 (6): 559-576.

DEREUVER M, SORENSEN C, BASOLE R C, 2018. The digital platform: a research agenda [J]. Journal of Information Technology, 33 (2): 124-135.

EATON B D, 2015. Distributed Tuning of Boundary Resources: the Case of Apple's iOS Service System. MIS Quarterly, 39 (1): 217-243.

EVANS D S, 2012. Governing Bad Behavior by Users of Multi-Sided Platforms [J]. Social Science Electronic Publishing, 41 (11): 2119-2137.

FARHAD, 2019. The way to induce private participation in green finance and investment [J]. Finance Research Letters (31) .

FRANCOIS J F, HALL H K, 2003. Global Simulation Analysis of Industry-level Trade Policy [R]. Washington: World Bank Memeo.

FRANCOIS J F, HALL H K, 2007. An Extended Global Simulation Model: Analysis of Tariffs&Anti-dumping Policy Impacts on Prices, Output, Incomes, and Employment [R]. Washington: World Bank Memeo.

GAWER A, 2014. Bridging differing perspectives on technological platforms: Toward an integrative framework [J]. Research Policy, 43 (7): 1239-1249.

GONG T, YI Y, 2013. Customer Value Co-Creation Behavior: Scale Development and Validation [J]. Journal of Business Research (66): 1279-1284.

HEIN A, SCHREIECK M, RIASANOW T, et al., 2020. Digital platform ecosystems [J]. Electronic Markets, 30 (1): 87-98.

IANSITI M, LEVIEN R, 2004a. Creating value in your business ecosystem [J]. Harvard Business Reviews: 68-78.

JONAS A S, 2017. Platform Logic: An Interdisciplinary Approach to the Platform-Based Economy [J]. Policy & Internet, 9 (4): 374-394.

KAPOOR R, 2018. Ecosystems: broadening the locus of value creation

[J]. Journal of Organization Design, 7 (1): 12.

LOBEL O, 2018. Coase and the Platform Economy [J]. SSRN Electronic Journal.

LUSCH R F, NAMBISAN S, 2015. Service innovation: a service-dominant logic perspectives [J]. Mis Quarterly, 39 (1).

MCLNTYRE D P, SRINIVASAN A, 2017. Networks, platform, and strategy: emerging views and next steps [J]. Strategic Management Journal, 38 (1): 141-160.

MEYER M H, UTTERBACK J M, 1992. The product family and the dynamics of core capability [J]. Sloan Management Review, 34 (3): 29-47.

PARKER G, VAN ALSTYNE M, 2017. Innovation, openness, and platform control [J]. Management Science, 64 (7): 3015-3032.

PAYNE A F, STORBACKA K, FROW P, 2008. Managing the co-creation of value [J]. Journal of the Academy of Marketing Science, 36 (1): 83-96.

POOLSOMBAT R, VERNASCA G. Partial Multihoming in Two-sided Markets [EB/OL]. [2022 - 10 - 27]. Discussion Papers of University of York. http://dx. doi. org/.

PRAHALAD C K, 2000. Co-Opting Customer Competence [J]. Harvard Business Review, 78 (1): 79-87.

ROCHET J C, TIROLE J, 2003. Platform competition in two-sided markets. [J]. Journal of the european economic association, 1 (4): 990-1029.

SALAZAR J, 1998. Environmental Finance: Linking Two World [Z]. Presented at a workshop on Financial Innovations for Biodiversity Bratislava, Slovakia.

SCHOLTENS B, 2007. Financial and Social Performance of Socially Responsible Investments in the Netherlands [J]. Corporate Governance, 15 (6), 1090-1105.

SCHREIECK M, HEIN A, WIESCHE M, et al., 2018. The Challenge of Governing Digital Platform Ecosystems [M]. Berlin: Springer.

SONIA L, WHITE R R, 2002. Environmental finance: a guide to environmental risk assessment and financial products [M]. New York: John Wiley & Sons. Inc.

TAGHIZADEH-HESARY F, YOSHINO N, 2019. The way to induce private participation in green finance and investment [J]. Finance Research Letters (31).

TILSON D, LYYTINEN K, CARSTEN S, 2010. Research Commentary—Digital Infrastructures: The Missing IS Research Agenda [J]. Information Systems Research, 21 (4): 748-759.

TIWANA A, KONSYNSKI B, BUSH A, 2010. Platform evolution: Coevolution of platform architecture, governance, and environmental dynamics [J]. Information Systems Research, 21 (4): 675-687.

TIWANA, 2014. Platform Ecosystems: Aligning Architecture, Governance, and Strategy [C]. San Mateo: Morgan Kaufmann Publishers Inc.

VARGO S L, LUSCH R F, 2004. Evolving to a New Dominant Logic of Marketing [J]. Journal of Marketing, 68 (1): 1-17.

YE H J, KANKANHALLI A, 2018. User Service Innovation on Mobile Phone Platforms: Investigating Impacts of Lead Userness, Toolkit Support, and Design Autonomy [J]. MIS Quarterly, 42 (1): 165-187.

巴曙松，柴宏蕊，方云龙，等，2021. 自由贸易试验区设立提高了金融服务实体经济效率吗？来自沪津粤闽四大自贸区的经验证据［J］. 世界经济研究（12）：3-21+132.

白光裕，梁明，2022. RCEP 框架下中国区域价值链优化研究［J］. 广西社会科学，328（10）：62-70.

蔡琦，2022. 金融支持“双循环”发展赋能中国—东盟经贸合作的路径［J］. 广西社会科学，326（8）：55-61.

蔡植伟，2015. 跨境金融服务和投资趋势［J］. 中国金融（16）：57-58.

陈豪，2022. 长三角港航一体化的央地关系制度悖论——以浙江自贸区制度创新为视角［J］. 山西财经大学学报，44（S1）：4-7.

陈亮，王溪若，周睿，2017. 前海自贸区与上海自贸区金融创新比较研究［J］. 上海金融，446（9）：83-86，78.

陈耸，向洪金，2022. RCEP 对全球农产品贸易、生产与福利的影响——基于可计算局部均衡模型的研究［J］. 国际商务研究，43（3）：30-39.

陈雨生，2022. RCEP 自贸区内中国农产品出口效应及贸易前景——基于随机模型及细分市场的实证分析［J］. 中国流通经济，36（4）：56-66.

程翔，杨宜，张峰，2019. 中国自贸区金融改革与创新的实践研究——基于四大自贸区的金融创新案例［J］. 经济体制改革，216（3）：12-17.

邓伟伟，2015. 自贸区远期支付和贸易融资工具的比较研究和发展建议［J］. 新金融，323（12）：44-47.

都倩仪，郭晴，2021. RCEP 生效对全球经济贸易中长期影响研究［J］.亚太经济，224（1）：65-74，150-151.

杜国臣，徐哲潇，尹政平，2020. 我国自贸试验区建设的总体态势及未来重点发展方向［J］. 经济纵横，411（2）：73-80.

方云龙，刘佳鑫，2021. 自由贸易试验区设立能促进企业创新吗？——来自创业板上市公司的经验证据［J］. 国际金融研究，413（9）：25-33.

方云龙，于博，2021. 双循环新发展格局下自贸区金融改革与动力提升路径研究——基于天津自贸区的反思与比较分析［J］. 西南金融，479（6）：15-25.

郭高晶，孟溦，2018. 中国（上海）自由贸易试验区政府职能转变的注意力配置研究——基于 83 篇政策文本的加权共词分析［J］. 情报杂志，37（2）：63-68.

郭锦立，2020. 河南自贸区负面清单制度探析——以上海自贸区为借鉴［J］. 河北企业（1）：5-8.

郭守亭，刘际平，2019. 河南自贸区建设中商业保险创新发展构想［J］.金融理论与实践，477（4）：110-118.

韩冬梅，周明升，2019. 上海自贸区金融开放创新的宏观效应模拟［J］.统计与决策，35（9）：155-159.

韩剑，郑航，2021. RCEP 视角下自由贸易区战略的贸易效应——基于长三角地区的实证分析［J］. 苏州大学学报（哲学社会科学版），42（3）：96-110.

韩龙，2013. WTO 金融服务中跨境提供与境外消费关系的廓清［J］. 上海财经大学学报，15（4）：27-34，80.

韩瑞栋，薄凡，2019. 自由贸易试验区对资本流动的影响效应研究——基于准自然实验的视角［J］. 国际金融研究，387（7）：36-45.

韩钰，苏庆义，白洁，2020. 上海自贸区金融改革与开放的规则研究——阶段性评估与政策建议［J］. 国际金融研究，400（8）：46-55.

何勤，杨琼，2014. 上海自贸区贸易便利化对贸易流量影响的实证研究［J］. 价格理论与实践，365（11）：98-100.

和秀星，1998. 实施“绿色金融”政策促进可持续发展战略［J］. 青海金融（10）：3-6.

洪联英，黄汝轩，2017. 上海自贸区的功能定位反思及其调整——基于平台经济理论框架的分析［J］. 国际商务研究，38（1）：54-64.

胡艺，张义坤，刘凯，2022. 内陆型自贸区的经济外部性：“辐射效应”还是“虹吸效应”？［J］. 世界经济研究，336（2）：54-72，135.

胡跃飞，黄少卿，2009. 供应链金融：背景、创新与概念界定［J］. 金融研究（8）：194-206.

黄建忠，吴瑕，2020. 差异化试验下中国自贸试验区创新的研究——以临港新片区为例［J］. 国际贸易，466（10）：4-11.

黄宁，李娜丽沙，2022. 中国与 RCEP 成员国经济增长非对称冲击研究［J］. 亚太经济，231（2）：8-18.

黄益平，黄卓，2018. 中国的数字金融发展：现在与未来［J］. 经济学（季刊），17（4）：1489-1502.

霍江川，丁梦依，2014. 我国交叉性金融业务的系统性风险及其防控［J］. 新金融（10）：49-53.

江西银监局课题组，李虎，2017. 我国商业银行交叉性金融业务特点及风险管控思路研究［J］. 金融监管研究（7）：1-23.

姜波克，2012. 国际金融新编（第五版）［M］. 上海：复旦大学出版社.

敬莉，孙哲远，2023. 自贸区设立能否促进企业数字化转型——来自上市公司的证据［J］. 华东经济管理，37（4）：47–55.

康继军，郑维伟，2021. 中国内陆型自贸区的贸易创造效应：扩大进口还是刺激出口［J］. 国际贸易问题，458（2）：16–31.

赖敏，黎鹏，2022. 中国对 RCEP 其他成员国的贸易增长动力研究——基于创新驱动视角［J］. 广西社会科学，322（4）：77–85.

李靖，2018. 河南自贸区洛阳片区金融创新的实践与探索［J］. 时代金融，708（26）：111–112.

李静，杨楚，2022. 自贸区制造业知识产权保护研究——以河南自贸区洛阳片区为例［J］. 河南科技，41（20）：120–123.

李蕊，沈坤荣，2022. 特惠需求与普惠视野下的自贸区知识产权制度创新［J］. 科技管理研究，42（4）：140–146.

李世泽，尚毛毛，钟蕾，2022. RCEP 对中国（广西）自由贸易试验区建设的影响及其对策［J］. 广西社会科学（2）：85–93.

李新光，张永起，黄安民，2018. 自贸区背景下金融发展与产业结构升级关系的实证［J］. 统计与决策，34（13）：155–159.

李子联，刘丹，2021. 中国自由贸易试验区建设的"质量效应"研究［J］.经济学家，273（9）：58–68.

林创伟，白洁，何传添，2022. 高标准国际经贸规则解读、形成的挑战与中国应对——基于美式、欧式、亚太模板的比较分析［J］. 国际经贸探索，38（11）：95–112.

刘彬，2019. 政策限制下上海自贸区商业银行分支机构创新研究［J］. 上海金融，470（9）：79–83.

刘秉镰，王钺，2018. 自贸区对区域创新能力的影响效应研究——来自上海自由贸易试验区准实验的证据［J］. 经济与管理研究，39（9）：65–74.

刘晔，2018. 中国自由贸易区的制度创新路径分析——以河南自贸区为例［J］. 管理学刊，31（3）：57–62.

陆建明，姚鹏，2022. RCEP 负面清单制度及中国的发展方向［J］. 亚太经济，233（4）：144-152.

马莉莉，王喆，2022. 数字自贸区建设的核心价值、关键障碍与突破路径［J］. 中州学刊（8）：19-25.

马凌远，2018. TPP 应对视角下中国（河南）自由贸易试验区建设研究［J］. 南都学坛，38（3）：118-124.

马思捷，2017. 论河南自贸区“负面清单”投资管理模式——以上海自贸区的运作为视角［J］. 中州大学学报，34（4）：73-76.

孟晓华，许军，2022. RCEP 对冲 CPTPP 的经济效应在中国及其他成员国的实证分析——基于递归动态 GTAP 模型［J］. 广西社会科学，324（6）：74-85.

欧阳卫民，2016. 自贸区金融改革创新：目标、思路和对策［J］. 南方金融，475（3）：3-6.

潘晓明，2021. RCEP 与亚太经济一体化未来［J］. 国际问题研究，205（5）：108-117.

裴长洪，2015. 中国自贸试验区金融改革进展与前瞻［J］. 金融论坛，20（8）：3-8，26.

彭水军，吴腊梅，2022. RCEP 的贸易和福利效应：基于全球价值链的考察［J］. 经济研究，57（8）：98-115.

邱斌，张群，孙少勤，2022. RCEP 对我国服务贸易的影响研究——基于结构模型的量化分析［J］. 江苏社会科学，321（2）：105-116，243.

邱冬阳，曹奥臣，甘珈蔚，2022. 设立自贸区促进经济增长存在地区差异吗？——基于准自然实验的实证研究［J］. 投资研究，41（11）：65-81.

全毅，2022. CPTPP 与 RCEP 协定框架及其规则比较［J］. 福建论坛（人文社会科学版），360（5）：53-65.

任再萍，黄成，施楠，2020. 上海自贸区金融创新与开放对经济增长贡献研究——基于金融业政策效应视角［J］. 中国软科学，357（9）：184-192.

佘梦华，2022. 河南自贸区的金融开放发展研究［J］. 对外经贸，332（2）：88-91.

沈国兵，沈彬朝，2022. 实施 RCEP 协定与出口多元化：来自中国的证据［J］. 东南大学学报（哲学社会科学版），24（2）：32－47，146－147，149.

沈伟，2017. 金融自由化的逻辑和金融“边缘”变革的局限性——以三个金融试验区为样本［J］. 东方法学，59（5）：30-39.

沈伟，2017. 自贸区金融创新：实践、障碍及前景——以上海自贸区金融创新立法为切入点［J］. 厦门大学学报（哲学社会科学版），243（5）：39-47.

司春晓，孙诗怡，罗长远，2021. 自贸区的外资创造和外资转移效应：基于倾向得分匹配-双重差分法（PSM-DID）的研究［J］. 世界经济研究，327（5）：9-23，134.

苏静，2021. 中国自贸区供应链金融组织整合模式研究［J］. 技术经济与管理研究，301（8）：88-93.

孙海波，陈健生，2021. 内陆自贸区促进地区经济增长的宏观效应——基于合成控制法的四川实证［J］. 财经科学，401（8）：119-132.

孙耀吾，陈云，2022. 平台生态系统健康性测度研究——基于扎根理论与大样本问卷调查［J］. 软科学，36（1）：126-131.

孙元欣，2014. 外资负面清单管理的国际镜鉴：上海自贸区例证［J］. 改革，248（10）：37-45.

索维，张亮，2022. RCEP、全球价值链重构及中国的应对策略［J］. 江苏社会科学，324（5）：127-134.

陶蕾，宋周莺，2022. RCEP 自贸区的建立及其成员国间贸易格局演化［J］.世界地理研究，31（4）：800-813.

田云华，杨挺，李宗皓，2015. 外商投资“负面清单”管理模式研究综述［J］. 国际经济合作，352（4）：73-80.

田云华，周燕萍，蔡孟君，等，2021. RCEP 的开放规则体系评价：基于 CPTPP 的进步与差距［J］. 国际贸易，474（6）：65-72.

汪川，刘佳骏，2014. 借鉴国际银行设施（IBF）模式建设上海自贸区离岸金融中心［J］. 上海金融，407（6）：46-48，112.

王爱俭，方云龙，于博，2020. 中国自由贸易试验区建设与区域经济增长：传导路径与动力机制比较［J］. 财贸经济，41（8）：127-144.

王波，郑联盛，2018. 新常态下我国绿色金融发展的长效机制研究［J］. 技术经济与管理研究（8）：78-83.

王冠凤，2014. 贸易便利化机制下的上海自由贸易试验区跨境电子商务研究——基于平台经济视角［J］. 经济体制改革，186（3）：38-42.

王节祥，蔡宁，2018. 平台研究的流派、趋势与理论框架——基于文献计量和内容分析方法的诠释［J］. 商业经济与管理（3）：20-35.

王军，马骁，张毅，2023. 自贸区设立促进经济高质量发展的政策效应评估——来自资源配置的解释［J］. 学习与探索，330（1）：127-137.

王珂，贺志强，2022. 金融支持河南自贸区研究［J］. 征信，40（6）：86-92.

王亚飞，张毅，2021. 自贸区设立对城市全要素生产率的影响研究——兼论资本错配的中介效应和产业集聚的调节作用［J］. 软科学，35（11）：52-57.

王轶南，韩爽，2017. 我国自贸区发展路径选择［J］. 学术交流，280（7）：137-143.

王勇，王亮，余升国，2018. 自贸区离岸金融制度创新理论分析框架［J］.上海经济研究，356（5）：93-104.

魏景赋，阴艺轩，2023. 亚太区域经济一体化路径构建及经济效应预测：以 RCEP 为基础［J］. 国际商务研究，44（1）：55-69.

魏蓉蓉，李天德，2020. 自贸区设立与经济高质量发展——基于 FTA 建设的准自然实验证据［J］. 商业经济与管理，343（5）：77-87.

文同爱，倪宇霞，2010. 绿色金融制度的兴起与我国的因应之策［J］. 公民与法（法学版）（1）：33-36.

吴义爽，2019. 能力差异、网络杠杆与平台企业竞争优势的共同演化［J］.科学学与科学技术管理，40（10）：38-53.

夏海霞，2022. 基于世界自由区组织繁荣指数标准建设中国自贸区［J］.国际商务研究，43（4）：97-106.

项后军，何康，2016. 自贸区的影响与资本流动——以上海为例的自然实验研究［J］. 国际贸易问题，404（8）：3-15.

徐洁香，雷颖飞，邢孝兵，2020. 自由贸易试验区的创新质量效应研究［J］. 国际商务（对外经济贸易大学学报），195（4）：17-31.

徐晋，2014. 平台经济学（修订版）［M］. 上海：上海交通大学出版社.

徐林清，蒋邵梅，2021. 贸易协定的对冲效应——基于 GTAP 模型的 RCEP 和 CPTPP 对比研究［J］. 亚太经济，229（6）：52-59.

徐明棋，2016. 上海自由贸易试验区金融改革开放与人民币国际化［J］.世界经济研究，267（5）：3-10，134.

许江波，董启琛，卿小权，2022. 自贸区政策如何影响企业价值？——"双循环"视角下的分析与检验［J］. 会计研究，420（10）：85-98.

许玉洁，刘曙光，王嘉奕，2021. RCEP 生效对宏观经济和制造业发展的影响研究——基于 GTAP 模型分析方法［J］. 经济问题探索，472（11）：45-57.

闫海洲，郑爽，黄诗晖，等，2014. 国际离岸金融市场发展对上海自贸区建设的借鉴意义［J］. 上海经济研究，313（10）：74-80.

闫寒，2020. 金融服务业负面清单的国际经验借鉴［J］. 经济体制改革，225（6）：172-177.

杨慧瀛，初天天，欧阳安，2022. 双循环新发展格局下中国构建 RCEP 区域价值链研究［J］. 商业研究，532（2）：142-152.

杨立卓，2018. 重庆自贸区的建设基础、功能定位和发展策略——与上海自贸区的比较研究［J］. 西部论坛，28（4）：106-115.

杨嫒，赵晓雷，2017. TPP、KORUS 和 BIT 的金融负面清单比较研究及对中国（上海）自由贸易试验区的启示［J］. 国际经贸探索，33（4）：69-81.

殷林森，严可扬，2016. 我国跨境证券投资发展与上海自贸区金融制度改革［J］. 上海金融，427（2）：76-80.

殷林森，朱微亮，段端，2015. 上海自贸区交叉性金融业务发展对货币政策影响研究［J］. 上海金融，415（2）：21-26.

于鹏，廖向临，杜国臣，2021. RCEP 和 CPTPP 的比较研究与政策建议［J］. 国际贸易，476（8）：27-36.

袁娜，2022. "区块链"技术背景下跨境金融业务创新策略研究——

以河南自贸区开封片区为例 [J]. 中国市场，1120（21）：20-22.

曾刚，2016. 交叉金融创新与风险管控 [J]. 中国金融（5）：31-33.

张方波，2021. RCEP 金融服务规则文本探析与中国金融开放 [J]. 亚太经济，228（5）：118-126.

张娟，李俊，李计广，2021. 从 RCEP、自贸试验区到 CPTPP：我国服务贸易开放升级路径与建议 [J]. 国际贸易，476（8）：62-69.

张明喜，魏世杰，朱欣乐，2018. 科技金融：从概念到理论体系构建 [J]. 中国软科学（4）：31-42.

张若思，2000. WTO 金融服务贸易法律制度 [J]. 法学研究（6）：93-106.

张威，李丹，卫平东，2022. 地缘风险、不确定性与深化 RCEP 贸易合作的中国策略 [J]. 国际贸易，487（7）：63-71.

张伟，杨文硕，2014. 上海自贸区金融开放的定位与路径分析——兼与香港自由港金融演进路径比较 [J]. 商业研究，441（1）：132-136.

张晓兰，2022. RCEP 协定对中国优势产业链东亚重构的影响研究 [J].贵州社会科学，396（12）：130-137.

赵晶，曹晋丽，刘艺卓，2021. RCEP 协定签署背景下人民币国际化的机遇、挑战与对策 [J]. 国际贸易，474（6）：89-96.

赵亮，2022. 贸易高质量发展的“自贸区驱动”逻辑机理探究 [J]. 经济社会体制比较，221（3）：165-174.

赵亮，陈淑梅，2015. 经济增长的“自贸区驱动”——基于中韩自贸区、中日韩自贸区与 RCEP 的比较研究 [J]. 经济评论，191（1）：92-102.

赵炜玮，季文强，2022. NRA 账户功能及发展前景探讨——基于河南自贸区视角 [J]. 金融理论与实践，512（3）：33-39.

郑崇明，倪星，2022. 绩效反馈、风险应对与自贸区的制度创新——以前海为个案的研究 [J]. 学术研究，455（10）：67-74.

中欧国际工商学院“供应链金融”课题组，深圳发展银行，2009. 供应链金融：新经济下的新金融 [M]. 上海：上海远东出版社.

钟琦，杨雪帆，吴志樵，2021. 平台生态系统价值共创的研究述评

[J]. 系统工程理论与实践，41（2）：421-430.

钟瑞栋，张斌，2017. 后金融危机时代自贸区融资租赁的应用前景及风险防范［J］. 晋阳学刊，224（5）：88-98.

周伟，李文姬，2022. 论河南自贸区物流便利的法治化［J］. 河南财经政法大学学报，37（6）：24-33.

周鑫，李慧俊，2015. 商业银行自贸区业务发展策略研究——以农业银行为例［J］. 农村金融研究，421（4）：26-31.